예비교사와
현직교사를
위한

젠더
감수성
교육

김경령 저

우리는 모두 가해자였을지 모른다

GENDER SENSITIVITY PROGRAMS
FOR PRE-SERVICE AND IN-SERVICE TEACHERS
WE MAY HAVE ALL BEEN SEXUAL VIOLENCE OFFENDER

학지사

머리말

책의 시작은 집필을 다짐한 2017년으로 거슬러 올라간다. 점점 진화되어 가고 있는 각종 범죄와 피해 및 가해의 저연령화에 대해 교육학자로서 책임감을 느꼈고 사회적으로 메시지를 던지고 싶었다. 다행히 우리 사회는 변화를 도모하는 사람들의 노력들로 한 발씩 나아가고 있다. 하지만 여전히 잘못을 인지조차 하지 못한 채 제자리에 있는 많은 사람이 존재한다. 모르는 것은 같이 배우면 된다. 나 역시 계속 배우고 생각하고 반성하는 중이다. 함께 고민하고 더 나은 사회로 나아가기 위해서 논의해 보자는 취지로 책을 쓰게 되었다.

새로운 유형의 사건 사고들이 하루가 멀다 하고 터져 나오는 데에도 불구하고, 우리 사회는 성폭력 문제를 다룸에 있어 여전히 '폭력'보다는 '성도덕'에 집중해 왔다. 사회는 성폭력 가해자를 피해자가 '조심해야 할' 대상으로 만들어 놓음으로써 '악마들이 저지르는 일이고, 운이 나빠 피해자가 되었으며, 피해자는 일상을 회복하기 어려운 가엾은 존재'라는 인식을 심어 주고 있다.

이제는 우리 모두가 젠더 감수성의 수준을 높여야 할 시기이다. 지금까지 기성세대들이 만들어 놓은 왜곡된 문화는 대물림되듯 그다음 세대들에게 그대로 전달되고 있다. 왜곡된 문화를 어릴 때부터 접하게 되면 이것이 잘못된 행위인지조차 인식하기 어려워진다. 성폭력은 우리의 일상에서 누구나 경험할 수 있는 일이다. 이제는 성폭력에서 '폭력성'에 더 집중해야 한다. 우리가 스스로의 경험과 감정을 되돌아보면서 폭력을 제대로 인지하고 이러한 폭력이 왜 일어나는지, 앞으로 우리가 어떠한 역할을 해야 하는지에 대해 깊이 있게 논의해 나가야 한다.

이 책을 통해 우리가 진짜 '우리'가 되기를 기대한다. 그래서 이 책을 읽은 우리가 성폭력의 가해 행동을 멈추게 하는 데 도움이 되었으면 하고, 피해자들이 일상으로 안전하게 회복하는 데에 힘을 실어 줄 수 있었으면 좋겠다. 누구나 피해자 또는 가해자가 될 수 있는 이 사회에서 어떻게 하면 피해를 입지 않을까를 고민하기보다 어떻게 해야 가해자가 되지 않을까를 더 많이 고민하는 우리가 되었으면 한다. 어쩌면 우리는 모두 성폭력의 가해자였을지도 모른다.

책이 출간되기까지 많은 분의 노고가 있었다. 우선 이 책을 출판하는 데 도움을 주신 학지사 김진환 사장님과 한승희 부장님, 편집과정에서 수고하신 박지영 대리님과 관계자분들께 진심으로 감사의 인사를 올린다. 이 책의 첫 페이지를 쓰기까지 오랜 시간이 걸렸다. 많은 용기가 필요했고 확신이 필요했다. 힘을 내어 시작할 수 있었던 건 수년간의 수업 시간 동안 나의 이야기를 듣고 공감해 주었던 학생들이 있었기 때문이었다. 나의 학생들, 서울여자대학교 학생들과 지금은 사회에 있는 졸업생들에게 고마움을 전한다.

2022년 6월

김경령

차례

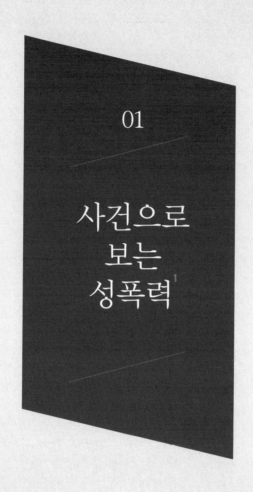

01

사건으로
보는
성폭력[1]

1 사건 내용은 해당 사건에 대해서 각 언론사에 보도된 기사들의 내용을 기반으로 작성하였고, 여기에 저자
   의 생각을 덧붙여 완성된 장이다.

1장
사건으로 보는 성폭력

과거 우리 사회에 발생했던 성폭력 사건은 현재의 사건과도 긴밀하게 연결되어 있기 때문에 이 순간에 우리 사회가 구성원들에게 전달하는 메시지는 매우 중요하다. 역사 속에서 사회 구성원들이 보여 준 참여와 운동은 우리 사회의 법과 제도, 그리고 문화를 바꾸어 왔다. 역사에서 그래 왔던 것처럼 현재 살아가고 있는 우리가 어떠한 메시지를 보내는지는 미래를 좀 더 나은 방향으로 바꾸어 나가는 데 큰 영향을 미치게 될 것이다.

이 장에서 살펴보고자 하는 성폭력 사건은 총 9개이다. 시간 순서대로 1991년 김부남 사건, 1992년 김보은·김진관 사건, 1993년 서울대 우 조교 사건, 2004년 밀양 여중생 집단 성폭행 사건, 2008년 조두순 사건, 2010년 김길태 사건, 2011년 인화학교 사건, 2018년 #Me_Too 운동, 2019년 N번 방 사건들이다. 사건들을 설명하는 이유는 이것이 단지 하나의 이슈거리로만 남지 않았으면 하는 마음에서이다. 사람들이 고속도로를 운전하고 가다가 우연히 교통사고 현장을 지나치게 될 때, 대부분은 그 현장을 구경

하느라고 달리던 차의 속도를 순간적으로 줄이게 된다. 이건 단지 호기심에 지나지 않는다. 그러나 만약 그때의 교통사고의 원인이 음주운전자가 유발한 사고였다는 내막을 알게 되면 사람들은 분노하기 시작하고 음주운전에 대한 처벌을 강화하자는 목소리를 높인다. 이 챕터를 읽는 독자들이 후자의 마음을 갖길 바란다.

이제부터 설명될 성폭력 주요 사건을 읽으면서 사건이 유발된 원인이 무엇인지, 과거에 비해 현재 어떤 것들이 나아졌는지 그리고 여전히 바뀌지 않는 답답함은 무엇인지, 앞으로 사회를 변화시키기 위해서 무엇이 필요한지에 대해서 생각해 보는 시간이 되었으면 한다.

[그림 1-1] 시간 순서별로 정리한 주요 성폭력 사건

[그림 1-1]에서와 같이 사건을 시간 순서대로 나열해 보면 사건을 부르는 방식이 바뀌었음을 알아차릴 수 있을 것이다. 2008년 조두순 사건을 필두로 사건을 지칭할 때 피해자가 아닌 가해자에 초점을 맞추어서 부르기 시작하였다. [그림 1-1]에서 사건명을 나열할 때에는 역사의 변화를 설명하기 위해서 예전에 명명했던 방식을 그대로 사용하였으나 다음의 각 사건을 소개할 때에는 가해자 이름으로 재명명된 것을 사용하기로 한다. 각 사건의 설명에서 피해자가 겪은 구체적인 상황의 묘사는 불필요하다고 판단하여 상당 부분 제외하였다.

1991년 송백권 사건

1991년에 발생한 '송백권 사건'은 우리 사회에 아동 성폭력의 후유증이 얼마만큼 심각한지에 대해서 극명하게 일깨워 주었던 사건이다.

"나는 사람이 아닌 짐승을 죽였습니다."

살인 피의자의 신분으로 김부남 씨가 공판에서 했던 자신의 마지막 변론

이 여성은 왜 이러한 이야기를 했던 것일까?

어린 시절 김부남 씨는 전라도의 작은 시골마을에 살았다. 1970년 9세였던 김부남 씨는 어느 날 우물을 길으러 갔다가 이웃집 아저씨인 송백권(당시 35세)의 유인으로 그의 집에서 성폭행을 당하게 된다.

출처: 경향신문(1991. 8. 17.).

송백권은 9세 어린 여자아이에게 "오늘 일을 말하면 너도 죽고 네 부모와 오빠도 다 죽는다."라고 위협하며 입막음했다. 김부남 씨는 몸이 참을 수

없이 아팠지만 송백권의 위협 때문에 아무에게도 말하지 못하고 고통을 참으며 일상생활을 이어 갔다. 대신 우물을 길으러 가는 심부름을 하지 않겠다고 부모에게 화를 내고, 화장실을 평소보다 자주 가고 밤에 오줌을 싸는 횟수가 많아지는 등 평소와는 다른 행동들이 잦아지기 시작했다. 하지만 그 당시 달라진 김부남 씨에게 무슨 일이 있었는지에 대해서 따뜻하게 물어봐 준 사람은 없었다고 한다. 결국 김부남 씨는 우울하고 불안한 마음으로 학업에도 집중하지 못하고 친구를 제대로 사귀지도 못한 채 초등학교를 졸업한 후 서울의 한 가정집 가사도우미로 일자리를 얻어 고향을 떠나게 되었다. 송백권과 떨어지게 되었다는 안도를 느끼는 것도 잠시, 청소년이 되어 자신이 9세에 당했던 일이 어떤 것인지 알게 되면서 성폭력 피해의 후유증은 더 심해지게 되었다. 김부남 씨가 20세가 되면서 부모는 중매쟁이를 통해 김부남 씨를 결혼시켰으나, 결혼생활은 평탄하지 않았다. 아무리 노력해도 남편과의 잠자리를 갖는 것이 매우 힘들었다. 아무것도 모르는 남편은 화를 냈고, 이에 김부남 씨는 자신의 피해 사실을 털어놓았지만 남편은 공감과 위로는커녕 김부남 씨의 본가에 전화를 해서 결혼생활이 어려울 것 같다고 하소연하였다. 가족들은 그제서야 김부남 씨의 성폭력 피해 사실을 알게 되었고, 딸을 데리고 정신건강의학과에 간다. 김부남 씨의 진단명은 정신분열증[2]이었다. 통원치료를 하며 노력했지만 첫 번째 결혼은 이혼으로 끝이 난다. 김부남 씨는 경찰에 가서 도움을 요청했지만, 당시에 친고죄[3]의 고소 기한이 6개월이었기 때문에 이미 지나 버려서

●

2 현재의 신단명은 조현병이다.

소용이 없다는 답변을 듣게 되었다. 계속 치료를 받으며 일상을 살아가기 위해 노력하면서 두 번째 결혼을 하게 된다. 두 번째 결혼에서는 남편과의 잠자리를 가질 수 있게 되었지만 그때마다 송백권이라는 악마가 떠올라 발작증상을 보이곤 했다. 점점 먼 산을 바라보며 멍하니 있거나 혼자 중얼거리는 시간이 많아지면서 자신의 이 모든 행동의 근원은 송백권에게 당한 피해 때문이라고 생각하였다. 김부남 씨는 송백권을 찾아가 자신의 분이 풀릴 때까지 분노와 폭언을 했으나 후유증은 나아지지 않았다. 이때 송백권은 김부남 씨의 오빠에게 합의금의 명목으로 40만 원을 주며 간접적으로 자신의 범행 사실을 시인하기도 했지만 김부남 씨에게는 제대로 된 용서를 단 한 번도 구하지 않았다. 김부남 씨는 이미 법적으로 아무런 도움을 받을 수 없음을 알기 때문에 법으로도 가해자를 벌하지 못한다면 자신이 직접 벌을 주어야 하겠다고 결심을 하게 된다. 송백권으로부터 강간을 당한 지 21년 후인 1991년 1월 30일, 김부남 씨는 송백권을 찾아간다. 그 당시 송백권은 중풍으로 몸을 제대로 가누지 못하는 상태였기 때문에 저항을 할 수 없는 상태로 김부남 씨가 휘두른 칼에 그대로 맞게 되고, 김부남 씨는 살인범으로 현장에서 검거된다.

이 사건이 알려지면서 전북지역의 여성단체와 인권단체를 중심으로 〈김부남 사건 대책위원회〉가 구성되었고 대책위는 김부남 씨의 무죄석방을 위하여 기자회견을 통한 언론사 홍보와 서명운동, 기금마련활동과

---

3 친고죄는 범죄의 피해자 내지 기타 법률이 정한 자의 고소가 있어야 공소할 수 있는 범죄이고, 2013년 성범죄에 대한 친고죄는 폐지된다.

같은 노력을 하였다. 또한 당시에는 많은 사람이 성폭력의 개념조차 명확하게 알지 못했을 뿐만 아니라 성폭력이 일어나는 것은 단정하지 못한 또는 운이 나쁜 여성들의 문제라는 인식이 있었기 때문에 성폭력 피해에 대한 사회적 인식전환을 위한 성폭력특별법 제정 촉구 활동도 했다. 이처럼 김부남 씨의 무죄를 위해서 많은 노력이 있었으나 법원은 강간과 살인에는 21년의 시차가 있기 때문에 정당방위로 보기 힘들다고 판단하였다. 김부남 씨는 징역 2년 6월(집행유예 3년)로 석방되었고, 정신감정을 맡았던 담당의 소견으로 공주 치료감호소에서 치료를 받게 되었다.

김부남 씨가 성폭력 피해 당시 9세의 어린 아동이었다는 걸 생각하면 작고 힘없는 이 아동이 35세의 남성을 상대로 할 수 있는 건 아무것도 없었다. 어린 아동이 성인이 될 때까지 강간 후유증에 시달려 고통스러워할 동안 성폭력에 대한 왜곡된 사회의 인식과 법은 피해자를 지켜 주지 못했다. 이 사건을 통해 성폭력범죄를 단호히 처벌하고 피해자의 인권을 보장할 수 있는 국가의 대책 마련을 요구하는 사회의 목소리가 높아졌다.

1992년 김영오 사건

1992년 발생한 김영오 사건은 우리나라에서 발생되고는 있었지만 암묵적으로 금기시되어 왔던 '근친성폭력'의 이슈를 세상의 수면 위에 올려놓은 최초의 사건이라고 할 수 있다.

"생명이 소중한 것은 압니다. 그러나 어떤 죗값을 치르더라도 짐승
같은 인간에게 당한 괴롭고 힘들었던 시간을 보상받고 싶었습니다."

13년간 의붓아버지에게 상습적으로 성폭행을 당한 20세 여대생 김보은 씨의 법정진술

   어머니와 둘이 살던 김보은 씨는 어머니의 재혼으로 7세에 의붓아버지
인 김영오를 만나게 된다. 김보은 씨가 9세가 되던 해부터 김영오의 성폭
행은 시작되었다. 이를 알게 된 어머니는 이혼을 요구했으나 그때마다 김
영오는 식칼과 쥐약 등으로 위협을 하며 저항하지 못하게 만들었다. 김영
오는 성관계를 매일 요구하고 음란물을 집으로 가져와 온갖 변태행위를
요구하며 어머니와 딸에게 번갈아 가며 지속적인 폭력을 일삼았다. 김영
오에게는 재혼 당시 두 아들이 있었는데, 그 아들들도 아버지의 비위를 맞
추어 줘야 할 정도로 김영오의 폭력성은 심각했다. 김영오는 김보은 씨를
마치 자신의 소유물처럼 대했다. 김보은 씨가 대학에 진학해서까지 김영
오는 김보은 씨의 강의시간표를 체크하고 주말에는 반드시 본가에 오도록
협박하여 주말마다 성폭행을 지속했다. 그러던 중 김보은 씨는 같은 학교
에 재학 중인 김진관 씨를 만나 교제하게 된다. 자신의 이야기를 남자친구
인 김진관 씨에게 털어놓았고 김진관 씨는 여자친구를 아버지의 굴레에서
벗어나게 해 주기 위해서 김영오를 찾아가 공식적으로 교제를 허락해 달
라고 말했으나 김영오는 마치 김보은 씨가 자신의 여자인 것처럼 "절대 안
된다. 둘 다 죽여 버리겠다."라며 도리어 협박했다. 이에 김보은, 김진관 씨

는 김영오를 살해할 계획을 세우게 된다. 계획을 실행에 옮긴 건 1월 17일 새벽 1시 30분이었다. 김보은 씨가 열어 준 현관문을 통해 김진관 씨가 집 안으로 들어오게 되고 자고 있던 김영오를 칼로 찔러 살해, 이후 김진관 씨가 현장을 떠나고 김보은 씨는 경찰에 강도가 침입하여 아버지가 살해당했다는 신고를 했다. 유일한 목격자인 김보은 씨의 진술을 받는 중 경찰은 강도가 강제로 집에 침입한 흔적과 시신에 저항 흔적이 없었다는 점, 같이 있던 딸은 건들지 않았다는 점을 이상하게 생각하여 김보은 씨에게 "아버지가 응급실에서 깨어났다. 죽지 않았다."라고 자극하였고, 이에 김보은 씨는 "안 돼."라는 말을 했다고 한다. 결정적으로 현장감식반에 의해 흉기에서 김진관 씨의 지문이 확인되었고, 김진관 씨는 이튿날 체포되었다. 김보은, 김진관 씨는 존속살해범으로 1992년 1월 19일 구속되었다.

이 사건이 발생했을 당시 모든 기사는 살해피의자인 딸에 초점을 맞추어 보도했지만 모든 사실을 알게 된 김진관 씨의 아버지가 여성단체에 도움을 요청했고, 여성인권운동단체들이 이들을 위한 구명운동을 펼치면서 각 언론에서는 다시 이 사건을 집중 보도하게 되었다. 여론은 의붓아버지를 살해한 딸을 향한 비난에서 13년간 딸을 강간한 의붓아버지에 대한 비난으로 바뀌게 되었다. 이들의 무죄석방과 공판참관을 비는 서명운동

김보은씨 징역4년 선고
성폭행 의붓아비 살해 "범행치밀 동정여지 없어"

출처: 한겨례(1992. 4. 5.).

에 시민들 약 8만 명이 참
여하였고, 5천 마리의 학
을 접어 가족에게 전달하
는 등 기존의 사건에서는
찾아보기 힘든 운동을 일
으켰다.

변호인단은 김보은, 김
진관 씨의 정당방위를 주

김보은씨 집행유예 선고
서울고법 김진관씨는 징역5년 "계획살인 인정"

출처: 한겨레(1992. 9. 15.).

장했고, 오랜 성폭력 피해자라는 점이 참작되어 김보은 씨는 징역 3년 집
행유예 5년, 김진관 씨는 징역 5년의 형을 받았다. 이듬해인 1993년 김영
삼 대통령이 취임하면서 대통령의 특별사면으로 김보은 씨는 사면 및 복
권되었고, 김진관 씨는 형기를 절반으로 줄이게 되었다. 이 사건은 근친성
폭력의 문제, 나아가 성폭력 피해자를 보호할 법의 장치가 필요하다는 것
을 우리 사회에 알리는 계기가 되었다.

"어머니 다음으로 사랑하는 보은이가 무참하게 짓밟히는 것을 알고
도 나 자신이 아무것도 할 수 없다는 걸 느낄 때마다 죽고 싶은 마
음뿐이었습니다. 나는 보은이의 의붓아버지를 죽인 것이 아니라 내
가 사랑하는 보은이를 살린 겁니다."

재판장에서 김진관 씨가 한 말

앞서 일어난 송백권 사건과 더불어 이 두 사건의 공통점은 성폭력 피해의 생존자들이 살인피의자가 되어 버렸다는 것이다. 이를 통해 우리는 당시의 사회 분위기가 성폭력 피해 당사자들이 피해를 당했음에도 불구하고 적절한 도움을 요청하기가 매우 어려웠을 정도로 피해 여성을 위한 제도적 장치가 거의 없었으며 피해 생존자들이 보호받지 못하는 사회 구조였다는 것을 알 수 있다. 살인이라는 행위 자체는 범죄이고 문제를 해결하는 대안으로 선택해서는 안 되지만 두 사건의 피해자들은 결국 살인이라는 극단적인 상황을 만드는 선택을 해서라도 가해자를 벌하고 싶은 처절한 삶을 살아왔을 것이다. 이는 김보은 씨가 항소심 결심공판에서 "구속된 후 감옥에서 보낸 7개월이 지금까지 살아온 20년보다 훨씬 편안했다."라고 말한 것에도 알 수 있다. 피해자를 보호하고 가해자에게 벌을 주는 것은 법의 역할이기에, 두 사건들은 우리나라 성폭력 법의 개정이 필요했음을 여실히 보여 주었다.

　　3년간의 입법 추진 활동의 결실로 1994년 1월 「성폭력범죄의 처벌 및 피해자보호 등에 관한 법률(성폭력특별법)」이 제정되었다. 이 법은 성폭력범죄를 예방하고 성폭력 피해자를 우선적으로 보호한다는 목적을 가지고, 피해자를 위한 보호시설, 피해 상담소 설치 등 다양한 규정을 포함시켰다. 또한 특별법 이전에는 친고죄가 존재하여 친족 간의 성폭력을 제3자가 알고 있다 하더라도 고소권이 없었기 때문에 피해 당사자가 고소를 하지 않는다면 가해자가 처벌을 피해 갈 수 있었지만, 특별법이 생기게 되면서 친고죄의 일부가 폐지되어 제3자에게도 고소권이 생기게 되었다. 그러나 적용 범위는 친족 성폭력과 신체장애를 가진 장애인 대상 성폭력으로 제한하였다.

1993년 서울대학교 신 교수 조교 성희롱 사건

이 사건은 우리나라에 성희롱을 법적으로 제기한 최초의 사건이다. 1993년에 성희롱 문제가 제기되었고 6년간의 끈질기고 힘든 법적 공방 끝에 1998년 2월 대법원은 신 교수의 성희롱이 노동권을 박탈하는 명백한 직장 내 성희롱임을 인정하였다.

피해자인 우 조교는 1992년 5월부터 1993년 8월까지 서울대학교 화학과 신정휴 교수의 유급조교로서 일을 하였다. 우 조교의 주장에 따르면 신 교수는 서울대학교 23동 기기실에서 기기조작 방법을 교육한다는 이유로 자신의 등 뒤에서 포옹하는 듯한 자세로 컴퓨터 키보드를 치는 행위를 여러 차례 취했고, 어깨나 등에 손을 올려놓거나 의도적으로 신체의 일부분을 우 조교에게 접촉시키는 것과 같은 원치 않는 신체 접촉을 반복

교수·여자조교 '성희롱' 법정비화 ○…최근 서울대를 들끓게 하고 있는 교수와 여자 조교 사이의 '성희롱 공방'이 법정으로까지 번졌다.

지난 8월24일 서울대 자연대 조교 우아무개(25·여)씨가 "담당교수에게 성희롱을 당했다"는 내용의 대자보를 공개하면서 일어난 이 공방은 신아무개 교수가 지난 달 16일 우씨를 명예훼손 혐의로 고소함에 따라 국내 최초로 성희롱에 대한 법정싸움으로 비화됐다.

출처: 한겨레(1993. 10. 7.).

'서울大 性희롱' 사건 禹조교 大法서 승소

"일정기간 性的언동 단순한 농담아니다"

한국에서 최초로 '성희롱 논쟁'을 불러 일으켰던 서울대 교수의 여자 조교 성희롱사건 상고심에서 피해자인 여조교가 승소했었다.

대법원 민사 1부(주심 최종영·崔鍾永 대법관)는 10일 전 서울대 화학과 조교 우모씨(30·여)가 지도교수 신모씨(57)와 서울대 총장 등을 상대로 낸 손해배상청구소송 상고심에서 원고패소 판결을 내린 원심을 깨고 사건을 서울고법으로 돌려보냈다.

재판부는 "피고의 원고에 대한 성적인 언동은 일정기간 집요하게 계속되었기 때문에 사회통념상 일상생활에서 허용되는 단순한 농담이나 호의적인 언동으로 볼 수 없다"며 "이같은 집적행위는 선량한 풍속과 사회질서에 위반하는 위법한 행위"라고 밝혔다.

재판부는 또 "남녀관계에서 상대방에 대해 성적관심을 보이는 것은 자연스러운 일이지만 상대방의 인격권과 존엄성을 훼손하고 정신적 고통을 주는 정도라면 위법"이라고 덧붙였다.

재판부는 성희롱여부를 판단하는 기준으로 △쌍방 당사자의 연령이나 관계 △행위가 벌어진 장소와 상황 △성적 동기나 의도의 유무 △행위에 대한 상대방의 명시적 거부여부 △행위의 내용 및 정도 △행위의 일회성 또는 상습성 여부 등을 제시, 유사사건에 대한 법적 판단기준을 제시했다는 점에서 큰 의미가 있는 것으로 평가됐다.

우씨는 서울대 화학과 조교로 근무하던 92년 5월부터 93년 8월까지 지도교수인 신씨가 자신을 성희롱했다며 손해배상소송을 제기, 1심에서는 승소해 3천만원을 배상받기로 했으나 2심에서 패소했다.

〈조월표기자〉

출처: 동아일보(1998. 2. 11.).

적으로 하였다. 신체 접촉뿐만 아니라 신 교수는 심부름 명목으로 수시로 자신을 불러들여 몸매를 감상하는 듯한 태도로 위아래를 훑어보며 성적 불쾌함을 느끼게 하고, "관악산으로 같이 산책이나 갈까?" 식의 업무상 불필요한 동행을 요구하여 곤혹스러운 느낌을 갖게 했다고 말했다. 이에 대해 우 조교가 단호하게 거부 의사를 표시하자 신 교수는 1993년 6월 교수회의를 통해 자신을 재임용에서 탈락시켰다고 주장하였다. 자신의 거절에 의한 보복조치라고 생각한 우 조교는 서울대학교 중앙도서관 통로에 대자보를 붙여 자신의 피해 사실을 알리게 되었고, 서울대학교 총학생회, 대학원 자치협의회, 여성문제 동아리협회는 '진상조사위원회'를 구성하여 본격적으로 신 교수 성희롱 사건의 진상규명을 촉구하는 대자보 논쟁을 시작하였다.

"나는 많은 갈등을 했다. 이 문제를 나 혼자 묻어 두어야 하는지, 아니면 이 세상에 고발을 해 다시는 나 같은 피해자가 생기지 않도록 해야 하는지"

서울대학교에 붙여진 대자보 내용 중

1994년 4월 우리나라에서는 최초로 성희롱 재판이 시작되었다. 단순히 교수와 제자 사이의 친밀감 표현이었다고 주장하는 신 교수와 남자친구라면 몰라도 스승과 제자 사이엔 있을 수 없는 일이며 이건 명백한 성희롱이었다고 주장하는 우 조교의 의견이 팽팽히 맞섰고, 1심 재판 결과는 신 교수의 성희롱 사실을 인정하여 우 조교의 승소로 끝났다. 그러나 1년 후인 1995년 7월에 열린 2심 재판에서는 신 교수가 악의적인 의도를 갖지 않았다고 판단하여 1심 재판의 결과를 뒤집고 신 교수의 손을 들어 주었다. 이 판결로 가해자 중심의 판결이라는 비난이 학내외에 거세게 일어났고 학생들은 신 교수의 수업을 집단으로 거부하는 움직임을 이어 갔다. 1998년 2월 10일 대법원에서 "성적 의도를 갖고 성적인 농담을 집요하게 계속할 경우 이는 성희롱에 해당된다."며 신 교수의 직장 내 성희롱을 인정하여 5백만 원의 손해배상 판결을 내렸고, 6년간의 긴 법정 투쟁은 우 조교의 승소로 끝이 났다. 우 조교는 이 배상금을 성희롱 피해자를 지원하는 기금으로 사회에 환원했고, 신 교수는 2008년까지 서울대학교에서 근무한 후 정년퇴직을 하였다.

이 사건은 1999년 「남녀고용평등과 일·가정 양립 지원에 관한 법률(남녀고용평등법)」에 직장 내 성희롱 조항을 넣은 결정적 계기가 되었다. 사업주에게 '직장 내 성희롱 예방 교육'을 의무화했고, 서울대학교에서는 「성희롱 예방 지침서」를 공식적으로 발간하였다. 이로써 우리 사회에 만연해 있던 성희롱의 문제가 사회적인 문제로 대두되며 그동안 업무와 고용관세 내에서 성적 굴욕감과 혐오감을 느끼게 한 모든 행위가 범죄이고 노동권 침해라는 인식을 심어 주게 되었다. 1993년에 발생한 신 교수 사건의 법적 공방은 이렇게 끝났지만 지금도 우리 사회 곳곳에서 터져 나오는 미투 운동과 고위 공무원들의 성추문 사건들은 아직 끝나지 않은 싸움이라는 것을 알 수 있게 해 준다.

> "우 조교가 계약이 끝나자 앙심을 품고 한 일이며 이 사건은 과장됐
> 고, 신중하지 못한 여성운동으로 인해 한 사람의 업적이 매장되었다."
>
> 2002년 서울대학교 총장이 여성부 장관과의 면담 중 한 이야기

신 교수 사건이 종결되고 몇 년 뒤인 2002년에 이와 같은 서울대학교 총장의 발언은 사회적으로 논란을 일으켰고, 총장이 공식적으로 사과를 했다고 전해지지만 여전히 남성 중심적인 사고와 피해자를 존중하지 않는 태도가 우리 사회에 남아 있음을 여실히 보여 주었다. 또한 신 교수 성희롱 사건을 승소로 이끈 인권변호사가 22년 뒤인 2020년, 자신의 비서를 성추행한 가해자로 지목된 故 박원순 전 서울시장이라는 사실은 우리 사회에 큰 씁쓸함을 남기고 있다.

2004년 밀양 집단 성폭행 사건

이 사건은 경찰과 가해자 가족들의 2차 가해로 인해 수사기관에서 피해자 보호를 얼마만큼 소홀히 했는지를 적나라하게 보여 주었고, 경찰이 피해자에게 준 모멸감과 상처, 가해자에 대한 경미한 처벌은 사회적으로 큰 충격과 분노를 일으켰다. 또한 가해자들이 모두 10대 청소년이라는 점, 카메라를 이용한 촬영과 협박을 동반했다는 점에서 청소년들의 극악무도한

성범죄에 대해 재고하게 만들어 준 사건이기도 하다. 밀양 집단 성폭력 사건은 현재에도 많은 영화와 드라마[4]에서 계속 부각되고 있는데 아마도 그 당시 제기된 문제들이 여전히 해결되고 있지 않아서일 것이다.

경상남도 밀양시에서 발생한 집단 성폭행 사건은 밀양 지역의 남자 고등학생 44명이 울산에 거주하는 중학교 3학년의 여학생을 1년 동안 성폭행한 사건이다. 여학생은 2004년 1월 우연히 온라인 채팅을 통해 박 군(당시 18세)을 만나게 된다. 박 군은 울산에 살고 있던 여학생을 한 시간 거리인 밀양으로 불러내고, 여학생을 만나자마자 쇠파이프로 때린 뒤 여인숙으로 끌고 갔다. 여인숙에서 박 군을 포함한 남학생 십여 명은 집단으로 여학생을 성폭행했다. 이후에도 여학생을 불러내어 여관, 자취방, 놀이터 등으로 끌고 다니며 계속해서 집단 성폭행을 했다. 가해자들은 여학생이 신고를 하지 못하도록 성폭행 장면을 동영상으로 촬영하였고 영상 안에는 피해학생의 얼굴과 신체가 선명하게 나와 있어 신원을 알아볼 수 있었다. 동영상을 유포하겠다는 협박을 빌미로 수시로 여학생을 불러내어 성폭행을 저질렀다. 성폭행은 무려 1년간 지속되었고 그동안 가해자 수도 점점 늘었다. 심지어 가해자들은 여학생의 사촌언니까지 밀양으로 유인해 폭행하고 금품을 갈취하였다. 일부 언론에서는 사촌언니도 성폭행을 당했다고 알려졌지만 그것은 오보였고, 경찰 조사 과정에서도 사실이 아닌 것으로 밝혀졌다. 당시 여학생은 부모의 이혼으로 아버지와 살고 있었지만 알코올 의존증인 아버지는 가족들에게 폭행을 일삼는 사람이었고, 어머니는

---

4 대표적으로 영화 <한공주> <돈 크라이 마미>와 tvn 드라마 <시그널>이 있다.

집을 나간 상태여서 도움을 요청할 주변인이 없었다고 한다. 그러다 우연히 이모를 만나게 되어 이모에게 모든 사실을 털어놓았고, 이모는 이 사실을 어머니에게 알렸다. 2004년 11월 어머니는 경찰에 신고를 하여 피해자의 신분을 보호해 줄 수 있는지에 대해서 철저하게 약속을 받았고, 피해학생의 조사는 안전할 것이라는 믿음으로 시작되었다.

"왜 밀양 지역에 와서 여기 물을 흐려 놓느냐?"

피해자가 진술 조사 중에 경찰관에게 들은 말

그러나 피해자가 경찰서에서 조사를 받는 동안 믿을 수 없는 상황들이 벌어지게 된다. 당초 경찰은 비공개 조사로 진행할 것을 약속했지만 피해자의 신상정보는 그대로 노출되었고, 여자 경찰관에게 조사받게 해 주겠다는 약속마저도 지켜지지 않은 채 피해자는 남자 경찰관에게 대면조사를 받게 되었다. 가해자가 44명이고 피해기간이 1년 가까이 되다 보니 피해자는 진술을 위해 아홉 차례나 경찰서에 출석을 해야 했고, 한 번 올 때마다 3~4시간씩 반복해서 자신의 피해 사실을 말해야 하는 심적 고통을 받아야 했다. 그때 우리나라는 13세 미만 아동 성폭력 피해자에 대해 진술녹화를 하도록 하는 법이 마련되어 있었지만 피해학생은 15세였기 때문에 진술녹화를 하지 않았던 걸로 보인다. 또한 피해자와 가해자의 분리 원칙은 전혀 지키지 않은 채 경찰서에 가해 남학생들을 세워 놓고 피해자에게 "첫 번째 날 나쁜 짓 한 친구가 누구야? 지적해 봐. 두 번째 날은 누구야?" 하며 가리

키라고 했고, 심지어 경찰서에 온 가해 가족들에게까지 폭언을 들었어야
했다. 이뿐만이 아니었다. 경찰은 피해자에게 "왜 밀양 지역에 와서 여기
물을 흐려 놓느냐?"라는 입에도 담기 힘든 말을 내뱉었으며, 심지어 노래
방 도우미에게 "(피해자 실명)이 너랑 똑같이 생겨서 밥맛이 떨어진다."라는
인신 공격성의 말을 했고, 이는 노래방 도우미의 신고로 알려지게 된다. 이
러한 일들이 피해자 보호의 의무가 있는 수사기관에서 발생한 일이라고
그 누가 상상조차 할 수 있었을까 싶다.

이 사실이 언론에 알려지면서 시민단체와 여성단체는 반발했고, 경찰을
비난하는 여론이 확산되자 경찰은 기존 수사팀을 해체한 후 여경을 포함
한 새로운 수사팀을 편성했다. 이때 비인권적인 수사를 했던 경찰관 8명은
징계를 받았지만 1년 뒤 전원 복직했다.

"밀양 집단 성폭행 사건 원점부터 철저히 수사"

송광수 총장 특별지시

송광수 검찰총장은 16일 부실수사
와 인권침해 논란을 빚고 있는 밀양 여
중생 집단 성폭행 사건에 대해 "지금까
지 수사는 기본적인 원칙마저 지키지
않았고 피해자 보호지침도 무시했다"
며 "모든 의혹을 원점부터 철저히 수사
하라"고 울산지검에 특별 지시했다.

송 총장은 이날 사건이 검찰로 송치
됨에 따라 특별수사팀을 구성, ▲ 수사
지휘 과정 ▲ 피해자 및 피의자 조사 ▲
피해자 인권침해 등 분야별 전담검사
를 지정해 수사하도록 지시했다. 이에
따라 울산지검은 강태순 부장검사를 팀
장으로 피의자를 담당할 검사 4명, 피
해자 조사를 전담할 여검사 2명 등 총
7명으로 전담팀을 만들었다.

송 총장은 특히 피해자 조사를 여성
검사가 전담하고 피해자의 신원노출 등
그동안 지적된 인권침해 사례는 철저
히 조사해 응분의 조치를 취하라고 지
시하는 한편, 이번 수사과정에서 드러
난 문제점을 분석해 제도 개선과 재발
방지에 힘쓰겠다고 말했다.

한편 울산 남부경찰서는 이날 징계위
원회를 열어 피해 여중생들에게 "밀양
물 다 흐려놨구나" 등 불필요한 폭언을
한 김모 경장에 대해 정직 1개월의 중
징계를 내렸다. 국가인권위원회도 남부
경찰서에서 사진 채증 등 현장조사를
실시하고 수사 담당 경찰관들을 대상으
로 인권침해 여부에 대한 비공개 조사
를 벌였다. 김용식기자 jawohl@hk.co.kr

출처: 한국일보(2004. 12. 17.).

끔찍한 성폭력을 당한 것도 모자라 비인권적인 수사를 받아야 했던 피
해자를 변호해야 한다는 여론이 형성되면서 많은 이가 피해자의 변호인을

청소년 인권 보호로 유명한 강지원 변호사(현 푸르메재단 이사장)가 맡아야 한다고 강하게 요청하였다. 이에 강 변호사는 흔쾌히 무료 변론을 맡아 주었다. 강 변호사는 먼저 피해자가 신상이 노출되었을 뿐만 아니라 가해자 부모가 합의를 위해 피해자 학교를 계속 찾아왔기 때문에 더 이상 울산 지역에서 사는 것이 힘들게 되자 아무도 모르게 서울로 이사를 시켰고, 대학병원에 입원해 치료를 받게 하였다. 그러던 중에 당시 친권을 갖고 있던 아버지(친권은 어머니로 변경됨)는 가해자 가족들이 합의 조건으로 제시한 돈을 받기 위해 딸을 종용했고, 이에 피해자는 합의서와 탄원서를 제출하게 되는데 이것이 가해자들의 형량에 큰 영향을 미치게 된다. 이후 피해자 측은 경찰의 모욕적인 수사에 대한 국가의 책임을 묻기 위해서 국가를 상대로 손해배상 청구 소송을 냈고, 승소하게 되어 약 5천만 원의 배상금을 지급받았다.[5] 피해자는 사건이 종결된 후에도 오랫동안 정신적이고 육체적인 고통으로 방황하며 평범한 일상을 살아가는 것에 매우 힘들어했다고 전해진다. 한편, 44명의 가해자 중 20명은 소년원으로 송치되거나 봉사활동 처분을 받았고, 13명은 피해자와 합의를 했거나 고소장에 포함되지 않았다는 이유로 풀려났으며, 1명은 다른 사건의 피의자로 연루되어 해당 경찰청으로 송치되었고, 10명은 검찰에 기소가 되었지만 후에 소년부로 송치되었다. 결과적으로는 가해자 모두 어떠한 형사처벌도 받지 않았고 전과기록 또한 남기지 않게 된 것이다.

어디에선가 살고 있을 가해자들이 '그건 내가 철없던 시절에 했던 실수

---

5 국가로부터 피해자가 받은 피해보상금이 아닌 모욕적 수사에 대한 민사 소송으로 받은 손해배상금이다.

였을 뿐이다.'와 같은 발언은 하지 말았으면 한다. 성폭력은 실수가 아닌 범죄이고, 철없는 시절은 누구나 겪지만 누구나 범죄를 저지르지는 않는다. 부디 평생 사죄하는 마음으로 살길 바란다. 또한 가해자 중 혹여나 '나는 강간한 적 없다. 그냥 보기만 했는데 억울하다.'라고 말하는 사람이 있다면 꼭 기억했으면 한다. 방관은 암묵적 가해라는 사실을. 당신이 침묵을 지키고 있을 동안 피해자가 느꼈을 공포가 어떠했을지 생각해 보길 바란다.

녹화진술제도 미성년자 전체로 확대

黨政, 성폭력특별법 개정키로

정부와 열린우리당은 15일 경남 밀양의 여중생 집단 성폭행사건과 관련한 당정협의를 갖고 "피해자 진술권 보호를 위해 13세 미만 아동과 장애인에게만 의무화돼 있는 녹화진술 제도를 미성년자 전체로 확대하는 방향으로 성

폭력특별법을 개정하기로 했다"고 밝혔다.

우리당의 조배숙 제6정조위원장은 "피해자의 진술권 보호를 위해 녹화진술을 의무화하고 이를 위해 조속한 시일 내 모든 일선 경찰서에 녹화실을 설치하기로 했다"고 설명했다.

양정대기자 torch@hk.co.kr

출처: 한국일보(2004. 12. 16.).

미성년자·장애인 등 수사·재판때
보호자 동석 의무화 추진

형소법 개정안 입법예고

13세 미만의 미성년자나 장애인 등 사회적 약자는 반드시 수사나 재판과정에서 보호자와 동석할 수 있도록 하는 방안이 제도화된다. 이는 최근 밀양 여중생 집단 성폭행 사건에서 드러났듯 수사과정에서 만연한 피해자의 인권침해를 막기 위한 것이다. 법무부는 15일 범죄 피해자와 장애인 등 사회적 약자 보호를 규정한 형사소송법 개정

안을 입법 예고했다.

개정안에 따르면 범죄 피해자가 수사나 재판 과정에서 불안을 호소할 경우 신뢰관계자의 동석을 허용하는 규정을 신설했다. 신뢰관계자는 가족은 물론 제3자도 포함되며 대법원에서 구체적 범위를 정하도록 했다. 개정안은 특히 13세 미만이거나 장애로 의사결정능력이 떨어지는 피해자의 경우 수사기관이나 법원이 반드시 신뢰관계자의 동석을 허용토록 의무화했다.

개정안은 또 법정에 나온 피해자가 피고인을 대면한 채 증언하는 데 심리적 부담을 느낄 경우 범죄의 종류를 불문하고 비디오중계 신문을 허용토록 했다. 이와 반대로 법정에서 자유롭고 독립적인 의견 진술을 원하는 피해자에게는 법원이 반드시 진술기회를 주도록 했다. 그동안 피해자는 증인자격으로만 의견을 제시할 수 있었으며 이 마저도 법원이 진술기회를 제한할 수 있어 진술권을 제대로 보장받지 못했다.

개정안은 이와 함께 피의자나 피고인에 대해서도 장애인 연소자 노령자 여자 외국인 등 사회적 약자일 경우 수사나 재판과정에 신뢰관계인의 동석을 허용토록 했다.

김영화기자 yaaho@hk.co.kr

출처: 한국일보(2004. 12. 16.).

이 사건을 통해 성폭력 피해자를 위한 두 가지 규정이 생기게 되었다.

첫째, 사건이 발생한 2004년의 우리나라는 수사기관에서 성폭력 피해자가 기억하기 싫은 피해 사실을 불필요하게 반복 진술하는 것을 최소화시키기 위해서 피해자 진술의 영상녹화제를 규정하고 있었으나 피해자 연령이 13세 미만으로 한정되어 있었다. 이 규정은 2006년에 16세로 상향되었고, 신체장애 또는 정신장애로 인해 의사결정 능력이 미약한 경우도 포함되면서 영상녹화제 대상의 적용 범위가 확대되었다. 둘째, 성폭력 피해자가 수사나 재판 과정에서 본인이 신뢰관계에 있는 사람과 동석할 수 있는 동석제도의 규정이 생겼다. 피해자는 피해 사실만으로도 혼란스럽고 두려움을 갖고 있기 때문에 그 상태에서 자신에게 일어난 사실을 혼자 진술해야 하는 구조는 이들에게 심각한 스트레스로 작용할 수 있다. 동석제도는 피해자가 신뢰할 수 있는 사람과 동석하는 것만으로도 심리적인 안정을 얻을 수 있다는 취지에서 만들어졌다.

2008년 조두순 사건

조두순 사건은 우리나라 성폭력 사건에서 매우 중요하다고 할 수 있다. 성폭력 피해의 심각성을 온 국민이 체감하였고, 성범죄자에 대한 낮은 형량에 대한 문제의식과 아동 성범죄에 경각심을 가짐으로써 성폭력 피해자에 대한 공감을 어느 때보다 잘 보여 주었다. 조두순 사건을 기점으로 사회는 그동안 등한시해 왔던 피해자의 인권에 대해서 중요하게 생각하게 됐고, 피해자에게 공감하고 가해자를 비난하는 사람들의 모습을 지켜보면서 오랫동안 두려움에 묻어 두었던 자신의 성폭력 피해 사실을 용기 내어 신고하는 피해자들이 늘어나기 시작했다. 성폭력 사건을 지칭할 때에도 과거에는 피해자 이름을 넣어서 불렀지만(김부남 사건, 김보은 사건, 우 조교 사건, 밀양 여중생 집단 성폭행 사건 등), 이 사건부터 사건의 중심이 피해자가 아닌 가해자에게 초점을 맞추어야 한다는 목소리가 높아짐에 따라 '조두순 사건'과 같은 방식으로 명명하기 시작하였다. 나영이라는 이름을 처음 사용한 건 이 사건을 공론화했던 시사교양 프로그램에서였는데, 그 이유는 피해자의 본명과 다르면서 우리나라에서 흔한 이름이었기 때문이었다. 사건이 워낙 중대하다 보니 미디어에 매일 언급이 되면서 나영이가 이 사건의 마치 고유명사처럼 되었지만 우리가 기억해야 하는 것은 나영이 사건이 아닌 '조두순 사건'이다.

2008년 12월 11일 오전 8시 20분경 학생들이 한창 등교를 하는 시간에 조두순(당시 57세)은 학교를 가던 나영이(당시 8세)에게 "너 교회 다니니?"라고 하며 접근하여 인근 교회 건물의 화장실로 데리고 들어가 강간을 했고, 강간 후 나영이 몸에 남은 자신의 흔적을 지운다는 이유로 도구를 활용해 나영이의 신체를 훼손하여 인공항문과 배변주머니를 단 채 생활을 해야 하는 정도의 영구적 상해를 입혔다. 쓰러진 나영이는 겨우 화장실 밖으로 나와 지나가는 행인에게 살려 달라고 말했고, 행인의 신고로 경찰과 구급대가 출동하여 병원으로 이송되었다. 이 끔찍한 사건은 2009년이 되어서야 KBS의 한 시사교양 프로그램에서 다뤄지며 세상에 알려졌다. 방송을 접한 후 국민들의 분노감은 각종 언론매체를 통해 서로서로에게 전달되었다. 이 분노감은 조두순이 받은 낮은 형량으로 극에 달하게 된다.

조두순 사건이 일어나기 전에도 초등학생 강간 및 살인 사건들이 연달아 발생하였고 이에 사법부는 아동 성폭행에 대한 형량을 높일 필요가 있다고 판단하여, 2008년 6월 「성폭력특별법」을 개정하였다. 그 내용은 13세 미만의 아동 성폭행 사건에 있어서는 피해아동이 목숨을 잃지 않았다 하더라도 무기징역까지 형을 내릴 수 있도록 하는 것이고, 조두순 사건은 법 개정 직후에 발생되었기 때문에 무기징역의 형을 선고받을 수 있었던 상황이었다. 2009년 1월 검찰은 조두순을 강간상해죄로 기소했고 무기징역을 구형했으나 1심 판결에서 재판부는 조두순이 만취 상태였기 때문에 사물을 분별하거나 의사를 결정한 능력이 없었다는 심신미약의 이유로 징역 12년 형을 내렸다. 조두순은 자신에게 법이 너무 무겁다며 항소를 했지만 결국 대법원에서 항소는 기각되었고, 검찰도 항소를 포기하면서 1심 판결 그대로인 12년 형과 전자발찌 착용 7년, 신상공개 5년 형을 최종 선고로 받게 된다.

우리나라 법체계에서는 아동 성폭력에 있어서 12년의 형량은 작지 않은 것이라 말하지만, 피해 내용에 비해 그 처벌이 온당치 않다고 생각하는 국가적 분위기가 형성되면서 아동 성범죄자에 대한 양형 적정성 논의 여론이 들끓었고, 이는 조두순이 출소하는 날까지 지속되었다. 조두순이 전과 17범이라는 점, 동종 전과가 있었다는 점, 재판 과정 내내 반성 없이 범행을 계속 부인했었다는 점들을 보면 12년 형은 조두순에게 너무 가볍다. 일반적으로 음주운전으로 사고를 내면 운전자가 술을 마셨다는 이유로 가중처벌을 받게 되는데 성범죄는 술에 취해 저지른 것이 감형의 이유가 될 수 있다니, 다시 생각해 보아도 대단히 유감이다. 조두순 사건 이후 심신미약 감형에 대한 논란이 계속되면서 성폭력범죄인 경우에 음주에 따른 심신미약은 감경하지 않도록 하는 규정이 2013년 6월 「성폭력특별법」에 신설되었다. 또한 조두순의 출소를 앞두고 재범을 우려하는 만큼 조두순과 관련된 법안들이 계속해서 발의가 되었는데, 「특정 범죄자에 대한 보호관찰 및 전자장치 부착 등에 관한 법률」 일부 개정안이 통과되어 2019년 4월 16일부터 시행되었다. 그 내용은 재범 위험성이 높은 미성년자 성폭력범죄자에 대해서는 일대일 보호관찰이 가능하도록 규정하고, 재범 위험이 있다고 판단되면 전자발찌 부착 기간을 연장할 수 있도록 하는 것이다.

조두순 사건은 형량의 문제뿐만 아니라 많은 논란을 남겼다. 먼저, 수사 과정에서 밀양 집단 성폭행 사건에서처럼 피해자가 고통을 겪는 일이 또다시 발생했다. 검찰은 나영이가 수술 직후였음에도 불구하고 출석을 요구했으며 녹화진술 시 카메라 조작 미숙으로 검찰청 조사실의 딱딱한 의자에 앉아 장시간에 거쳐 같은 진술을 반복하게 했다. 참다못한 나영이의 부모는 검찰을 고소했고, 당시 담당 판사였던 이수진 전 판사(현 국회의원)는 국가가 나영이 가족에게 1,300만 원의 손해배상금을 지급하도록 판결을 내리며 나영이 가족의 손을 들어 주었다.

또한 전 국민의 관심이 쏠리면서 하루에도 100여 건 이상 보도될 정도로 당시 조두순 사건의 보도 경쟁은 과열되었다고 해도 과언이 아니다. 피해자의 상해를 나타내는 사진이 여과 없이 공개되기도 했고, 심리상태를 상세하게 설명하며 자극적인 보도가 이루어졌을 뿐 아니라 관련 없는 엉뚱한 사람의 사진이 조두순이라고 알려지는 오보도 발생하였다. 아이러니하게도 피해자인 나영이의 상황에 대해서는 언론을 통해 보도가 되는데 정작 범죄자인 조두순에 대한 직접적인 면회나 인터뷰는 전무했다. 대법원 확정판결이 있었던 날에도 기자들은 법무부에 범인에 대한 취재를 공식적으로 요청했지만 법무부는 조두순의 심경이 불안정하다는 이유로 거절 의사를 밝혔다. 우리나라가 가해자 인권을 이토록 생각하는 나라였음을 새삼 깨닫게 되는 부분이다. 즉, 사건에서 가해자의 이야기만 빠져 있는 채 이슈가 된 격이다. 이 사회에 또 다른 아동 성폭력 피해자가 나오지 않도록 하기 위해서 언론이 해야 할 역할은 피해자의 사생활과 선정적인 내용에 관심을 두는 것이 아니라 아동 성범죄를 예방할 수 있는 대책에 대해서 무엇이 문제이고, 발의된 법들이 어떻게 진행되고 있는지를 집중적으로 보도해 줌으로써 대중의 관심을 계속해서 끌고 후속 사건을 예방할 수 있는 제대로 된 정책이 나올 수 있도록 유인하는 것이 아닐까 생각한다.

현재 조두순은 2020년 12월 12일 만기 출소하여 기존 거주지역인 안산시로 돌아가 살고 있다. 조두순의 집은 피해자 가족이 사는 곳으로부터 차로 5분 거리에 불과하기 때문에 조두순이 출소 후 안산으로 돌아온다는 사실을 접한 피해자 가족은 안산을 떠나기로 결심했고 조두순 출소 전 이사를 했다. 여전히 피해자가 보호받지 못한 채 가해자를 피해 떠나야 하는 현실은 우리 모두를 안타깝게 했으며 앞으로 피해자 가족의 보호를 위한 대책들이 마련되길 기대한다.

2010년 김길태 사건

이 사건은 우리나라 성범죄자 관리에 대해 재고하게 만든 대표적인 사건이라고 할 수 있다. 김길태는 성폭력의 재범자임에도 불구하고 관리, 감독에서 제외 대상이었다.

2010년 1월 23일 새벽 부산의 한 주택가 골목길에서 귀가하던 20대 여성이 괴한에게 납치를 당했다. 괴한은 여성을 인근 건물 옥상으로 끌고 간 뒤 주먹으로 얼굴을 가격한 후 성폭행을 저질렀다. 그러고 나서 인근의 주택 옥탑방으로 끌고 가 또다시 성폭행을 한 뒤 8시간이 지나고 나서야 피해 여성을 풀어 주었다. 여성은 곧바로 경찰에 신고를 했고, 출동한 경찰은 여성이 끌려갔던 옥탑방이 몇 달 전에 출소한 김길태(당시 33세)의 주거지라는 것을 확인한 후 김길태를 특수강간 혐의로 수배했다. 그때까지만 해도 주민들은 여성과 여자아이를 대상으로 범행을 저지르는 괴한이 주변에 있을 거란 사실을 인지하지 못했을 것이다.

그로부터 한 달 뒤 2010년 2월 24일 밤 10시 50분경 이 양(당시 13세)의 부모는 경찰서에 딸의 실종신고를 했다. 저녁 7시경에 엄마와 전화통화를 한 것이 딸의 마지막이었고, 이 양은 안경과 휴대전화를 방 안에 그대로 둔 채 사라졌다. 눈이 나빠서 안경 없이는 생활이 불편한 딸이 안경을 그대로 둔 채 없어진 것이 이상하여 동네를 돌아다니며 필사적으로 찾았지만 발견되지 않자 신고를 하게 된 것이다. 다음날 부산 사상경찰서는 이를 납치 사건으로 규정하고 수사를 시작했다. 관내 우범자 및 성폭력 전과자 약 60여 명의 행적을 수사했고, 피해아동의 집에서 발견된 범인의 지문과 운동화 자국을 조사한 끝에 당시에 근처 빈집에서 생활했던 김길태를 유력 용의자로 지목하였다. 김길태는 바로 한 달 전 20대 여성을 성폭행하고 감금한 혐의로 수배를 받고 있었던 수배자였다. 김길태를 잡기 위해 경찰 인력 천여 명이 투입되어 피해아동의 집 주변을 수색했으나 진전이 되지 않자 경찰은 이 사건을 공개수사로 전환하면서 김길태의 인상착의가 담긴 수배 전단지 3만 장을 전국에 배포하고 동네 벽면 곳곳과 언론에 계속 노출시켰다. 신고포상금도 5백만 원에서 2천만 원으로 상향했다. 피해아동이 실종된 지 11일 후인 2010년 3월 6일, 피해아동의 집에서 100여 미터 떨어진 한

주택 옥상의 물탱크에서 실종자가 시신으로 발견되었다. 성폭행 후 살해당한 시신에서 나온 DNA가 김길태와 일치한다는 결과가 나와 그를 피의자로 확정하여 수사력을 증편했고, 시신 발견 3일 뒤 김길태는 검거된다. 김길태는 검거 이후에도 계속해서 범행을 부인했지만 결국 범행 일체를 자백했다. 자백의 결정적인 요인으로 작용한 것은 2월 24일 밤에서 25일 새벽 사이에 김길태가 시신을 옮기는 과정에서 목격자가 있었다는 사실이 알려졌기 때문이다. 이 목격자는 보복을 당할까 봐 두려워 그 즉시에는 신고를 하지 못했지만 이후에 경찰에게 자신이 목격한 과정을 상세히 진술했다고 한다. 김길태의 납치, 강간과 시신 유기는 모두 피해아동의 집 주변에서 일어났는데, 그곳이 재개발예정지역으로 빈집이 많고 인적이 드문 동네였기 때문에 가능했던 것이었다. 이때부터 빈집이 많은 전국의 재개발예정지역을 우범지역으로 간주하여 방범 활동을 강화할 필요성이 있다는 의견들이 제기되었다.

　김길태의 검거 소식은 2010년 3월 11일자 국민일보, 동아일보, 서울신문, 세계일보, 조선일보, 중앙일보, 한국일보 등 총 7개의 종합일간신문에 헤드라인 뉴스로 게재될 만큼 국민들이 집중하고 있었던 사건이었다. 검거 소식도 이슈였지만 경찰은 김길태를 압송하는 과정에서 그의 얼굴을 모자나 마스크로 가리지 않은 채 언론에 그대로 공개하였다. 앞서 조두순이나 연쇄살인범 강호순을 검거할 당시에도 경찰이 피의자 얼굴을 공개하지 않은 것과 비교하면 김길태의 얼굴 공개는 이례적인 조치였다. 이를 두고 논란이 있었는데 아무리 강력범이라 하더라도 피의자 인권을 고려하여 얼굴을 공개하는 것은 성급했다고 하는 지적과 흉악범의 얼굴을 공개하는 것은 공익을 위해서 맞다고 생각한다는 의견이 대립하기도 했었다.

이 범죄로 김길태는 무기징역을 선고받아 현재 복역 중이다. 재판부는 원심에서 "과거에도 성폭행 범죄 전력이 있는데다 반인륜적이고 반사회적 범죄를 거듭하는 점과 오로지 성적 욕구 충족을 위해 어린 피해자를 잔혹하게 살해한 점, 반성하지 않는 점 등을 고려할 때 사회로부터 영원히 격리할 필요가 있다. 사형은 예외적 형벌이어야 하지만 고통 속에서 숨진 피해자의 생명은 피고인의 생명보다 결코 덜 중요하지 않다."라며 사형을 선고한 바 있다. 그러나 항소심에서 무기징역으로 감형되었다. 그 이유는 "사형은 극도의 포악한 범죄를 저질러 살아 숨쉬는 것 자체와 사회의 유지가 도저히 양립할 수 없을 때에만 엄격히 제한적으로 허용되어야만 한다. 불우한 성장과정에서 가족과 사회가 제대로 보살피지 못해 생긴 비뚤어진 사회 인식이 김길태를 반사회적 인격장애를 가진 중범죄자로 만들었고, 이에 대해 사회적 책임은 도외시된 채 개인의 책임으로만 돌리는 것이 가혹하다."였다.

김길태는 성폭력범죄의 이력이 두 차례나 있는 재범자이다. 2010년 사건 이전에도 이미 성범죄로 총 11년 동안 복역을 하고 출소했으나 재범을 방지하기 위해 그를 관리, 감독하는 곳은 어디에도 없었다. 경찰이 갖고 있는 〈우범자 관리 매뉴얼〉은 강력범죄를 저지르고 3회 이상 복역한 자에 한해서 대상자로 분류되고 있기 때문에 2회 복역한 김길태는 제외 대상이었다. 전자발찌 부착 제도가 2008년에 처음 시행되었기 때문에 2001년에 수감된 김길태에게는 성범죄 이력이 있음에도 착용 대상이 아니었다. 출소 후 성범죄자를 관리, 감독하는 것의 제한점들이 밝혀지면서 아동과 청소년 대상 성범죄자들의 관리강화 대책이 마련되었다.

먼저, 정책적으로 가장 크게 변화한 것은 전자발찌 부착을 3년 소급 적

1
장

사건으로 보는 성폭력

034
035

용할 수 있는 법이 통과되었다. 내용을 살펴보면「특정 범죄자에 대한 보호관찰 및 전자장치 부착 등에 관한 법률」이 시행된 시점인 2008년 9월 1일 기준으로 그전부터 이미 형이 집행 중이거나 출소한 지 3년이 지나지 않은 성범죄자라도 재범의 우려가 있으면 전자발찌를 부착할 수 있도록 규정하는 것이다. 헌법재판소는 이 규정을 형벌이 아닌 보안처분이라고 판단했으며 국민들, 특히 여성과 아동을 보호하는 중대하고 긴요한 공익이라고 밝혔다. 이 외에도 전국적으로 우범지역에 방범용 CCTV와 안전비상벨을 대폭 신설함으로써 범죄예방과 안전을 위한 노력들이 행해졌다.

또한 김길태 사건을 통해서 범죄는 결코 처벌로써 재범을 예방할 수 없다는 것이 증명되었다. 김길태는 청소년 시기부터 범죄를 저지르기 시작했는데, 우리 사회에서는 가해 청소년이 자신으로 인해 고통받는 피해자에게 공감하고 진심으로 사죄할 기회를 갖게 하는 시스템이 매우 부족하다. 심지어 재판부에서 사안이 경미하다고 판단하거나 가해자의 나이가 너무 어리다는 이유로 사회로 되돌려 보낸 수많은 청소년 범죄자는 자신의 잘못을 뉘우치거나 왜곡된 사고와 반사회적 행동을 교정할 기회조차 놓치고 있다. 이들이 초범일 때 교육을 통해서 자신의 문제를 제대로 진단 및 교화할 수 있도록 외부환경의 지원체계들이 충분히 마련되어야 하고 지원체계가 갖는 중요성에 대해 더 많이 이야기할 필요가 있다.

2000~2005년 인화학교 성폭력 사건(2011년 「도가니법」제정)

광주광역시에 위치한 청각장애아들을 위한 특수학교인 인화학교에서 2000년부터 2005년까지 교직원이 장애학생을 대상으로 한 지속적인 성폭행이 발생했다. 이 사건은 2009년 6월 공지영 작가의 『도가니』라는 책으로 대중에게 알려졌고, 2011년 9월에 영화로 개봉되면서 사회적으로 큰 파장을 일으켰다. 책과 영화의 흥행은 대중의 관심을 넘어서 사회적 약자에 대한 성폭력을 공론화하는 계기가 되었고, 2011년 일명 「도가니법」으로 불린 「성폭력범죄의 처벌 등에 관한 특례법」이 개정되는 것으로까지 이어지게 된다.

인화학교 사건은 2005년 6월 인화학교의 전응섭 교사가 광주여성장애인성폭력상담소에 폭로하면서 세상에 알려지기 시작했다. 상담소 측은 피해학생들을 상대로 어떤 일이 있었는지에 대해서 상담을 진행했고 수년간 노골적으로 자행해 오던 교직원들의 성폭력 사실이 드러나면서 광주지역 20여 개의 시민단체들은 '인화학교성폭력대책위'를 발족했다. 조사가 시작되면서 인화학교 교장과 행정실장을 포함해서 가해자 6명의 실체가 밝혀졌다. 상습적으로 강간하고 폭력을 행사했음에도 불구하고, 이들이 받은 최종 형량은 징역 1년 또는 집행유예로 모두 가벼운 처벌로 끝났다. 사람들의 관심에서 조금 멀어질 때쯤 인화학교 재단 측은 가해교사들을 학교에 복직시키고, 이 사건을 공론화시킨 교사는 해임했다. 피해자만 억울하게 될 뻔했던 이 사건은 2009년 공지영 작가의 소설 『도가니』로 다시 한 번 세상에 고발되면서 대중에게 알려지게 된다. 그리고 2년 뒤인 2011년, 공

작가의 소설을 모티브로 한 영화 〈도가니〉가 개봉하면서 인화학교 사건은 온 국민의 공분을 증폭시켰다. 국민들은 가벼운 처벌을 내렸던 수사기관을 질타했고, 여론에 힘입어 사건의 재조사가 시작되었다. 경찰 조사가 시작된다는 것을 언론을 통해 접한 인화학교를 졸업한 동문들은 10~20년 전에 일어난 사건을 알리기 위해 전화를 걸어 오기도 했다고 한다. 이는 알려진 공식적인 피해학생의 숫자보다 더 많은 숫자의 피해자가 존재할 수 있고, 훨씬 오래전부터 상습적으로 성폭력이 일어나고 있었을 가능성을 생각하게 해 준다.

국가인권위원회는 2006년에 이어 2011년 다시 한번 인화학교와 장애인들이 거주하는 같은 법인 소속의 복지시설인 인화원에 대해 조사를 했다. 조사는 인권위 조사관, 심리치료팀, 활동보조인, 농수화통역사, 의료진 등 80여 명이 참여하여 두 차례의 심층면접을 통해 학생들의 진술을 받은 것으로 알려졌다. 조사 결과, 인화학교 내에서는 더 많은 성폭력 사건이 존재했는데, 이 사건이 처음 세상에 알려진 2005년보다 훨씬 이전인 1996년과 1997년에도 인화학교에서 성추행 사건이 발생된 것으로 밝혀졌다. 하지만 그때의 가해 교사들은 여전히 학교에 근무 중이었고, 지금 이 사건의 가해자에도 포함이 되어 있었다. 이뿐만 아니라 인화원에서도 생활교사와 직원들이 지적장애 여성들에게 안마를 강요하고 폭행을 관행적으로 일삼고 있었다. 또 이곳에 거주하는 또래 남학생에게 2명의 여학생이 성폭력 피해를 입은 일이 있었는데, 이때에도 학교 내부적으로는 대응을 하지 않았던 것으로 밝혀지면서 대중들의 공분을 샀다. 재조사를 통해 괴거 가학적인 성폭행을 저질렀어도 징역 1년에 그쳤던 행정실장에게 징역 8년이 선고되었고, 인화원은 2011년에 폐쇄, 인화학교는 2012년에 폐교되었다.

인화학교에서 성범죄가 지속적으로 일어날 수 있었던 건 가해자들이 재단의 측근들이고, 피해학생들의 대다수가 청각장애와 지적장애를 동반하고 있었으며 기숙사 생활을 하는 탓에 조직적으로 은폐가 가능했기 때문이다. 장애인에 대한 사회적 보호 시스템은 제대로 기능하지 않았고, 이들을 보호해야 할 책임이 있는 관리자들은 오히려 권력을 이용해 다수의 피해자를 만들어 내고 있었다. 특히 미성년 장애학생들이 학교라는 공간에서 오랫동안 인권 유린을 당했다는 사실은 국민들이 분노하기에 충분했다.

이 사건을 통해서 변화된 것은 크게 두 가지이다. 첫째, 온 국민의 관심이 집중된 만큼 신속하게 「도가니법」 법률이 개정되었고, 2011년 11월 17일부터 시행되었다. 개정 내용 중 대표적인 것은 장애인과 13세 미만의 아동에 대한 성폭력범죄의 공소시효가 폐지되었고 장애인을 보호해야 하는 보호시설 및 교육시설의 장이나 직원이 장애인을 성폭행하면 가중처벌된다는 것이다. 둘째, 2011년부터 장애인 대상 성범죄에 대해서 친고죄가 폐지되었다. 친고죄는 성폭행 사건에서 피해자가 직접 고소를 해야만 처벌할 수 있는 규정으로 피해자가 고소를 취소하면 처벌을 할 수 없었다. 때문에 벌을 피해 가고자 가해자가 피해자를 협박하거나 돈으로 회유하여 합의를 종용하는 수단으로 악용되기도 했다. 하지만 이 사건을 계기로 친고죄는 가해자들을 위한 법이라는 목소리가 높아지게 된 것이다. 친고죄 폐지는 2013년부터 전체 성범죄로 확대되었다.

법이 만들어질 정도로 사회에 큰 반향을 일으켰던 인화학교 사건은 특수학교 내에서 일어난 장애인 성폭력의 대표적인 사건일 뿐이고, 유사 사건의 경우 언론에 보도된 것만 해도 강원도 태백, 충남 천안, 부산 등 전국의 특수학교에서 계속 발생되고 있다. 장애인의 인권은 여전히 우리 사회의 사각지대에 있다. 유사 사건의 재발을 막기 위한 대책은 인화학교의 폐교나「도가니법」의 제정에만 그치는 것이 아니라 장애인 인권과 복지 차원에서 더 많이 논의되고 바꾸어 나가야 할 부분이다.

한편, 인화학교 성폭력 사실을 처음으로 고발한 전응섭 교사는 4년간 국가인권위원회 진정과 소송을 거쳐 2009년에 복직이 이루어졌고, 2012년에는 성폭력 사건과 관련하여 공로를 인정해 주는 디딤돌 상을 수여받았다. 전 교사는 학교의 회유와 협박에도 불구하고 끝까지 학생의 편에 서서 정의에 맞섰었다. 전 교사의 소명은 수많은 피해자를 살려 냈다. 지금 이 순간에도 여러 학교 현장에서 침묵을 지키고 있을 교사들에게 이러한 소명이 전달되기를 바라는 입장이다.

2018년 #Me_Too 운동

2016년 '강남역 살인사건'[6]은 수많은 여성이 자신의 범죄 피해 경험의 발화를 할 수 있게 만들어 준 사건이었다. 2016년 10월 '#○○내_성폭력'이라는 해시태그가 인터넷상에서 확산되었고, 2018년 안태근 검사가 저지른 성추행 가해 폭로는 한국 사회의 미투 운동의 불을 지폈고, 약자의 위치

●

6   2016년 5월, 20대 여성이 강남역 인근 건물의 공용화장실에서 일면식도 없는 남자에게 흉기에 찔려 살해당한 사건이다. 이 사건은 성폭력 사건은 아니었지만 '정신질환자에 의한 묻지마 범죄'가 아닌 '여성혐오에 기반한 살인 사건'으로 인식을 전환하는 데 성공하면서 여성혐오 범죄의 존재를 사회에 각인시켰다. 또한 한 여성의 안타까운 죽음이 아닌 우리 모두에게 일어날 수 있었던 일이라는 점에서 여성폭력 피해자들의 경험과 공감의 지지로 연대가 창출되었고, 우리 사회가 추모하고 기억해야 할 사건으로 남았다.

에서 억압당하고 침묵을 해야만 했었던 많은 여성에게 침묵을 깰 수 있는 용기를 주었다. 이후 여성들은 자신이 속한 조직이나 집단 안에서의 성폭력 피해 사실을 폭로하기 시작하였고, 이 증언들은 봇물처럼 터져 나왔다. 미투 운동은 스쿨계 미투까지 연결되면서 우리나라 학생들에게 안전하고 평등하게 학습할 수 있는 공간을 만들어 주기 위한 구체적인 개입을 논의할 필요성을 알렸다.

"제가 나오게 된 데에는 크게 세 가지 이유가 있습니다. 첫째는 피해자가 입을 다물고 있어서는 절대 스스로 개혁은 이루어질 수 없는 것이라는 것을 알았기 때문이고요. 둘째는 가해자의 회개는 피해자들에게 직접 해야 된다는 말을 전해 드리고 싶습니다. 셋째는 범죄 피해자나 성폭력 피해자는 절대 그 피해를 입은 본인의 잘못이 아닙니다."

2018년 1월 29일 JTBC <뉴스룸>에 출현한 서지현 검사 인터뷰 내용 중

미투라는 용어는 2006년 미국의 사회 운동가인 Tarana Burke에 의해 만들어졌다. 그녀는 "미투 운동은 성범죄 피해자들이 자신의 피해 사실을 고발함으로써 더 이상 아픔을 묵과하지 않고 힘과 특권의 뿌리를 뽑기 위한 투쟁"이라고 말했다. 또한 미투 운동은 성별에 관계없이 성폭력 피해 생존자를 위한 운동이기 때문에 이를 여성과 남성 사이에 장벽을 두고 여성 대 남성의 싸움으로 왜곡되어서는 안 된다고 지적하였다. 다만, 성폭력 피해

생존자의 절대 다수가 여성이기 때문에 여성이 주도적으로 행하는 운동의 모습을 띠고 있지만 성폭력은 남녀 모두에게 위협이 될 수 있는 문제이므로 성폭력에서 살아남은 모든 이들을 위한 운동임을 기억하고 사회 구조와 싸우는 데 모두가 주력해야 한다고 하였다.

미투 운동의 도화선이 촉발되었던 것은 미국 할리우드 거물급의 영화제작자인 Harvey Weinstein이 자신의 회사 여직원들과 여배우들에게 저지른 지난 30년간의 성추행이 2017년『뉴욕타임즈』에 보도되면서였다. 이에 많은 여배우가 그의 만행을 폭로하는 것에 동참했고, 할리우드 여배우인 Alyssa Milano가 자신의 트위터를 통해서 "If you've been sexually harassed or assaulted write 'me too' as a reply to this tweet(만약 너희가 성추행이나 성폭행을 당한 경험이 있다면 '미투'라고 이 트윗에 답을 달아 줘)."의 트윗으로 미투에 동참해 달라는 제안을 하였다. 하루 만에 약 50만 건의 'me too' 답변을 쓴 트윗이 뒤따랐고 이후 전 세계로 거대한 미투 운동의 물결이 일어났다.

우리나라에서는 2018년 서지현 검사가 안태근 전 검사의 성추행 사실을 폭로한 것을 비롯하여, 최영미 시인이 자신의 시 〈괴물〉로 고발한 고은 시인의 성폭력, 김지은 전 정무비서가 JTBC 〈뉴스룸〉에서 고발한 안희정 전 충남지사의 성폭력, 이외에도 대학교수, 영화감독, 배우, 소설가 등 다양한 분야에서 '#영화계' '#문학계'와 같은 해시태그의 형태로 성폭력 피해 사실을 말하는 것이 이어졌다. 이로 인해 성폭력은 성별 권력이 존재하는 한 어디에서도 발생할 수 있다는 것에 대한 경각심이 대중들에게 빠르게 퍼져 나갔다. 이렇게 피해자가 자신의 신상을 드러내면서 직접 문제를 해결하도록 만드는 사회만큼 잔인한 사회가 있을까 싶다.

"저에게 더 두려운 것은 안희정 지사입니다. 실제로 오늘 이후에 제가 없어질 수 있다는 생각도 했고, 그래서 저의 안전을 보장받을 수 있는 게 방송이라고 생각했고, 방송을 통해서 국민들이 저를 조금이라도 지켜 주었음 좋겠고, 진실이 밝혀질 수 있도록 도와주었음 좋겠습니다. 제가 지사와 너무 다른 존재이기 때문에 그 힘을 국민들에게 얻고 싶습니다."

2018년 3월 5일 JTBC <뉴스룸>에 출현한 김지은 전 정무비서 인터뷰 내용 중

사회는 피해자에게 "왜 그동안 말하지 않았어?"라는 질문을 참 많이도 한다. 미투 사건의 대부분은 자신이 속한 집단 내에서 발생했다. 그 집단에서 가해자는 권력을 행사할 수 있는 위치에 있고 피해자는 가해자가 가진 힘에 억눌려 있는 약자의 위치에 있기 때문에 문제가 발생하더라도 피해자는 행위를 거부하거나 곧바로 이 사실을 알리기가 매우 힘들게 된다. 여기에서 발생한 일들은 단지 성별관계에서의 문제가 아닌 권력관계의 문제라는 것을 여실히 보여 준다. 피해자는 자신이 피해 사실을 이야기했을 때 가해자가 처벌을 받게 될 것이라는 기대보다 그 화살이 결국에는 자신에게 돌아올 수도 있을 거라는 두려움을 갖는다. 그럼에도 불구하고 이들은 더 이상의 피해자가 나오지 않기를 바라는 마음으로 호소하고 있는 것이다. 때문에 정의를 찾기 위한 용기 있는 고백들이 묻히지 않아야 한다. 그 용기에 연대하고 용기 낸 자를 보호해야 함을 잊지 말아야 할 것이다.

그러나 미투 운동 이후 우려했던 일들이 일어났다. 첫째, 성폭력 사실을 고발한 피해자들은 사회로부터 2차 가해를 당해야만 했다. 사람들은 너무나도 쉽게 피해자의 평소 행실에 대해서 지적을 하거나 어떤 빌미를 제공한 것이 아니냐 하는 등의 이야기를 했고, 이 일을 알리는 데에는 분명 금전적 이득이나 배후가 존재할 것이라는 이유들을 대며 '꽃뱀'의 낙인을 찍는 2차 가해를 했다. 피해자를 아는 사람들이 했던 말들이라 하더라도 문제가 되지만 심지어 피해자를 전혀 알지 못하는 대다수의 사람들마저도 각자가 피해자에 대한 소설을 만들어 대며 입에서 입으로 옮겼다. 방송을 통해 자신의 피해 사실을 공개한 서지현 검사와 김지은 전 정무비서도 주변에 그 증언들을 입증해 주는 사람들이 있었고, 그녀들의 말이 사실임을 증명해야만 했다. 여전히 이 사회는 피해자의 입장에서 그들의 이야기를 최우선적으로 듣는 것이 아니라 사회가 가지고 있는 무결해야만 하는 피해자의 프레임 안에서 듣기 때문에 가해자뿐 아니라 순수한 피해자성을 해체하기 위한 사회와의 싸움도 함께 해야 하는 고단함은 고스란히 피해자의 몫이었다.

둘째, 남성들은 미투 운동이 자신을 잠재적 범죄자로 만들어 놓았다며 분노를 표출하였고 급기야 '펜스룰(Pence rule)'을 제시하는 일들이 발생했다. 펜스룰은 사생활에 대한 논란을 없애기 위한 조치로 여성들과는 식사 자리, 술자리 등의 사적인 시간을 갖지 않겠다는 것이다. 남자들은 '미투'에 걸리지 않으려면, 즉 무고가 넘치는 세상에서 고발당하지 않으려면 그 자국책으로서 펜스룰을 제시하는 주장을 펼치고 있는 것이다. 미투의 예방책이 펜스룰이라는 논리는 매우 부끄러운 일이다. 바꿔 말하면, 여성과 함께 일을 하면서 성범죄를 일으키지 않는 건강하고 깔끔한 방식에 대해서는 알지 못한다는 이야기이며, 여성을 동료로서 바라보는 것이 아닌 성적 대상화로 소비하고 있다는 의미이기도 하다. 나아가 여성이라는 이유로 업무에서 배제될 가능성이 있기 때문에 펜스룰은 또 다른 형태의 성차별 이라고 할 수 있다. 앞서 언급했듯이 미투 운동은 여성 대 남성의 싸움이 아니다. 사회의 권력구조와의 싸움이다. 만약 남성들이 성폭력 피해 여성 의 폭로를 접한다면 '이 세상은 남자를 잠재적 가해자로 보고 있구나.' '미 투는 마녀사냥이야.' 하며 분노를 폭발시킬 게 아니라 "맞아, 그 일은 잘못 된 일이야. 나도 네 말에 동의해."라고 말해야 한다. 많은 남성이 자신들은 성범죄의 가해 당사자도 아니고, 가해를 할 예정도 아니기 때문에 잠재적 가해자로 여기는 것에 분노하고 있는 거라면, 잘못을 잘못이라고 말할 수 있어야 한다. 그들도 성범죄가 옳다고 생각하진 않을 것이므로 어떤 방식 으로든 피해자에 대한 지지를 보여 주는 것은 어쩌면 너무 당연한 일일지 도 모른다.

셋째, 언론은 미투 운동 이후 소위 빚투와 같은 단어를 헤드라인으로 차 용하기 시작했다. 사회적 약자의 투쟁으로 사용된 언어를 다른 곳에 동원 한다는 것은 성폭력 피해 사실을 고발한 피해자, 그리고 서로를 연대하고 있는 많은 이가 갖는 본질적 의미를 희석시키는 일이다. 이런 뉴스기사를 접할 때마다 '우리들의 투쟁의 온도를 사회는 이토록 가볍게 여기고 있었 나?'라는 생각까지 들게 된다. 그리고 여전히 미투를 가해자의 용어처럼 '나도 당했다.'라고 사용하는 매체들이 있는데, 다시 말하지만 Me Too는 '나도 고발한다. 나도 함께 말한다. 나도 연대한다.'의 뜻이다.

#Me_Too_#With_You

누군가가 털어놓은 피해 사실에 대해서 '당신을 지지한다. 당신은 혼자가 아니다. 우리가 함께한다.'라는 연대가 이루어지기 시작했다. 즉, 미투 운동은 단순히 각 개인의 피해 사실에 대한 폭로가 아닌 한 사람 한 사람의 고백이 모여 만든 연대의 고리라는 의미를 갖는다. 미투 운동은 반짝 하고 나타났다가 금방 사라지는 사회의 이슈 중 하나가 되어서는 절대 안 된다. 가해자에 대한 보복이 궁극적 목표가 되어서도 안 된다. 미투 운동은 한국 사회의 권력구조와 분위기를 바꿀 수 있는 혁명의 계기가 되어야 하기 때문에 #Me_Too_#With_You는 매우 중요하다. 미투 운동 이후 3년, 사회는 얼마나 변화하였을까?

2019년 N번방 사건

텔레그램 N번방은 성인 여성뿐만 아니라 미성년자들을 상대로 성 착취 영상을 공유하고 판매한 디지털 성범죄 사건이다. 2019년 모바일 메신저인 텔레그램에 개설된 단체 채팅방 'N번방 사건'이 터지면서 성 착취 동영상 범죄에 대한 심각성과 정보통신기술이 발전함에 따라 점점 진화되는 범죄수법의 실체가 밝혀지게 된다. 또한 디지털 성범죄에 대한 사법부의 솜방망이 처벌로 인한 국민들의 분노와 불신은 극에 치닫게 된다.

지옥의 SNS라 불리는 N번방의 실체는 2명의 대학생으로 구성된 '추적단 불꽃'의 취재를 통해서 세상에 알려졌다. N번방이라는 명칭은 텔레그램 비밀대화방에 각각 다른 이름이 붙여진 방들이 있고, 1번방부터 8번방까지 방마다 서로 다른 피해 여성들의 성 착취 영상과 신상정보를 올리는 데서 붙여진 명칭이다. N번방은 불법 촬영 및 성 착취 영상을 공유하는 사이트인 소라넷이 폐쇄되면서 텔레그램으로 옮겨 간 이들에 의해 2018년 하반기부터 운영된 것으로 알려져 있다.

2019년 2월 '갓갓'이라는 닉네임을 쓰는 문형욱은 텔레그램 대화방(N번방)을 개설하여 약 1년여 동안 3,762개의 성 착취 영상물을 올려 배포했다. 문형욱은 N번방을 개설하기 전인 2017년부터 아동과 청소년들을 대상으로 성 착취 영상물을 제작하고 소지했으며 가짜 SNS 로그인 페이지 링크를 보내는 수법으로 피해자들의 신상정보를 모으는 등의 범죄를 일삼았다. 2019년 초반에는 N번방 활동을 하다가 하반기에는 텔레그램 활동을 접은 채 경찰의 추적을 피하기 위해서 휴대전화까지 없애는 노력을 했지만 경찰의 집중 수사로 2020년 5월에 검거되었고 자신이 '갓갓'임을 자백하게 된다. 2020년 10월, 문형욱은 무기징역을 선고받는다. 이러한 성 착취물을 공유하는 유사 N번방, 이를테면 박사방과 같은 방들은 지속적으로 생겨났다. 2019년 7월 '박사'라는 닉네임을 쓰는 운영자 조주빈은 일명 박사방이라는 것을 만들어 기존의 N번방보다 더 자극적이고 가학적인 성 착취 영상을 공유하게 된다. 조주빈은 트위터나 채팅 애플리케이션을 통해 고액의 아르바이트 모집을 빌미로 피해 여성들을 유인했으며, 이들의 신상정보뿐만 아니라 얼굴이 나오는 나체 사진을 받은 후 여성들을 협박하여 지속적으로 성 착취 영상을 찍도록 강요했다. 조주빈이 운영하는 박사방은 유료대화방으로 운영되었고, 방은 성 착취의 가학성과 자극수준에 따라 단계가 나누어져 있어 각 단계별로 입장료가 달랐다. 알려진 입장료는 20만 원부터 150만 원까지에 이른다. 이후 N번방 유료회원들이 경찰에게 검거되고 '실수로 들어갔다.' '그런 방인 줄 몰랐다.'라고 항변을 했는데,

이 말이 사실이라면 이들은 고액을 실수로 송금한 사람이며, 어떤 것들이 거래되는지조차 모르는 채 온라인상에서 만난 사람에게 고액을 먼저 지급한 사람이며 여기에 어떠한 환불 요청조차 하지 않은 사람들이라고 할 수 있겠다. 박사방에서의 금전 거래는 수사기관의 추적을 피하기 위해 거래 기록이 남지 않는 암호 화폐를 활용하여 이루어졌다. 참 치밀하고 악의적인 범행이다. 조주빈은 2020년 3월 검거되었고 징역 45년 형을 선고받았다. 이 외에도 N번방, 박사방과 관련하여 운영자 및 공범들이 차례로 검거되는데, 일부는 신상정보 공개 심의위원회의 심의를 거쳐 디지털 성범죄 피의자로는 처음으로 신상 공개가 결정되기도 하였다.

이 사건을 통해 정부는 2020년 4월 '디지털 성범죄 근절 대책'을 발표하였고 이른바 「N번방 방지법」이 국회를 통과하였다. 그 내용은, 첫째, 성 착취물을 제작하고 이를 유포할 시에 기존보다 처벌이 더 강화되었고, 촬영물을 이용해서 협박하거나 강요할 시에는 가중처벌을 받게 된다. 둘째, 성 착취물을 소지하거나 시청하기만 해도 최대 3년의 징역형을 선고받을 수 있게 되었다. 셋째, N번방의 피해자 다수가 10대인 점에서 미성년자 의제 강간 기준을 기존의 13세 미만에서 16세 미만으로 상향하였다.

「N번방 방지법」은 많은 사람의 연대로 만들어 냈다. 앞으로 일어날 수 있는 디지털 성폭력범죄들에 있어서 피해자를 보호할 수 있는 범위를 확대시켰고, 가해자를 엄벌할 수 있는 근거를 만들어 낸 것이다. 성폭력 근절을 위한 연대는 변화를 이끄는 동력임을 확인할 수 있었다.

#N번방은_판결을_먹고_자랐다.

우리는 이 해시태그에 주목할 필요가 있다. N번방 가담자의 신상 공개와 엄중한 처벌을 요구하는 국민청원은 역대 최고기록인 260만 명을 넘겼고, 트위터에도 이 해시태그를 통해 많은 이들은 더 이상 디지털 성범죄를 가볍게 여겨서는 안 된다고 외쳤다. 여기에서도 느껴지듯이 디지털 성범죄에 대한 국민들의 관심과 목소리는 어느 때보다도 뜨겁고, 사법부에 대한 불신은 극에 치닫고 있다. N번방은 갑자기 나타난 신종 범죄가 아니다. 2017년 불법 촬영물을 인터넷에 유포한 한 헤비업로더가 있었다. 수사기관은 불법 촬영물을 음란물로 취급하며 '음란물 유포죄'로 그를 기소하였고, 2018년 6월 이 헤비업로더는 집행유예 선고를 받아 사회에 다시 합류하게 된다. 1년 뒤 2019년, 그는 N번방의 운영자 '와치맨'이 되었다.

사회는 N번방을 가능하게 했던 문화에 관심을 돌려야 한다. 또한 지금까지의 디지털 성범죄 가해자들이 정당하게 처벌받지 않았다는 사실은 모두가 알고 있다. 주요 운영진들의 검거로써 N번방 사건은 끝이 난 것이 아니라 지금부터 본격적으로 시작되어야 한다. 지금 이 순간에도 계속해서 유사 N번방이 생기고 있기 때문에 우리가 꾸준하게 관심을 갖고 지켜봐야 한다. **#디지털_성폭력_우리는_끝까지_싸운다.**

02

성에
대한
이해

2장
성에 대한 이해

성폭력은 말 그대로 성을 매개로 하는 폭력이기 때문에 우리가 성폭력에 대해서 알 수 있으려면 우선적으로 인간의 성의 개념이 선행될 필요가 있다. '인간의 성은 태어나면서 결정 나는 것일까? 만들어지는 것일까?' '인간은 자신의 성 정체성을 어떤 과정을 통해 확립해 갈까?' '인간의 성을 매개로 어떻게 폭력이 발생되는 것일까?'와 같은 성에 관련한 질문들에 대한 답을 찾아가기 위해서는 인간의 성이 어떻게 구성되고 의미화되는지에 대한 이해가 필요하다.

성과 관련한 주요 개념인 섹스(sex), 젠더(gender), 섹슈얼리티(sexuality), 성 정체성(gender identity), 성적 지향(sexual orientation)에 대한 용어에 대해 정리하는 것부터 시작해 보도록 한다. 섹스(sex)는 생물학적 성, 젠더(gender)는 사회적 성이며, 섹슈얼리티(sexuality)는 전체적인 인간의 성을 일컫는 말로 성에 대한 태도와 가치, 성적인 감정과 행동을 모두 포괄하고 있는 넓은 의미를 말한다. 성 정체성(gender identity)은 자신이 인지하고 경험하는 성별에 대한 정체성이고, 성적 지향(sexual orientation)은 자신이 어떤 성별에게 지속적인 성적 이끌림을 느끼는지를 말한다.

이 장에서는 생물학적인 성차와 사회적인 성차는 어떤 의미를 가지고 있는지를 살펴보면서 성(sex) 차이가 어떻게 성(gender)차별과 성폭력으로 이어지는지에 대해 접근하고자 한다.

성차에 대한 이해

생물학적 성(sex)의 차이

한때 우리나라는 "딸 아들 구별 말고 둘만 낳아 잘 기르자." "둘도 많다." 라는 슬로건으로 산아제한 정책을 폈었다. 지금은 세계에서 가장 낮은 출생률을 보이고 있는 가운데 세월이 지나도 변하지 않는 건 아기가 세상에 탄생했을 때 가장 먼저 듣게 되는 말이다. 그건 아마도 "축하합니다. 아들입니다." 또는 "축하합니다. 딸입니다."일 것이다.

출생 직후 또는 초음파 사진을 통해서 아들인지 딸인지를 구별하는 가장 기본적인 분류 기준은 성기로 구분하는 것이고, 이때 구분되는 성은 생물학적 성(sex)이다. 인간은 난자와 정자가 수정 시 형성된 성 염색체의 차이로 인해서 남성 또는 여성의 성기를 가지고 태어나게 되는데, DNA 차이로 인한 해부학적인 차이를 갖고, 서로 다른 생식기능을 갖게 되고, 서로 다른 특징의 2차 성징을 경험하게 되는 등 각기 다른 신체적인 특성을 갖게 된다. 이를 생물학적인 성차라고 한다.

사회적 성(gender)의 차이

젠더는 개인이 속해 있는 사회에서 생물학적인 성(sex)에 따라, 즉 남성과 여성이 각자 자신의 성별에 따라 사회적으로 요구되고 기대되는 태도와 행동 양식을 습득시킨 결과로 만들어진 것이다. 사회적으로 학습된 정체성을 의미하여 사회적 성이라고 불린다. 생물학적으로 남성 또는 여성으로 태어나게 되면 남성성과 여성성을 자동적으로 획득하는 것이 아니라 자라면서 각자의 생물학적 성에 부여되는 남자됨과 여자됨의 느낌, 관념, 역할들을 학습하게 된다.

젠더는 스펙트럼의 의미이기 때문에 한 사람이 가질 수 있는 특성이 분명히 남성성 또는 여성성 등 어느 한쪽만 나타나는 것이 아니라 겹치는 부분이 분명히 존재한다는 것이다. 그럼에도 불구하고 사회는 남과 여로 이분화하여 습득시킨다. 사회적으로 기대하는 남성성을 갖고 있지 않은 남성과 여성성을 갖고 있지 않은 여성은 끊임없이 검열받게 된다. "넌 남자가 왜 여자애처럼 굴어?" "너처럼 잘 우는 남자애 처음 봤어." "여자애가 무슨 그런 일을 해?"

그래서 우리는 어릴 때부터 '남자답다.'와 '여성스럽다.' 또는 '남자가 하는 일'과 '여자가 하는 일'과 같이 자연스럽게 성적 태도와 성역할을 구분 지어 내면화한다. "남자가 인형 놀이 하면 왜 안 돼?" "남자가 감정표현을 하고 잘 울면 왜 안 돼?" "여자 일이라는 건 뭔데?" 여기에 대한 해답을 속 시원하게 말하지 못하고 왜 역할을 성에 따라 구분 지어야 하는지 이유도 모르는 채 자신의 삶에서 그 역할을 충실히 수행하는 것이다. 그렇게 만들어진 차이를 사회적인 성차라고 한다.

섹슈얼리티와 이중적 성규범

섹슈얼리티(sexuality)는 성적인(the sexual) 것들을 총칭하는 개념이다. 외적으로 드러나는 성행위와 내적으로 작용하는 성적 욕망, 감정을 모두 포함한다. 사회가 가지고 있는 섹슈얼리티는 성 인식과 성행동, 그리고 이에 대한 판단에 있어서 남녀 간에 다른 기준으로 적용되는데, 이를 이중적 성규범이라고 한다. 남성의 성적 욕망은 강하고 억제되기 힘들기 때문에 반드시 해소될 필요가 있다고 판단하는 반면, 여성은 무성적 존재이며 여성의 성적 욕망은 결혼을 했을 때 배우자에게 비로소 드러낼 수 있는 것으로 여긴다. 따라서 남성은 여성보다 적극적이고 주도적으로 자유로운 성적 행위를 할 수 있으며 이에 대한 사회적인 시선도 관대하다. 그러나 여성은 소극적이고 순종적이라는 인식이 있기 때문에 자유로운 성적 행위를 하는 여성을 정숙하지 못한 여성으로 보는 시선이 있다. 이로 인해 여성은 사회적인 비난을 받게 되고, 그들 스스로 자신의 성적 욕망과 행위를 억압해야만 한다. 이처럼 남성 중심적인 문화권에서는 성윤리에 있어서 남성과 여성에게 이중적인 잣대를 적용하고 있다. 남성은 성적인 본능과 성행위 및 성문화에 있어서 여성보다 좀 더 자유롭게 노출되고 더 관용적이다. 심지어 여성과의 성관계 경험은 드디어 '진정한 남자'임으로 표명되기도 하며, 누가 더 많은 여성과 성관계를 맺었느냐의 '횟수'로 경쟁하기도 한다. 반면, 여성은 여전히 순결을 지켜야 한다는 '순결 이데올로기'적 통념이 지속되고 있어 여성들의 성에는 남성보다 더 엄격한 잣대가 적용되고 있다.

1955년에 일어난 박인수 사건은 우리나라가 가지고 있는 이중적 성규범을 극명하게 보여 주는 예시라고 할 수 있다. 박인수(당시 26세)는 군 복무

중 변심한 애인에게 큰 상처를 받고, 그 복수심으로 전역 직후인 1954년 4월부터 1955년 6월까지 약 1년간 해군 헌병 대위를 사칭하면서 70여 명의 미혼 여성들을 결혼을 빙자하여 농락했다. 그는 여대생 2명에게 고소를 당했고 '혼인을 빙자한 간음'의 혐의로 재판에 넘겨졌다. 그러나 박인수는 자신은 결혼을 약속한 적이 없고, 여성들이 스스로 자신의 몸을 제공한 것이라며 죄를 부인하면서 70명의 여성 대부분 처녀가 아니었고 미용사였던 1명만이 처녀였다고 말해 '순결의 확률이 10분의 1이다.'라는 유행어를 낳았다. 무엇보다도 이 사건에서 지금까지 회자되고 있는 부분은 판사의 판결문이다. "법은 정숙한 여인의 건전하고 순결한 정조만을 보호할 수 있는 것을 밝혀 두는 바이다."라며 박인수에게 무죄를 선고했고, 그는 최종적으로 징역 1년의 형을 받았는데 사유는 공무원 사칭에 대한 처벌이었다. 당

출처: 경향신문(1955. 7. 22.).

시 성범죄를 규제하는 우리나라의 「헌법」에는 명칭 자체가 '정조에 관한 죄'인 항목이 있었다. 여기에서 반드시 지켜야 할 '정조'는 여성에게만 강요된 것이며, 정조에 따라서 보호받아야 할 한 사람의 권리가 지켜지지 못했다는 것을 알 수 있다. 또한 박인수는 변심한 애인에게 상처받아 복수심에 한 일이라고 했지만 어떠한 이유에서든지 누군가에게 피해를 끼치거나 범죄를 저지르는 것은 정당화될 수 없다. 그럼에도 불구하고 우리 사회는 그에게 공무원을 사칭한 것을 제외하고 여성들에게 한 일에 대해서는 모두 무죄판결을 내렸다.

성 정체성, 성적 지향

성 정체성(gender identity)은 자신이 인지하고 경험하는 성별에 대한 정체성이다. 개인이 인지하고 경험한다는 것을 좀 더 구체적으로 설명하자면 자신이 지각하는 신체에 대한 감각 또는 복장이나 화법과 같은 성별의 표현방식이라고 할 수 있다. 이때 자신의 성 정체성은 출생 시 부여된 신체 성별과 일치할 수도 있고, 일치하지 않을 수도 있고, 원하는 경우 자신의 선택에 의해서 내과적·외과적 방법을 통해 신체의 외형이나 기능을 변형하기도 한다(유네스코한국위원회, 2013). 일반적으로 내가 누구인가에 대한 자신의 정체성을 확립할 때, 나라는 사람을 인식하는 과정에서 수많은 고민과 갈등, 방황을 거치게 되고 성역할 고정관념을 넘어서 자기다운 모습으로 성장하게 된다. 하지만 우리 사회는 '여자는 여성성을 갖고 있는 여자로, 남자는 남성성을 갖고 있는 남자로'와 같이 생물학적 성과 사회적 성이 동일하다는 것을 너무나도 당연하게 전제하고 있기 때문에 사회에서 소위

인정하는 성 정체성을 갖고 있지 않은 사람의 경우에 더 많은 고민과 방황을 하게 되고 때로는 평생에 거쳐 혼란을 경험하기도 한다. 또한 공적 기관인 학교를 포함하여 우리 사회가 드러내 놓고 가르쳐 주지 않는 내용이기 때문에 그것을 깨닫고 받아들이고 스스로 인정하는 것조차 어려울 수 있다.

성적 지향(sexual orientation)이란 자신이 어떤 성별에게 지속적인 성적 이끌림을 느끼는지를 말한다. 성적 이끌림이 향하는 성별은 남성일 수도 있고, 여성일 수도 있으며, 혹은 둘 다일 수도 있다. 성적 지향이 자신과 성이 다른 이성에게 향한다면 이성애(heterosexual), 같은 성에게 향한다면 동성애(gay or lesbian), 두 성별 모두에게 향한다면 양성애(bisexual), 어떤 대상에게도 성적 이끌림이 없다면 무성애(asexual)라 한다. 성 정체성이 자신의 성별과 관련된 '정체성'이라고 한다면 성적 지향은 타인에 대한 성적 이끌림의 '지향성'을 말한다. 두 용어는 다른 뜻을 갖고 있기 때문에 구분해서 사용해야 한다.

퀴어 개념의 등장

1990년대부터 미국에서 사용되기 시작한 퀴어(queer)라는 용어는 성소수자를 일컫는 단어로 이성애만을 정상이라고 규정하고 있는 사회에 대한 저항의 의미를 갖는다. 많은 사람은 남성과 여성의 관계만을 상정하는 이성애적 관점 안에서 생각하기 때문에 '성소수자=동성애'라고 잘못 생각하고 있는데, 성소수자란 다수와는 다른 성 정체성(gender identity)과 성적 지향성(sexual orientation)을 가진 소수자 또는 집단을 말하며, 최근에는 성소수

2장
성에 대한 이해

자를 LGBTQIA라고 표현한다. L은 레즈비언(lesbian), G는 게이(gay), B는 양성애자(biasexual), T는 트랜스젠더(transgender), Q는 퀘스처너리(questionary 또는 questioning), I는 간성인 인터섹스(intersex), A는 무성애자(asexual)이다. 이 외에도 다양한 성소수자가 존재할 수 있다(한국성적소수자문화인권센터).

레즈비언은 같은 여성에게 성적 이끌림을 느끼는 여성 중 자신을 동성애자로 정체화한 사람으로 '레스보스 섬의 사포와 같은 사람들'이란 뜻에서 유래된 단어이다. 기원전 7세기 무렵 레스보스(Lesbos) 섬에 그리스 시대 여성 간의 사랑을 예찬한 서정 시인이자 레즈비언인 사포(Sappho)가 살았기 때문에 레스보스는 레즈비언의 고향이라고도 불린다. 게이는 같은 남성에게 성적 이끌림을 느끼는 남성 중 자신을 동성애자로 정체화한 사람으로, 미국에서는 남성 동성애자에만 한하여 쓰지 않고, 동성애자를 통칭해서 사용하고 있다. 양성애자는 이성과 동성 모두에게 성적 이끌림을 느껴 자신을 양성애자로 정체화한 사람이다. 트렌스젠더는 태어날 때 지정받은 sex와 자신이 정체화한 gender가 다른 사람이다. 그렇다고 단순히 성을 바꾸었거나 또는 마침내 특정 성별로 되어 버린 것의 의미가 아니라 자신이 정체화한 성별이라는 인식으로 보는 것이다. 따라서 트렌스젠더는 법적 성별 정정을 할 수도 있고, 성전환 수술을 할 수도 있다. 하지만 트렌스젠더에는 자신을 남성 또는 여성과 같이 어떤 하나의 특정 성별로 인식하고 있지 않는 논바이너리(non-binary)도 포함되어 있기 때문에, 반드시 모든 트랜스젠더가 성을 바꾼 사람을 의미하지는 않는다. 즉, '태어날 때 지정받은 생물학적 성과 자신이 인식하는 성별 정체성이 다른 사람' 정도로 인지하면 될 것 같다. 퀘스처너리는 성적 지향성과 성 정체성에 대해 갈등하고 탐색하는 중으로 일시적 혹은 영구적으로 정하지 않은 사람이다. 인터섹스는 선천적으로 남성과 여성의 생식기나 성염색체, 성호르몬과 같은 신체적 특징들 중에서 하나 혹은 모두를 가지고 태어나서 남녀를 나누는 성별이분법적으로 설명할 수 없는 사람들이다. 이들은 전 세계 인구의 약 1.7%이다. 국제사회에서는 이미 성 정체성을 법적으로 인정하는 추세이다. 독일은 개인의 기본권과 차별받지 않을 권리의 「헌법」 조항을 판결 근거로 하여 공식 기록에 성별을 적을 때 제3의 성으로 등록할 수 있는 법을 통과시켰다. 미국은 제3의 성인 'X'로 성별을 표기한 여권을 처음 발급하였고, 네덜란드, 호주, 뉴질랜드, 덴마크도 제3의 성을 법적 성별로 인정하고 있다(한겨레, 2021. 10. 28.). 무성애자는 성적 이끌림을 경험하지 않는 사람들을 말하고, 여기에서 성적 이끌림이란 상대방과 성적 접촉을 하고자 하는 끌림이다. 무성애자라 하더라도 연애를 하거나 사람에게 로맨틱하게 끌리기도 하고 개인의 가치관에 따라서 결혼을 하기도 한다. 즉, '무성애자=연애를 하지 않는 사람'이 아니라 '성적 이끌림을 경험하지 않는 사람'이다.

과거에는 성소수자를 정신질환을 갖고 있는 사람으로 분류하여 주류의 집단이 갖고 있는 성적 지향과 성 정체성을 가질 수 있도록 바꾸어 주는 일명 '전환치료'들이 소개되기도 했었다(Drescher, 2010). 그러나 세계보건기구(WHO)는 성적 지향과 성 정체성은 치료될 수 있는 특성이 아니라고 하면서 오히려 이러한 치료들을 비윤리적인 행위라 간주하고 성적 지향을 이유로 한 차별을 금지하고 있다(APA, 2009).

성 정체성을 확립하고 자신의 성적 지향성을 깨닫는 과정에서 우리가 반드시 함께 배워 가야 하는 것이 다양성이다. 각자의 모습과 성격이 다르듯이 자기다움은 한 가지로 통일될 수가 없다. 내가 나 자신에 대해서 찾으려고 노력하는 만큼 다른 사람도 치열하게 고민하면서 자신을 찾는다. 때문에 서로 다름을 편견 없이 바라보고 서로를 존중하는 태도는 우리가 당연히 가져야 할 마음이고 다름으로 인해 누군가가 차별을 받거나 부당한 대우를 받지 않아야 한다. 이전보다 성역할 고정관념과 성소수자에 대한 편견이 줄어들고 있기는 하지만 여전히 학교에서 배우는 교과서나 미디어에서는 편견을 강화시킬 수 있는 내용들이 남아 있어 차별적 태도와 행동이 생산될 가능성이 있다고 봐야 한다.

성역할 고정관념

개인이 속한 문화에서 성을 기준으로 고정화된 성역할을 극단적으로 일반화하여 만들어진 관념이 성역할 고정관념이다. 성역할 고정관념은 각 개인의 사고와 행동을 억압하는 사회 관념으로서 남녀 모두에게 성역할과 관련한 스트레스의 원인이며, 자신의 능력을 제대로 파악하지 못하게 하여 잠재 능력을 발현하는 것을 방해하는 요인이기도 하다. 어려서부터 "이렇게 사는 게 맞아."라는 말을 많이 주입당한 사람일수록 개인의 삶에서 선택의 폭이 매우 줄어들게 된다.

남성과 여성의 이분법적인 사회적 성차는 성장과정 속에서 일차적으로는 가정, 이차적으로는 학교와 대중매체에 의한 성역할 고정관념으로 강화된다. 특히 부모는 일차적 성역할 모델로서 자녀들에게는 동일시되고 모델링되는 대상이라고 할 수 있다. 만약 부모가 이분화된 성역할을 실천하고 있다면 자녀들이 성역할을 수용하는 과정 또한 매우 자연스럽게 이루어질 수 있다. 다음의 예시는 우리가 살면서 자연스럽게 학습되는 성역할 고정관념이다.

가정에서의 성역할 고정관념 예시

- 남자아이가 태어나면 파란색 옷을 준비하고, 여자아이가 태어나면 분홍색 옷을 준비한다.
- 남자아이에게는 로봇과 자동차 장난감을 선물하고 여자아이에게는 소꿉놀이세트와 인형을 선물한다.
- 남자아이에게는 용감하고 씩씩함을 요구하고 여자아이에게는 조신함을 요구한다.
- 남자아이에게는 짧은 머리에 바지를 입히는 것이 일반적이라 생각하고, 여자아이에게는 머리를 길게 기르거나 머리에 리본 핀을 꼽거나 치마를 입힌다.
- 양육자는 '남자애들 키울 때에는 ~, 여자애들 키울 때에는 ~' '남자애라 이래, 여자애라 이래'라는 말을 한다.

학교에서의 성역할 고정관념 예시

- 진로 상담을 진행할 때, 비슷한 점수대에 있는 학생들임에도 남학생과 여학생에게 권하는 직업군이 다르다.
- 반에서 무거운 짐을 옮겨야 할 때 교사는 남학생들 중에서 도와줄 수 있는 사람을 찾는다.

- 체육 시간에 남학생들은 축구나 야구를, 여학생들은 피구를 하도록 권한다.
- 교과서 삽화에 의사, 경찰, 소방관, 군인의 직업군은 남성으로 표현되어 있고 간호사, 선생님, 음악가의 직업군은 여성으로 표현되어 있다.
- 담임교사가 훈육을 할 때 남학생들에게는 남자답지 못함을, 여학생들에게는 여자답지 못함을 지적한다. 예를 들어, '무슨 여자애들이 행동이 이렇게 과격해?' '무슨 남자애들이 여자들처럼 수다스러워?'와 같은 것들이 있다.
- 전학생이 오거나 소외된 학생이 보이면 주로 여학생을 짝으로 앉혀서 보살피게 한다.

대중매체에서의 성역할 고정관념 예시

- 미디어에서 남자는 의사결정을 하는 적극적이고 높은 지위의 인물로 묘사되고, 여자는 남자 주인공을 보조하거나 내조하는 인물로 묘사된다.
- 멜로드라마의 남자 주인공은 주로 전문직 또는 재벌이 많고, 여자 주인공은 현실에 가까운 형태의 캐릭터인 평범한 인물로 설정되는 경우가 많다.
- 30대 미혼 여성이 주인공인 드라마에서도 여자 주인공은 전문직 여성으로 설정되어 있지만, 남녀의 연인관계에서는 소극적이고 의존적인 과거 여성의 모습을 답습하는 고정관념이 남아 있다.
- 예능 프로그램에서 남자들은 근육의 몸을 노출시키길 요구받고, 여자

들에겐 섹시함을 어필하길 요구한다.

- 여성을 '꽃'으로 비유하는 자막이 많이 나온다.
- 직업이 있는 기혼 유자녀 여성이 나와 일터에서 바쁘게 일하는 모습을 취재하면서도 '어머니는 강하다.'라는 말로 전통적 성역할 고정관념을 나타낸다.
- 토크쇼에서 기혼 유자녀 여자 배우가 나오면 일과 육아의 양립에 대한 내용이 주가 되지만, 기혼 유자녀 남자 배우가 나오면 작품에 대한 이야기를 주로 나눈다.
- 유아동이 보는 만화 프로그램에서 여성 캐릭터의 외양은 여전히 마른 몸에 분홍색 옷을 입은 모습이 많이 보인다.

앞에서 설명한 것처럼 우리를 둘러싸고 있는 다양한 환경에서 남녀의 성별에 따라 직업이 다르고 사회적으로 기대하는 역할들도 각각 다르게 표현되고 있다. 사회적으로 '인정'이 되는 남성성을 갖지 않은 남자와 여성성을 갖지 않은 여자는 사회적 비난 또는 저평가를 받게 된다. 이를테면, 여자가 하는 일이라고 사회가 규정하고 있는 직업군에 남자가 종사할 때 저평가를 받게 되고, 외양적으로 여성성을 많이 갖춘 남자는 "너 게이야?"라는 말을 듣기도 한다. 여자가 결혼을 하지 않고 일에 매진하면 야망 있는 여자라는 말을 듣게 되고, 출산 후 본업으로 돌아갔을 때 자녀가 아프거나 다급한 상황이 생기게 되면 엄마에게 비난의 화살이 가는 경우가 많다. 이러한 문화를 접하면서 사람들은 성별에 따라 구분되는 성역할을 자연스럽게 습득하게 되고, 사회가 가지고 있는 성역할의 고정관념은 인간의 생물학적인 성 차이를 뛰어넘어 남자와 여자의 능력 차이를 결정하는 것과 같은 사회적인 성차별을 가져온다.

EBS에서 방영하는 유아동 프로그램 〈꼬마버스 타요〉의 캐릭터 소개이다. 다음의 그림은 캐릭터들의 일부인데, 전체 캐릭터 대비 여자 캐릭터의 비율이 낮을 뿐만 아니라 캐릭터 소개에서도 알 수 있듯이 여성다움의 틀에 갇혀 있어 성역할 고정관념이 반영되었다고 볼 수 있다.

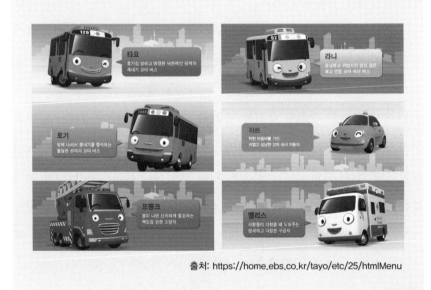

출처: https://home.ebs.co.kr/tayo/etc/25/htmlMenu

고정관념 위협

자신이 속해 있는 집단에 대한 편견이 사회 전반적으로 수용되고 있을 때, 집난 구성원들에게는 어떤 일이 일어날까? 부정적 고정관념의 대상이 되는 집단 구성원들은 혹시라도 자신의 수행이 소속 집단에 대한 부정적인 고정관념을 강화시켜 줄 수 있다는 불안을 경험하게 되면서 심리적으로 위협을 받는다. 이를 고정관념 위협(stereotype threat)이라고 한다(Steele & Aronson, 1995). 대표적인 2개의 실험이 있다. 첫 번째는 인종에 대한 고정관념 위협의 효과이다.

미국의 명문사학인 스탠퍼드 대학교에 근무하고 있었던 Steele은 어느 날 학생들의 성적평가표를 보면서 인종에 따른 성적 차이를 확인하게 되었다. 백인 학생들이 상위권에 주로 몰려 있고 흑인 학생들이 하위권에 있었다. 그는 여기에 의문을 두고 실험을 설계하였다. 스탠퍼드 대학교에 다니는 백인과 흑인 학생들을 실험 대상으로 미국 대학원의 입학 자격시험인 GRE에 나오는 언어영역의 어려운 문제를 풀게 하였다. 문제를 풀기 전 이들을 반으로 나누어 한쪽 그룹에게는 과제의 목적이 개인의 지적 능력을 측정하기 위한 검사라고 말하고, 다른 그룹에게는 실험도구를 만들기 위한 검사라고 말했다. 실험 결과, 지적 능력을 평가받는다고 지각한 그룹의 흑인 학생들의 수행점수는 백인 학생들에 비해 낮게 나왔고, 실험도구를 만들기 위한 검사라고 생각한 그룹의 학생들은 인종에 따른 수행능력의 차이가 거의 없었다([그림 2-1] 참조). 또 다른 실험 설계는 한쪽 그룹에는 개인 인적사항에 인종을 적게 하고, 다른 한쪽에는 인종을 적게 하지 않았는데, 인종을 적게 한 그룹에서는 백인 학생들의 수행점수가, 적지 않게 한 그룹에서는 흑인 학생들의 점수가 더 높게 나왔다([그림 2-2] 참조). 즉, 이 실험을 통해서 알 수 있는 것은 미국 사회에 널리 수용되고 있는 '흑인들은 열등하다.'라는 고정관념이 당사자성을 갖고 있는 사람들에게 심리적인 위협으로 작용하여 수행능력이 저조하게 나타난다는 것이다.

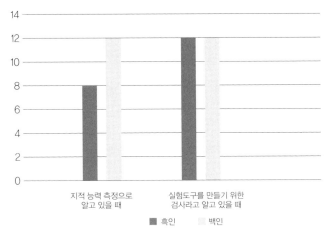

[그림 2-1] 실험의 목적을 달리 제시하였을 때의 차이

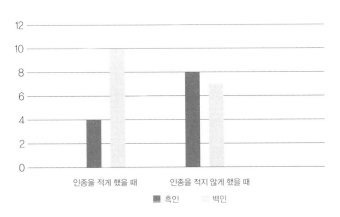

[그림 2-2] 개인 인적사항을 적게 했을 때의 차이

　두 번째 실험은 남녀 성차의 고정관념 위협의 효과를 보여 주는 실험이
다(Spencer, Steele, & Quinn, 1999). 미국의 미시간 대학교에서 각 28명의 남학
생과 여학생을 실험에 참여시킨다. 실험 대상은 SAT(Scholastic Aptitude Test)
와 ACT(American College Test)에서 모두 수학성적이 우수하고 수학을 스스
로 잘한다고 믿는 학생들로 모집되었다. 처음에 제시된 과제는 어려운 문

제 유형과 쉬운 문제 유형을 푸는 것이었는데, 쉬운 문제에서는 남녀 간의 차이가 없었지만 어려운 문제에서는 남학생의 수행이 더 높았다([그림 2-3] 참조). 그다음에 제시된 과제는 두 그룹으로 나누어 어려운 문제를 푸는 것이었는데, 한쪽 그룹에게는 첫 번째 수행한 과제에서 남녀 간의 차이가 없었다고 말해 주고, 다른 그룹에게는 남녀 간의 차이가 있었다고 말해 주었다. 실험 결과, 남녀 간의 차이가 있었다고 말해 준 그룹에서 남녀 간의 수행 차이가 확연하게 나타났고, 남학생의 수행이 더 좋은 것으로 확인되었다([그림 2-4] 참조).

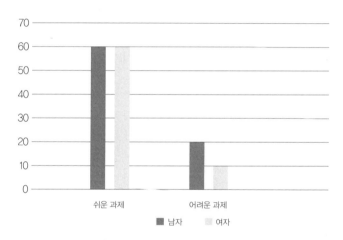

[그림 2-3] 과제 난이도에 따른 차이

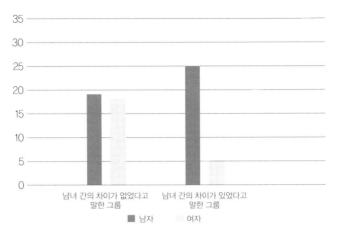

[그림 2-4] 과제 성격 제시에 따른 차이

　이와 같은 실험에서 알 수 있는 것은 그 사회가 가지고 있는 부정적 고정관념은 고정관념의 대상에게 엄청난 심리적 위협감을 안겨 주고, 스스로를 위축되게 만든다. 그리고 차별의 대상자들은 자신도 모르는 사이 고정관념을 내면화시켜 스스로를 열등한 존재로 생각하여 특정 역할을 회피하는 소극적인 행동을 한다. 첫 번째 실험에서 흑인들은 '흑인은 열등하다.'라는 사회적 통념을 깨야 한다는 부담감과 자신의 수행이 부정적 고정관념을 확증시킬지도 모른다는 두려움과 걱정으로 인해 오히려 저조한 수행을 보였다. 마찬가지로 두 번째 실험에서 여학생들은 '여자는 남자들에 비해 수학을 못한다.'라는 고정관념을 이겨 내야 하는 부담감이 오히려 이들을 방해했다. 반대로 백인 학생들과 남학생들은 고정관념에서 자유로운 대상이었고, 이 집단의 수행은 낮아지지 않았다.

　고정관념 위협을 받고 있는 당사자들 중에는 차별과 편견을 이겨 내기 위해서 적극적으로 노력하는 사람들도 많다. 하지만 상대적으로 더 노력하고 자기의심과 타인으로부터 받는 평가에 대한 우려를 갖고 노력해야 한다. 아이러니하게도 사회는 고정관념에서 벗어난 특성의 사람들을 보게 되면 자신들이 가지고 있었던 고정관념을 바꾸려고 하기보다는 예외의 상황으로 인식해 버린다. 예를 들어, '여자들은 운전을 잘 못해.'라는 인식으로 '김 여사'와 같은 혐오적인 발언을 하는 사람이 어느 날 주차를 예술적으로 하는 사람을 보았고, 운전석에서 내리는 사람이 여성이란 걸 확인했다. 그 순간 '아…… 역시 여자들도 운전을 잘하는구나.'라고 생각하기보다는 그 여성 개인의 특수성으로 인지한다. 즉, 차별과 편견을 이겨 내기 위한 노력으로 성취를 이룬 사람은 개인이 갖는 특별한 경험일 뿐 그 집단이 가진 고정관념을 바꾸진 못한다. 고정관념과 편견은 타고나는 것이 아니라 사회가 가지는 규범과 경험에 의해 오랫동안 스며들어 학습된 결과이다. 따라서 가정, 학교, 사회는 특정한 역할을 강조하며 학습시키기보다는 고정관념에서 벗어나 개개인이 자신만의 독특한 특성을 반영하고 다양한 역할경험을 통해서 정체성을 가질 수 있도록 도와야 한다.

남성성 과잉과 여성성 과잉

남성성과 여성성의 '과잉'은 성역할 고정관념에 대한 과도한 집착으로 정의 내릴 수 있다. 남성성 과잉(hyper masculinity)의 특징은 음주가 전형적인 남성다움을 상징한다고 믿고, 남성이 더 우월하다는 성차별적인 신념을 갖고 있고, 성폭력이 발생했을 때 피해 여성에 대한 책임과 비난을 크게 하며(Davis & Liddell, 2002), 폭력을 남자다운 것으로 보고, 성관계를 맺기 위한 목적을 이루고자 사용하는 책략들에 있어서 나쁘게 생각하지 않는다(Mosher & Sirkin, 1984).

여성성 과잉(hyper femininity)의 특성을 갖게 되면 남자와의 낭만적인 관계를 형성하고 유지하기 위한 방법으로 자신의 성적 매력을 어필하려고 하고, 남성의 보호 속에 머물기 위해 남성의 강압적인 행동을 용인하며, 자신이 직업을 갖고 경쟁적으로 일하는 것보다 배우자가 권위 있고 돈을 잘 버는 직업을 가지는 것을 더 중요하다고 생각한다(Mumen & Byme, 1991).

사회적인 성 차이가 만들어 낸 특권

전통적인 남성성의 특성은 적극적, 능동적, 공격적, 용감한, 리더십 있는, 강인한, 힘이 센, 경쟁적, 논리적, 과묵한 등이 있고, 전통적인 여성성의 특징은 소극적, 수동적, 방어적, 수줍은, 온순한, 공감능력이 뛰어난, 이타적, 연약한, 의존적, 감정적 등이 있다. 그래서 남성의 일이라고 하는 것은 의사결정권이 있는 일, 리더십이 필요한 일, 다른 사람과 경쟁을 하는 일, 물리적인 힘이 필요한 일 등에서 주도권을 잡는 일(승리를 해야만 하는)을 말하는 반면, 여성의 일이라고 하는 것은 남자들의 말에 순응·복종해야 하며 리더를 보조하는 일, 강한 자의 보호를 받아야 하고 가족과 주변을 따뜻하게 돌보는 일을 말한다.

사회적인 성 차이는 단순히 각 역할의 다름을 나타내는 것이 아닌 가치판단이 개입되어 있고, 이는 젠더 간의 위계를 발생시킨다. 젠더 간의 위계가 발생된다는 것은 결국 어느 한쪽이 다른 한쪽에 비해서 더 많은 것을 누릴 수 있는 권리와 이익을 갖고 있다는 뜻이고, 이게 바로 특권이다. 특권을 통한 부당함이 어떤 과정을 통해서 이루어지는가에 대한 이야기들이 상당 부분 함구되어 있는 채 재생산이 계속되고 있기 때문에 그 과정을 짚고 넘어가 보려고 한다.

- 남자아이들이 기저귀를 갈 때나 옷을 갈아입을 때 성기가 보이면 주변 어른들은 귀여워하거나 만지면서 "큼지막하게 잘생겼다." 등의 말을 하며 긍정적 평가를 하기도 한다. 하지만 여자아이들은 그럴 일이 거의 없다. 일단 양육자는 주변인들이 없는 곳으로 가서 옷을 갈아입히기 때문이다. 2차 성징이 나타나고 가슴이 나오기 시작하면 여자아이들은 브래지어를 착용하게 된다. 이처럼 여자아이들은 어려서부터 자신의 성기를 포함하여 몸을 다른 사람들에게 절대 보여 주어서는 안 되며 무조건 가려야 하는 것으로 학습한다. 때문에 자신의 몸이 타인에게 보였을 때의 불쾌함을 여자아이들이 더 많이 느낄 수밖에 없다. 원시부족과 같이 우리 이제 다 벗고 살자고 주장하는 것이 아니라 남자든 여자든 자신의 몸은 함부로 타인이 보아서도 만져서도 안 되고, 나 또한 타인의 몸을 함부로 만지면 안 된다는 것을 어릴 때부터 똑같이 알려 주어야 한다는 것이다.
- 매년 어린이날이나 크리스마스와 같이 아이들의 선물을 준비해야 하는 연중행사가 있다. 그 시즌에 대형마트들은 '남자아이들을 위한 코너'와 '여자아이들을 위한 코너'를 운영하면서 다양한 선물을 선보이고 있다. 일반적으로 남자아이들을 위한 선물로 준비되어 있는 것들

은 로봇, 자동차, 공룡, 칼 등이고, 여자아이들을 위한 선물은 인형, 소꿉놀이 세트, 주방놀이 세트 등이 있다. 남자아이들은 싸우는 게임이나 공격적이고 역동적인 놀이 활동을 하고, 여자아이들은 인형이나 집안용품과 같이 육아와 가사를 하는 놀이 활동을 하게 된다. 어릴 때부터 놀잇감을 통해서도 젠더화가 되어 간다.

- 남자아이들이 씩씩하게 자기 주장을 말하면 주변으로부터 칭찬을 받는 반면에 여자아이들이 적극적으로 자신의 의견을 내세우면 '나댄다.' '세다.'라는 말을 듣거나, 이런 이미지로 고착되는 경우를 많이 봤을 것이다. 그렇게 자란 여자아이들은 다른 사람의 말에 고분고분하고 맞장구치며 공감하고 좋지 않은 표현에도 웃음으로 넘기는 방법을 터득해 나간다. 또한 자기 주장이 확실하고 안 좋은 표현을 지적하는 여자 연예인들에게 '센 언니'라는 수식어를 붙이곤 하는데, 많은 사람이 이들을 보며 희열을 느끼는 것은 분명히 억압된 관념이 우리에게 체득화되어 있다는 의미가 아닐까 싶다.

- 학교에서나 미디어에서 남자아이들의 자위에 대해서는 건강한 성장 과정 중의 특성이라고 이야기를 많이 하지만 여자아이들의 자위에 대해서는 누구도 말을 하지 않는다. 남자아이들이 방에 문 닫고 들어가서 음란물을 보는 장면은 미디어에서도 많이 노출되지만, 여자아이들의 동일한 장면은 거의 묘사되지 않는다. 성에 있어서도 남자아이들의 성적인 욕구와 행위는 여자아이들의 경우보다 자유롭게 이야기되고 덜 억압적이다.

이처럼 어릴 때부터 우리는 자신의 적성과 선택과는 무관하게 자연스럽게 성역할을 학습하게 된다. 사회가 규정해 놓은 이분법적인 성별 간의 특성은 차별을 만들어 내는 구조가 되고, 차별로 인해 부당하게 억압을 받는 집단과 동시에 특권을 갖는 집단이 발생하게 된다. 특권을 갖는 집단은 사회로부터 유리한 위치에 있게 되고 차별의 문제는 다양한 상황에서 가시화되어 왔다.

우리나라는 남아 선호가 있어서 과거에는 아들을 낳을 때까지 출산을 하여 누나가 여러 명 있는 막내아들이 꽤 많았다. 1990년대에는 임신 중아이의 성별을 확인할 수 있게 되자 여아를 임신하게 된 걸 확인하면 낙태를 했었다. 때문에 남녀 성비의 불균형이 뚜렷이 나타나기도 했다. 또한 남성의 특성은 공적 영역에 적합하고 여성의 특성은 사적 영역에 적합하다는 생각으로 인해 직업적 성취에서 여성은 남성보다 열등하며 능력이 부족하다는 위계를 발생시켜 동일한 조건의 경우에서도 고용 기회의 박탈, 소득 격차, 낮은 승진 기회와 같은 사회적 차별로 이어진다. 굳이 통계 자료나 지표를 제시하지 않더라도 조금만 찾아보면 차별적 양상을 확인할 수 있다. 심지어 맞벌이 부부들의 가사노동을 하는 비율도 여성이 더 많이 차지하는데, 여성의 일이라고 여겨지는 가사나 돌봄 노동은 사회적으로 저평가된다.

각 성별에 따른 특징을 규정하는 이분법적인 속성은 성관계에서도 그 위계가 그대로 나타난다. 남성다움에 집착을 하게 되면 적극적인 행동, 공격적인 행동, 거친 행동 등의 특성이 남성답다라는 이름 아래 폭력성을 정당화시켜 주는 경우가 발생된다. 전통적인 여성상을 강하게 학습하다 보면 수동적이고 순응해야 하는 특성 때문에 상대의 강제적인 요구를 들어주는 것이 자연스러운 일이라고 합리화하기도 한다. 이런 이야기를 털어

놓는 여학생들을 실제로 만난 적이 있다. "남자친구가 너무 원하니까 전 내키지 않았지만 성관계를 가졌어요. 계속 거절하는 게 미안해서……."

남자들이 역차별을 받는 사회?

우리가 성 평등 내지는 젠더가 가진 특권을 이야기할 때 남자들이 가장 많이 하는 말은 "여자도 군대 가야 평등한 거죠. 이제는 남자들이 역차별당하고 있다고요."이다.

사회적 약자로서의 여성이 성 평등을 외치는 것은 동등한 권리를 갖기 위해서 사회의 구조에 투쟁하는 것이지 남자들의 것을 빼앗는 것이 아니다. 만약 군대에 가는 것이 불공평하다는 생각이 들면 여성에게 군대에 가라고 할 것이 아니라, 양심적 병역거부를 한 사람들이 왜 존재하는지에 대한 이유를 이야기하며 제도를 바꾸기 위해 투쟁해야 한다. 만약 군대라는 조직 내의 문화가 잘못되었다는 생각이 들면 문화를 개선하기 위해서 사회에 투쟁해야 한다.

이 부분에 대해 좀 더 구체적인 예시가 필요하다면 손아람 작가의 세바시 강연 '차별은 비용을 치른다'(848회)가 도움이 될 것이다 (https://www.youtube.com/watch?v=cYuFnDyARBw).

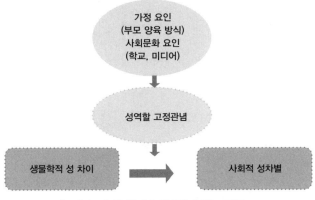

[그림 2-5] 성 차이가 성차별이 되는 과정

사회는 성 차이에서 오는 차별을 마치 남성과 여성의 두 집단 간 대결 구도처럼 만들어 놓았다. 그러나 우리가 명심해야 하는 것은 차별은 성별 간이라는 집단 간의 해결이 아닌 사회 구조 안에서 문제의 답을 찾아야 한다는 것이다.

사회정체성

왜 성별 간 다툼이 되었을까를 고민해 보니, 사회정체성이 원인 중 하나일지도 모르겠다는 생각이 든다. 집단에게 적용되는 특성은 점점 그 집단에 속해 있는 개인에게까지 침투된다. 인간은 소속감의 욕구를 가지고 있기 때문에 개인이 속한 집단과 개인을 동일시하는 경향이 있는데, 집단의 소속감이 커질수록 집단 구성원으로서의 자신을 인식하는 것을 사회정체성(social identity)이라고 한다(Tajfel, 1978). 즉, 사회가 그 집단에게 갖는 고정관념, 기대, 이미지는 곧 나의 것이라고 동일시하는 것이다. 사회정체성이 형성되는 과정(Ellemers & Haslam, 2015)을 보면, 먼저 동일한 속성을 가지고 있다고 생각하는 개별적인 사람들을 집단으로 묶고, 자신이 속한 집단이 가지는 특성을 타 집단과 비교했을 때 자신의 집단이 상대적으로 더 이익이 될 만한 것들이 있다고 판단하게 되면 그때부터 자신의 집단이 얼마나 중요한지에 대한 가치를 부여하게 되고, 타 집단보다 더 긍정적으로 평가하게 된다. 이러한 특성은 타 집단에 대한 폄하와 차별의 근간이 되기도 한다. 사회정체성이 커질수록 개인적 의사결정을 하기보다는 집단의 결정을 따르려고 하는 동기가 강하게 나타나서 집단적 동조현상을 초래하기도 한다.

03

성폭력의
개념

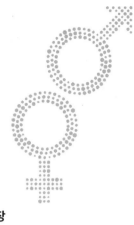

3장
성폭력의 개념

성폭력은 성욕을 통제하지 못한 남성이 단정하지 못한 여성의 순결을 침해하는 한순간의 실수가 아니다. 성폭력은 육체적 또는 사회적으로 우월한 지위를 이용하여 상대방의 신체와 정신을 성적으로 유린하는 성적 자기결정권의 침해 행위이다. 이 장에서는 성폭력의 정의와 성적 자기결정권이 무엇인지에 대해서 알아보고 현재 성폭력의 실태에 대해 살펴보도록 한다.

성폭력의 이해

성폭력의 정의

성폭력은 '강간' '성희롱' '성추행' 등 다양한 용어로 혼용되고 있다. 일반적으로 광의의 개념으로 성폭력은 상대방의 의사에 반하여 성적 자기결정권을 침해하는 모든 행위를 말한다. 이때 물리적이고 심리적인 폭력과 위협이 가해지기도 하지만, 폭력성을 전제로 하지 않고 성적 자기결정 능력이 없거나 의사표현 능력이 없는 대상에게 행하는 성적 행위도 성폭력에 포함된다. 〈표 3-1〉은 교육부(2020)의 자료를 성폭력의 행위별·대상별 유형으로 재정리한 것이다.

〈표 3-1〉 성폭력의 행위별 분류

강간	• 폭행 또는 협박으로 상대방의 반항을 곤란하게 만들어 행위자가 자신의 성기를 피해자의 성기에 삽입하는 행위
유사강간	• 폭행 또는 협박으로 상대방의 구강, 항문 등 신체(성기는 제외)의 내부에 행위자의 성기를 넣는 행위 • 성기, 항문에 행위자의 손가락 등 신체(성기는 제외)의 일부 또는 도구를 넣는 행위
강제추행	• 폭행 또는 협박에 의해 성교는 하지 않고 가슴, 엉덩이, 성기를 포함하여 신체 부위에 접촉하거나 키스, 음란한 행위, 상대에게 행위자의 성기를 노출시키는 등 성적 침해를 하는 행위
준강간· 준강제추행	• 사람의 심신상실 또는 항거불능(장애, 수면, 술에 취해 의식이 없는 등 심리적·육체적으로 반항이 불가능한 상황)의 상태를 이용하여 강간 또는 추행을 하는 행위
성희롱	• 업무 또는 고용, 기타 관계에서 성적 언동 등으로 성적 굴욕감 또는 혐오감을 느끼게 하거나 성적 요구에 따르지 않았다는 이유로 불이익을 주는 행위
성학대	• 행위자의 성적 욕구나 욕망을 위해서 타인을 어떤 형태로든 성적 행동에 개입시키는 것 • 상대방과 행위자의 직접적인 신체 접촉이 없다 하더라도 행위자의 성적 욕구를 채우기 위해 강요와 협박으로 상대방이 참여하도록 하는 행위도 포함
사이버 성폭력	• 온라인상에서 상대방의 동의 없이 원치 않는 성적 메시지를 보내거나 사진 또는 동영상을 유포함으로써 상대방이 불안감과 위협감을 느끼게 하는 행위

〈표 3-2〉 성폭력의 대상별 분류

아동 성폭력	• 16세 미만의 미성년자에 대한 성폭력 행위 • 청소년 성폭력과의 차이점은 피해자의 동의가 있다 하더라도 처벌됨
청소년 성폭력	• 13세 이상 19세 미만 미성년자에 대한 성폭력 행위
장애인 성폭력	• 장애인에 대한 강간, 강제추행 등의 성폭력 행위

  2020년 5월, 우리나라 미성년자 의제 강간연령은 기존의 13세에서 16세로 상향되었다. 기준 연령이 선진국들에 비해 현저히 낮았기 때문에 이를 상향해야 한다는 의견이 꾸준히 제기되어 왔음에도 불구하고 쉽게 개정되지 않았다. 그러나 최근 N번방 사건이 터지면서 대부분의 피해연령이 10대라는 사실이 밝혀졌고, 국회는 그동안 미진하게 진행해 온 성범죄 관련 법률 중에서 '미성년자의제강간죄'를 통과시켰다. '미성년자의제강간죄'라는 것은 기존 13세 미만의 아동에게만 해당되었던 것을 13세 이상 16세 미만으로 상향시키면서 이 연령대의 사람에 대해 강간 또는 추행을 한 19세 이상의 자에게 강간죄가 성립되고 최대 무기징역까지 선고받을 수 있다는 내용이다. 이때 가해자가 성인이어야만 범죄가 성립되고, 피해자가 동의한 강제력이 없는 성관계라 하더라도 처벌대상이 된다.

  장애인 성폭력은 「성폭력범죄의 처벌 등에 관한 특례법」에 따라서 공소시효를 두지 않지만, 가해자와 피해자가 친족 관계일 경우에는 가중 처벌을 할 뿐 공소시효를 배제하는 규정이 없다. 장애인 성폭력 중에서 지적장애인을 대상으로 한 범죄가 가장 많이 일어나는데, 지적장애인의 의사결정 능력과 진술 능력이 부족하여 그 자체를 범죄의 타깃으로 두고 악용하기도 한다. 따라서 장애인의 특성을 고려하여 비장애인의 성폭력 사건과는 다른 해석이 필요하다.

강간과 추행의 죄

우리나라의 「형법」 제32장에 규정되어 있는 '강간과 추행의 죄'는 성범죄와 관련된 법 조항이다. '강간과 추행의 죄'는 폭행, 협박, 위계와 위력 등을 이용하여 타인의 성적 의사결정의 자유를 침해하는 행위에 대해 처벌하는 조항을 두고 있다. 앞서 1장에서 정리한 것과 같이 시대의 흐름에 따라서 성폭력에 대한 심각성이 대두되고 사회적 의식이 변하게 되면서 개인의 성적 의사결정권을 존중하는 방향으로 성폭력 관련 법안이 새로 만들어지기도 하고, 개정 및 삭제가 되기도 하였다.

'강간과 추행의 죄'는 1995년까지 '정조에 관한 죄'라는 명칭이었다. 이는 과거에는 강간을 여성의 순결을 보호하는 범죄로 인식하여 '보호할 가치가 있는 정조'와 '보호할 가치가 없는 정조'로 구분했다는 의미이다. 보호할 가치가 있는 정조라고 한다면 강간 당시 피해자가 순결했는가, 피해자가 순결을 지키기 위해서 얼마나 저항했는가로 결정했다. 명칭을 바꾼 것은 성적 자기결정권을 성범죄의 보호법익으로 보겠다는 것이다. 그러나 이름만 바뀌었을 뿐 우리 사회는 남자와 여자의 성에 대한 이중적 잣대가 존재하고 뿌리 깊게 남아 있는 전통적인 유교관이 있기 때문에 법이 무색할 만큼의 이해되지 않는 판결이 내려지는 경우를 뉴스를 통해 종종 접할 때가 있다. 우리나라 「형법」이 개인의 성적 자기결정권을 보호법익으로 보고 있지만 여전히 사회가 갖고 있는 성폭력의 일반적인 인식은 '타인의 성적 자기결정의 의사를 얼마만큼 침해했는가'보다는 남성의 성기가 여성의 성기 내에 삽입되는 '강간'이 일어났는지, 강간 시 '폭력과 협박'이 존재했는지, 피해자가 어느 정도로 '저항'했는지에 초점을 두는 경향이 있다. 따라서 성적 자기결정권과 동의의 범위에 대해서 짚고 넘어갈 필요가 있다.

성적 자기결정권

인간은 누구나 자신이 무언가를 할 때 스스로 판단하고 결정하고자 하는 욕구가 있다. 성적 자기결정권은 자신의 성 정체성과 성행동에 대해서 고민하고 이를 스스로 결정할 수 있는 권리이며 자신이 원하지 않는 성행위에 대해서 거부할 수 있는 권리까지를 포함한 개념이다. 즉, 개인에게는 자신이 원하는 상대방과 원하는 장소 및 시간에 원하는 방법으로 성행위를 할 수 있는 자유와 권리가 있고, 상대방도 동등한 자유와 권리를 갖고 있다. 내가 원하는 상대라 하더라도 그 상대가 원하는 성행위와 맞지 않으면 거부할 수 있고, 상대 또한 마찬가지이다. 내가 허락 또는 동의하지 않는 성관계는 성폭력이며, 타인의 성관계 요구에 나는 거부할 권리를 가지고 있기 때문에 강요에 의한 성관계도 성폭력이다. 여기에서 중요한 건 내가 동의하지 않거나 거부할 때에 어떠한 외부의 압력이나 권력 행사가 존재하지 않아야 한다. 이는 「형법」 제32장 '강간과 추행에 관한 죄'에서도 명시되어 있는 부분이다.

그러나 현실은 피해자가 지속적으로 거부 의사를 표현하였는지, 성범죄 후 외부에 알렸는지, 구조 요청을 하는 노력을 보였는지, 피해자의 몸에 남아 있는 상흔이 있는지의 여부로 피해 사실을 입증해야 함으로써 피해자에게 가혹한 결과를 초래하고 있다. 또한 위력에 의한 권력형 성폭력이나 술 또는 약물에 취한 상황, 의사결정 능력을 갖추고 있지 않은 상황, 이를 테면 생물학적 연령은 성인에 해당되지만 지적장애가 있는 경우에서는 피해자가 거부 의사를 표현하기가 대단히 어려운 상황과 같은 다양한 경우가 모두 고려되지 못하고 있는 부분이 분명히 존재한다. 이는 앞으로 논의되어야 할 중요한 쟁점이라고 생각한다.

No means No Rule, Yes means Yes Rule

비동의라는 건 말 그대로 동의가 없는 상태, 명백하게 거부 의사를 표현한 상태 또는 확실한 동의를 말하지 않는 상태 등으로 볼 수 있다. 비동의 성범죄와 관련해 세계적으로 언급되는 모델은 No means No Rule(노 민스 노 룰)과 Yes means Yes Rule(예스 민스 예스 룰)이다. 2개 룰의 공통점은 성적 의사결정에서 본인의 동의 의사가 가장 중요하다는 것이다.

노 민스 노 룰은 상대방이 성관계에 동의하지 않는다는 의사 표시를 했음에도 성관계를 할 경우 이를 성폭력으로 보고 처벌한다는 것이다. 이때 폭력이나 협박이 수반되지 않았다 하더라도 상대방이 거절 의사를 표현했다면 성폭력이라는 주장이다. 어떠한 성적 접촉에서든지 상대방의 비동의 의사를 존중해야 하며, 상대의 마음이 바뀔 것이라고 기대하며 압박하는 행위는 안 된다고 강조하고 있다. "열 번 찍어 안 넘어가는 나무 없다." "여자의 no는 no가 아닌 가장된 yes이다."라는 과거의 사람들이 가지고 있었던 생각이 잘못된 것이라는 걸 공식적으로 명시한 셈이다. 1990년대 초 캐나다 사상 최초의 여성 총리인 Kim Campbell은 노 민스 노 룰을 입법했고, 캐나다를 비롯한 미국 일부 주와 유럽의 일부 국가에서도 성폭력에 대해서 노 민스 노 룰을 법제화하였다. 그러나 거부 의사를 표시할 수 없는 다양한 상황이 있기 때문에 노 민스 노 룰에도 한계가 있다. 예를 들면, 몸을 가누기 힘들 정도로 술에 너무 취해 있어서 의사결정 능력이 상실되어 있거나 잠이 든 경우, 권력의 차이가 나는 관계에서 윗사람이 성관계를 요구했을 경우, 가해자와의 신뢰관계에 있어 피해자가 저항할 수 없는 상태에 있는 경우에는 거부 표현을 하기가 힘들고 동의를 협상하기도 매우 어려운 상태이다.

이 한계를 보완하는 대안책으로 등장한 것이 예스 민스 예스 룰이다. 예스 민스 예스 룰은 성관계에 있어서 상대방의 거부 의사를 존중해야 하는 것과 동시에 명시적이고 적극적인 동의 의사가 있어야 하는데, 만약 그렇지 않은 경우에 성관계를 하면 이는 성폭력이므로 처벌한다는 것이다. 이때 상대방이 적극적으로 성관계를 원하는지, 폭력이나 위력이 존재하지 않는 상태에서 스스로 성관계를 원한다고 말할 수 있는 상태인지를 확인하는 것이 중요하다. 2014년 미국 50개의 주 가운데 캘리포니아주가 처음으로 대학 캠퍼스 내 성폭력 기준을 대폭 강화한 「캠퍼스 성폭력방지법」을 본격적으로 시행했는데, 캘리포니아 주지사인 Jerry Brown은 상대방의 확실한 동의가 없는 상태에서 성관계를 할 경우 성폭행으로 간주한다는 내용을 포함시켰다. 이는 성관계 시 적극적인 동의의 여부를 성폭력의 판단 준거로 삼았다는 것이다. 즉, 피해자의 침묵, 소극적 저항, 술에 취해 있는 상태에서의 동의와 같은 경우에서 가해자들이 '명백한 거부 의사가 없으니 사실상 동의를 한 것과 마찬가지이다.'라는 식의 변명을 하지 못하게 되었다. 스웨덴에서도 2018년 7월에 「형법」을 개정하여 '적극적인 동의가 없는 성행위'를 모두 범죄로 규정하였다(KBS NEWS, 2018. 7. 2.). 법 개정의 궁극적인 목표는 모든 사람의 성적 자기결정권이 존중되고 올바른 성에 대한 태도와 가치관을 바꾸는 것에 있다.

두 룰에서 집중하고 있는 것은 피해자의 저항이 아니라 적극적인 동의 여부와 그에 대한 가해자의 침해 행위 정도이다. 그래서 피해자에 대한 질문도 달라지게 된다. 저항은 했는지, 얼마나 저항했는지, 그 상황에서 벗어나기 위해 얼마나 노력했는지와 같은 소위 피해자 탓이 되는 질문이 불필요해지고, 이에 답을 할 필요성이 없어진다. 우리나라는 2018년 당시 국회의원이었던 나경원 전 의원이 비동의 간음죄와 관련하여 여성의원들을 대상으로 긴급간담회를 주최하였고, 노 민스 노 룰과 예스 민스 예스 룰의 도입을 적극적으로 검토해야 한다고 밝힌 바 있다.

비동의 성범죄와 관련한 2개의 룰이 완벽한 해답이라고 할 수는 없다. 성적 동의를 구하는 과정도 중요하기 때문에 결국에는 그 과정을 정확하게 해석할 수 있는 관점이 필요하므로 인간의 선택과 행위를 결정하는 지배적인 담론을 인지하고 변화시키고자 하는 사회적 분위기가 법을 만드는 것 못지않게 중요하다고 할 수 있다.

〈표 3-3〉「형법」 제32장 강간과 추행의 죄

강간	• 폭행 또는 협박으로 사람을 강간한 행위
유사강간	• 폭행 또는 협박으로 사람에 대하여 구강, 항문 등 신체(성기는 제외한다)의 내부에 성기를 넣거나 성기, 항문에 손가락 등 신체(성기는 제외한다)의 일부 또는 도구를 넣는 행위
강제추행	• 폭행 또는 협박으로 사람에 대하여 추행을 한 행위
준강간, 준강제추행	• 사람의 심신상실 또는 항거불능의 상태를 이용하여 간음 또는 추행을 한 행위
미수범	• 강간, 유사강간, 강제추행, 준강간, 준강제추행의 미수범
강간 등 상해 · 치상	• 강간, 유사강간, 강제추행, 준강간, 준강제추행, 미수범의 죄를 범한 자가 사람을 상해하거나 상해에 이르게 한 행위
강간 등 살인 · 치사	• 강간, 유사강간, 강제추행, 준강간, 준강제추행, 미수범의 죄를 범한 자가 사람을 살해한 행위
미성년자 등에 대한 간음	• 미성년자 또는 심신미약자에 대하여 위계 또는 위력으로써 간음 또는 추행을 한 자
업무상위력 등에 의한 간음	• 업무, 고용, 기타 관계로 인하여 자기의 보호 또는 감독을 받는 사람에 대하여 위계 또는 위력으로써 간음한 자 • 법률에 의하여 구금된 사람을 감호하는 자가 그 사람을 간음한 때
미성년자에 대한 간음, 추행	• 13세 미만의 사람에 대하여 간음 또는 추행을 한 행위 • 13세 이상 16세 미만의 사람에 대하여 간음 또는 추행을 한 19세 이상의 사람의 행위
상습범	• 상습으로 강간, 유사강간, 준강간, 준강제추행, 미수, 업무상위력 등에 의한 간음 또는 미성년자에 대한 간음, 추행을 하는 행위
미성년자에 대한 예비, 음모	• 강간, 유사강간, 준강간, 준강제추행, 강간 등 상해, 미성년자에 대한 간음, 추행을 범할 목적으로 예비 또는 음모한 행위

성폭력의 현황

우리나라 강력범죄의 발생 동향

강력범죄는 사회에 큰 영향을 미치는 만큼 이에 대한 예방은 국가 치안 질서유지를 위해 중대한 사안이라고 할 수 있다. 강력범죄에는 살인, 강도, 방화 그리고 성폭력이 포함되며, 발생한 전체 건수를 살펴보면 2011년에 전체 발생 건수 29,382건에서 2020년 32,812건으로 3,430건 증가하였다. 각 범죄마다 증감을 반복하고 있지만 성폭력을 제외한 살인, 강도, 방화는 10년 전보다 감소한 것으로 나타났다. 살인은 2011년 1,221건에서 2020년에는 805건으로 35.5% 감소한 것으로 나타났고, 강도는 2011년 4,021건에서 2020년 692건으로 83.2%의 높은 감소율을 보였으며, 방화는 2011년 1,972건에서 2020년 1,210건으로 39.9% 감소하였다. 강력범죄의 네 가지 범죄 유형 중에 유일하게 증가한 유형은 성폭력이고, 발생 건수에서도 가장 많은 수를 차지하고 있다. 2011년에 22,168건이었던 성폭력이 10년 사이에 32.9% 증가한 30,105건으로 집계되었고 전체 강력범죄 중 91.7%를 기록하고 있다. 즉, 강력범죄가 증가한 데에는 상대적으로 가장 높은 비중을 차지하고 있는 성폭력범죄의 증가가 주요한 원인이라고 할 수 있다. 전체적인 발생 현황을 간편하게 보기 위하여 〈표 3-4〉로 제시하였다.

단위: 건(%)

연도	합계	강력범죄			
		살인	강도	방화	성폭력
2011	29,382 (100)	1,221 (4.2)	4,021 (13.7)	1,972 (6.7)	22,168 (75.4)
2012	28,895 (100)	1,022 (3.5)	2,626 (9.1)	1,882 (6.5)	23,365 (80.9)
2013	33,780 (100)	959 (2.8)	2,001 (5.9)	1,730 (5.1)	29,090 (86.1)
2014	34,126 (100)	938 (2.8)	1,618 (4.7)	1,707 (5.0)	29,863 (87.5)
2015	35,139 (100)	958 (2.7)	1,472 (4.2)	1,646 (4.7)	31,063 (88.4)
2016	32,963 (100)	948 (2.9)	1,181 (3.6)	1,477 (4.5)	29,357 (89.1)
2017	36,030 (100)	858 (2.4)	900 (2.5)	1,358 (3.8)	32,824 (91.1)
2018	35,272 (100)	849 (2.4)	841 (2.4)	1,478 (4.2)	32,104 (91.0)
2019	35,066 (100)	847 (2.4)	845 (2.4)	1,345 (3.8)	32,029 (91.3)
2020	32,812 (100)	805 (2.5)	692 (2.1)	1,210 (3.7)	30,105 (91.7)

출처: 대검찰청(2021).

최근 10년간 우범지역의 방범이 보다 강화되고 CCTV의 설치가 증가하면서 살인, 강도, 방화는 발생 건수가 점점 줄어들고 있다. 하지만 성폭력은 2019년도 대비 다소 감소하긴 했지만(32,029건→30,105건), 전체 강력범죄에서 차지하는 비중은 여전히 가장 높다. 그 이유를 생각해 보면, 성폭력은 주로 숙박업소, 피해자나 가해자의 거주지, 온라인상에서 주로 발생되기 때문에 방범을 피해 갈 수 있는, 그야말로 안전에 있어 사각지대라고 할 수 있다. 또한 성폭력에 대한 사회적 인식이 변화됨으로써 예전에 비해서는 피해자가 숨기보다 신고하는 것을 선택했기 때문에 신고율의 증가도 하나의 영향이라고 추측해 볼 수 있다.

3장 성폭력의 개념

성폭력 실태

성폭력범죄를 하위 유형으로 세분화하여 살펴보았을 때, 강간은 2010년 21.3%에서 2020년 19.3%로 감소하였고, 강제추행은 2010년 35.5%에서 2020년 48.1%로 증가하였다. 지난 10년간 가장 급격한 증가를 보이고 있는 유형은 카메라 등을 이용한 촬영이다. 2010년에는 5.6%였으나 2020년에는 16.6%를 차지하는 것으로 나타나, 최근의 성폭력은 스마트폰과 관련하여 전자기기를 통한 범죄가 계속해서 증가하는 것으로 볼 수 있다. 또 한 가지 주목할 점은 '허위영상물 편집·반포 등'과 '촬영물 등 이용 협박·강요 등'의 조사가 시작되었다는 것이다.

〈표 3-5〉 성폭력범죄 유형별 발생 건수

연도	강간	강제추행	카메라 등을 이용한 촬영	허위영상물 편집·반포 등	촬영물 등을 이용 협박· 강요 등
2010	4,384건 (21.3%)	7,314건 (35.5%)	1,153건 (5.6%)	–	–
2020	5,825건 (19.3%)	14,486건 (48.1%)	5,005건 (16.6%)	32건 (0.1%)	125건 (0.4%)

출처: 대검찰청(2021).

강제추행

전체 성폭력범죄 유형 중 가장 많은 비중을 차지하고 있음에도 불구하고 법률상의 개념이 불명확하다. 과거의 판례들을 분석한 결과, 추행에 해당하는 행위 자체의 특성보다는 피해자가 성적 수치심이나 혐오감을 느낄 수 있는 상황, 주변의 객관적 상황으로 판단하고 있다. 예를 들면, 피해자의 신체를 직접 접촉했거나 자신의 성기를 꺼내어 피해자에게 다가간 행위, 상사가 부하직원의 어깨를 주무르는 행위들은 강제추행으로 인정되지만 공개된 장소에서 신체 접촉 없이 자신의 성기를 보여 준 행위에 대해선 추행으로 인정하지 않는다.

출처: 장자혜, 이경환(2018).

성폭력 가해자 현황

〈표 3-6〉은 대검찰청(2020)에서 2019년에 발생한 성폭력범죄 가해자 현황[1]을 요약한 내용이며, 〈표 3-7〉은 한국성폭력상담소에서 2020년 3월에 공시한 성폭력 가해자 성별 및 연령별 현황이다. 대검찰청(2020)의 자료에 따르면 가해자는 남자 가해자가 32,256명으로 96.5%를 차지하고, 여자 가해자는 1,154명으로 3.5%로 나타났다. 한국성폭력상담소(2020)에서 공시한 자료에서도 유사한 경향이 보이는데, 성폭력상담의 전체 건수

---

1 원 자료에 있는 미상을 제외한 남녀 성별만 표기하였다(가해자 성별 미상: 141명, 피해자 성별 미상: 1,812명, 연령별 미상: 191명).

912건 중에 835건이 남성 가해자에 의한 것으로 전체의 91.6%를 차지하는 수치이다. 연령별로 살펴보았을 때, 청소년의 성폭력 가해자 비율이 약 12%를 차지하고 있는데, 대검찰청 자료는 형사 기소가 되는 연령인 14세 이상만이 표기되지만, 한국성폭력상담소 자료를 보면 14세 미만의 어린이 연령대도 2.1%도 있음을 확인할 수 있어, 건전한 사회 구성원으로 성장할 수 있도록 이에 대한 대책 마련이 시급하다.

〈표 3-6〉 성폭력범죄 가해자 현황

성별			연령별		
남	여	합계	성인 (20세 이상)	청소년 (14~19세)	합계
32,256명 (96.5%)	1,154명 (3.5%)	33,410명 (100%)	29,347명 (88.0%)	4,013명 (12.0%)	33,360명 (100%)

출처: 대검찰청(2020).

〈표 3-7〉 성폭력 가해자 성별 및 연령별 현황

단위: 건(%)

구분	성인 (20세 이상)	청소년 (14~19세)	어린이 (8~13세)	유아 (7세 이하)	미상	총계
여	40 (4.4)	1 (0.1)	2 (0.2)	0 (0.0)	0 (0.0)	43 (4.7)
남	717 (78.6)	58 (6.4)	16 (1.8)	0 (0.0)	44 (4.8)	835 (91.6)
미상	12 (1.3)	1 (0.1)	1 (0.1)	0 (0.0)	20 (2.2)	34 (3.7)
합계	769 (84.3)	60 (6.6)	19 (2.1)	0 (0.0)	64 (7.0)	912 (100.0)

출처: 한국성폭력상담소(2020).

성폭력 피해자 현황

<표 3-8>은 대검찰청(2021)에서 보고한 성폭력 피해자 성별 현황이다. 자료에 따르면 남성 피해자가 1,972명으로 6.6%, 여성 피해자는 26,685명으로 88.6%의 비율을 보이고 있어, 여성 피해자의 비율이 압도적으로 많은 사실이 확연히 드러나고 있다.

[그림 3-1]에서 성폭력 피해자를 연령별로 보았을 때 20대가 가장 많았다. 하지만 아동과 청소년의 성폭력 피해의 비율을 합쳐 보면 약 30%로, 미성년 피해자가 다수 존재하고 있음을 알 수 있다. 성폭력 피해자 중에는 6세 이하의 미취학 아동이 포함되어 있는데, 미취학 아동의 경우에는 주로 가족 내 또는 주변인들에 의한 피해일 가능성이 높기 때문에 피해자와 가해자의 관계를 맥락적으로 고려할 필요가 있다. 만약 피해 사실이 은폐되면서 지속적이고 반복적으로 범죄가 발생되는 상황이라면 성장하는 데 있어 심리적·신체적으로 큰 위험성이 있을 수밖에 없다. 또한 우리가 관심을 가지고 볼 필요가 있는 부분이 바로 노인 성폭력 피해자이다. 최근 들어 노인 성폭력이 점점 증가하고 있지만 신고율이 낮고, 노인을 무성적 존재로 보는 사회의 편견 때문에 수면 위로 드러나는 데 어려움이 있다.

<표 3-8> 성폭력범죄 피해자 성별 현황

남성	여성	미상	합계
1,972명 (6.6%)	26,685명 (88.6%)	1,448명 (4.8%)	30,105명 (100%)

출처: 대검찰청(2021).

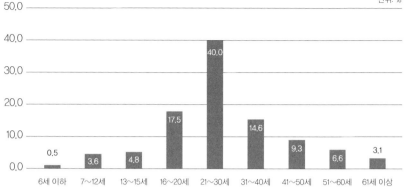

[그림 3-1] 성폭력범죄 피해자의 연령

출처: 대검찰청(2021).

에이지즘

'연령 차별주의'라고 번역할 수 있는 에이지즘(ageism)이란 나이로 인해 받는 차별이나 혐오를 뜻한다. 이 용어는 1969년 노인의학 전문의인 Robert N. Butler가 노인들에 대한 차별을 설명하기 위해 사용하였다. Butler는 인간은 나이가 들고 노화하면서 여러가지 장애나 신체적 불편감을 얻을 수 있는데, 그 결과 노인은 나이가 많다는 이유만으로 사회로부터 소외되고 차별받게 된다고 하면서, 이를 개선하고 극복하기 위한 사회적 논의가 필요하다고 이야기했다. 노인이라는 특정 연령층을 하나의 집단으로 보고 고령자라는 이유만으로 부정적인 편견을 가지고 차별적 행위를 하는 것, 바로 에이지즘이다(현재는 노인뿐만 아니라 어린 연령까지 확대되어 사용되고 있다).

〈69세〉라는 영화가 있다. 이 영화는 2012년 30대 남성 간호조무사에 의해 발생한 노인 성폭력 사건을 모티브로 만들어졌다. 누구라도 한 번은 사회에 던졌어야 했던 이야기, 누구라도 경험할 수 있을 법한 이야기, 이 사회의 편견을 고스란히 보여 주는 이야기라고 생각한다. 영화의 마지막 즈음에 성폭력 피해 여성이 "제 얘기가 여러 사람을 불쾌하게 할 수도 있습니다."라고 시작하는 장문의 고발문을 적는 장면이 나온다. 이 첫 문장이 우리 사회가 노인을 어떻게 바라보고 있는지 너무나도 잘 보여 주고 있다. 성폭행의 피해자인 당사자가 자신의 피해 사실을 이야기하면서 '불쾌'라는 단어를 선택했다는 것은 많은 생각을 하게 해 준다.

실제 노인 성폭력 피해자는 사회적 편견 때문에 신고를 하지 못하는 경우가 많다. '사람들이 혹은 수사기관이 과연 나의 말을 믿어 줄까?'라는 피해자의 걱정과 수사기관 그리고 주변인들이 "할머니에게 왜? 설마?"라는 사회의 편견이 작용되면서 피해자가 신고에 매우 소극적이게 된다. 따라서 통계적으로 알려져 있는 수치보다 그 이상의 노인 성폭력 피해자가 있을 것으로 유추된다. 인간의 존엄성에 나이에 따른 차별성이 존재한다면 그건 분명 잘못된 일이다.

'성폭행 피해' 호소하니 '치매'라고 했다

'젊은 남성이 노인을 성폭행했겠는가?'

노인 성폭력 피해자의 상당수는 1인 가구이다. 고령사회로 진입한 한국에서 독거노인은 각종 범죄의 표적이 된다. 여성 독거노인은 연대나 지지 기반이 취약하고, 신고·고소로 나아갈 여력이 없으며, 신체적으로 제압하기 쉬울 것으로 보이기에 성폭력 피해를 입는 일이 많다. 특히 방범 장치나 치안 시설이 미비하고 공동체의식이 강한 농촌에선, 가해자가 피해자를 물색하고 범행을 계획하는 데 용이해 피해자가 반복해서 성폭력 피해를 입거나 연쇄적인 성범죄가 일어나기 쉽다. 실제 농촌의 성범죄 검거율은 75%로, 도시의 84%보다 낮다. 물론 도시 지역이라 하더라도 독거노인 증가 등으로 취약계층 노인 성폭력 피해가 늘고 있다. 그 외 건강 악화로 병원·요양원 등에 입원한 노인 역시 성폭력 피해에 노출된다.

가해자의 연령은 특정 세대에 국한되지 않는다. 흔히 피해자인 노인보다 젊은 가해자를 상상하지 못하는데, 최근 발생한 노인 대상 성폭력 사건에서 가해자는 대개 30~50대 남성이었다. 성범죄 가해자의 연령대가 매우 다양함에도 노인 성폭력 피해자가 외부에 피해 사실을 알리면 가해자는 모든 연령대에서 이해 받는 반면, 피해자는 꽃뱀·치매 환자 등으로 몰려 고통받기 일쑤이다. 젊은 남성 가해자의 경우 노년의 피해자를 성폭행할 개연성이 있겠느냐며, 노년의 남성 가해자의 경우 강간·강제추행 등을 위해서는 피해자를 제압할 힘이 필요한데 성폭력을 저지를 힘이 있겠느냐며 피해자를 의심한다.

피해 인지와 피해 사실에 대한 구체적 진술을 위해서는 노인 피해자 주변인(가족·지인·의사·요양보호사 등)의 도움이 절실한데, 1인 가구의 경우 그 기반마저 취약하기에 신고·고소를 포기한다. 설령 본인 의지나 주변 도움으로 신고·고소를 해도 진술 과정에서 노인 성폭력 피해자의 신체·정신적 취약성을 충분히 고려하지 않는 수사로 상처를 입는다. 장애가 있는 노인 피해자를 수차례 불러 진술을 강요하거나, 피해자 보호 및 지원 제도 등에 대해 정보접근성이 낮은 피해자를 고려하지 않고 아예 알려 주지 않는 사례도 경험했다.

2012년 30대 남성 간호조무사에 의한 환자 성폭력 사건에서 수사기관이 '신체 건강한 30대 남성이 뭐가 아쉬워서 60대 여성을 성폭행하겠는가'라는 의문을 푼다면서 범행 장소에 피해자를 데리고 가서 현장검증을 하며 범행을 재연할 것을 강요했다. 경찰은 검찰에 구속영장을 수차례 신청했지만 검찰 역시 '젊은 남성이 나이 든 여성을 성폭행했을 개연성이 과연 충분한가'라며 세 차례나 구속영장 신청을 받아들이지 않았고, 이후 청구한 구속영장 역시 법원에서 기각됐다. 그 과정에서 수사기관에 수차례 불려나가야 했던 피해자는 외부에서 떠도는 헛소문에 맞서야 했고, 결국 죽음으로 몰렸다.

출처: 한겨레21(2021. 10. 24.).

성폭력 피해자와 가해자 관계

성폭력 피해자와 가해자의 관계를 살펴보면, 아는 사람에 의한 성폭력이 87.6%의 비율을 보인다. 반면, 모르는 사람에 의한 성폭력은 4.7%에 그치고 있다. 이는 성폭력 피해 장소와도 연관 지어 생각해 볼 필요가 있다 ([그림 3-2] 참조).

성인의 경우 가장 높은 수치를 보여 주는 성폭력 피해자와 가해자의 관계는 직장으로 연관된 사람과의 관계로 나타났다. 청소년의 경우에는 학교생활에서 관계 맺고 있는 사람에 의한 폭력이 가장 높은 수치로 나타났는데, 학교 관계에 있는 사람에 의한 성폭력은 교사와 학생 간 성폭력, 선후배 또는 동급생 간의 성폭력, 교직원에 의한 성폭력이 모두 포함될 수 있다. 그다음이 동네 사람, 친밀한 관계, 학원의 순서이다. 유아와 어린이의 경우에는 대부분 친족에 의한 성폭력이었다. 친족 성폭력은 피해자와 가해자의 거주지가 같고 일상적으로 대면하는 구조이기 때문에 그 피해가 지속적인 것이 특징이며, 성학대와도 같다. 즉, 성인과 청소년의 경우에는 피해자와 가해자의 관계가 사회생활 속에서 맺고 있는 관계이고 아동에게 있어서는 가장 신뢰할 수 있는 존재여야 하는 사람이 가해자이다. 공통적으로 피해자는 약자이고, 가해자와 계속해서 마주해야 하는 관계이기 때문에 신고조차 할 수 없는 어려운 상황일 수 있다. 이것이 성범죄가 쉽게 숨겨지는 이유이다.

〈표 3-9〉 성폭력 피해자와 가해자의 관계

단위: 건(%)

구분	아는 사람												모르는사람	미상	총계
	친족	친족 외 인척	직장	친밀한 관계	인터넷	동네 사람	서비스 제공자	학교	유치원/학원	주변인의 지인	동호회	기타			
2019년	78 (8.6)	9 (1.0)	276 (30.3)	94 (10.3)	24 (2.6)	92 (10.1)	41 (4.5)	87 (9.5)	33 (3.6)	28 (3.1)	31 (3.4)	6 (0.6)	43 (4.7)	70 (7.7)	912 (100.0)
성인 (20세 이상)	12 (1.7)	4 (0.6)	276 (39.7)	80 (11.5)	16 (2.3)	63 (9.1)	37 (5.3)	53 (7.6)	17 (2.4)	22 (3.2)	29 (4.2)	6 (0.9)	36 (5.2)	45 (6.5)	696 (100.0)
청소년 (14~ 19세)	15 (14.7)	3 (2.9)		11 (10.8)	5 (4.9)	14 (13.7)	3 (2.9)	24 (23.5)	11 (10.8)	3 (2.9)	1 (1.0)		3 (2.9)	9 (8.8)	102 (100.0)
어린이 (8~ 13세)	28 (45.2)	1 (1.6)			2 (3.2)	10 (16.1)		10 (16.1)	4 (6.5)	2 (3.2)			4 (6.5)	1 (1.6)	62 (100.0)
유아 (7세 이하)	16 (72.7)	1 (4.5)				2 (9.1)			1 (4.5)	1 (4.5)				1 (4.5)	22 (100.0)
미상	7 (23.3)			3 (10.0)	1 (3.3)	3 (10.0)	1 (3.3)				1 (3.3)			14 (46.7)	30 (100.0)

출처: 한국성폭력상담소(2020).

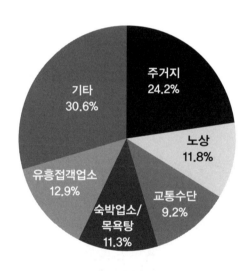

[그림 3-2] 성폭력 피해 장소

출처: 대검찰청(2021).

성폭력 무고

거짓으로 성폭력 피해를 주장하고 있다는 이야기들이 확산되면서 오히려 성폭력 피해자들이 무고죄로 역고소당하는 사례들이 발생되고 있다. 그러나 성폭력 무고 현황을 분석해 본 결과, 무고죄로 기소되는 사례 자체가 매우 낮으며, 그중에서도 유죄 판결이 선고되는 사례는 극히 소수로 나타났다. 이는 사람들에게 성폭력의 무고가 과도하게 부풀려져 인식되고 있으며, 성폭력 피해자에 대한 2차 가해가 만연하게 발생되고 있음을 의미한다.

성폭력 무고의 원 사건이 발생한 범죄 장소는 숙박업소의 비율이 가장 높은 것으로 나타났고, 숙박업소에 함께 갔다는 것은 곧 피해자가 성관계에 동의했다는 것으로 이해하여 피해 주장의 신뢰도가 낮게 평가되고 있음을 의미한다.

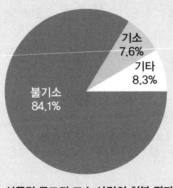

기소
7.6%

기타
8.3%

불기소
84.1%

성폭력 무고죄 고소 사건의 처분 결과

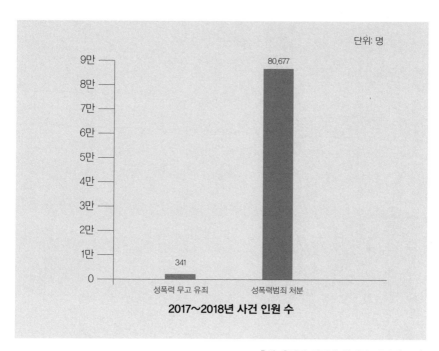

단위: 명

출처: 윤덕경, 김정혜, 천재영, 김영미(2019).

04

성폭력의
원인

4장
성폭력의 원인

2장과 3장의 내용을 통해서 성폭력은 젠더 권력관계하에서 일어나는 범죄라는 사실을 확인하였다. 성폭력은 일상화가 되어 가고 강력범죄 중에서도 가장 많은 비중을 차지하고 있으며 점점 교묘한 방법으로 범죄가 유지되고 있다. 이 장에서는 성폭력이 계속해서 발생되고 유지될 수 있는 원인이 무엇인지에 대해서 살펴보도록 한다.

몰개인화 현상

대부분의 집단은 집단 내 구성원들이 어떻게 행동을 해야 하는지에 대한 공통된 기대를 가지고 있는데, 이를 사회적 역할(social role)이라고 한다. 사회적 역할은 각자 다른 역할을 가지고 다른 방식으로 행동하도록 하기 때문에 서로에게 무엇을 기대하는지를 알게 해 준다. 예를 들어, 리더와 구성원들은 각자 자신의 역할에 맞게 특정 상황에서 다른 방식으로 행동하도록 기대된다. 집단 내 구성원들이 주어진 자신의 역할을 명확히 따를 때, 그들은 만족감을 느끼고 계속 그 역할을 수행하게 된다(Bettencourt & Sheldon, 2001). 그러나 이 같은 집단 문화가 무서운 점은 그 안에서 너무 자신의 역할에 몰입하게 되면, 개인으로서의 '나'라는 사람은 점점 없어지고 집단 속에 흡수된 '나'만 남게 된다는 점이다. 집단 내에서 개인의 정체성을 상실하고 자의식이 점차 감소함에 따라서 자기 통제력마저 약화되는 상태를 몰개인화(depersonalization) 현상이라고 한다(Lowry, Zang, Wang, & Siponen, 2016; Zimbardo, 1969). 이 현상은 1971년 Zimbardo 교수가 수행한 '스탠퍼드 모의 교도소 실험'을 통해 분명하게 드러났다(글상자 참조).

최근 발생하고 있는 학교 내에서 발생하는 동급생 간의 성폭력, 사회에서 만연한 디지털 성폭력범죄가 점점 집단화되어 가고 있는 것은 몰개인화 현상이 두드러지게 나타나고 있음을 뒷받침해 준다. 특히 사이버 공간에서의 성폭력은 비대면성과 익명성이라는 개인이 드러나지 않는 독특한 특성을 가지고 있기 때문에, 목적을 공유하고 있는 집단일수록 집단 내 구성원들은 서로를 개별적인 사람으로 인식하기보다는 서로가 서로를 대체할 수 있는, 같은 행동을 하는 사람들인 '우리'라고 인식하기 쉽다. 강간 문화와 같이 남성 중심으로 성을 생각하는 문화를 상기시킬 수 있는 일들이 일상적이고 반복적으로 작동하는 사회일수록 그 문화를 수용하고 있는 집단의 정체성은 강해지고 개인의 생각은 집단이 갖고 있는 생각으로 전환된다. 결국 몰개인화는 집단적 행동을 계속 가능하게 해 주고 사회적인 협동의 근간이 된다.

사람과 사람이 만나는 힘은 물리적인 수치 1+1=2만큼처럼 정확하게 더

해진 힘의 크기가 아니다. 우리가 생각하는 것 이상의 시너지 효과가 일어나기도 한다. 나 혼자였다면 감히 할 수 없는 일도, 친구가 1명이라도 있으면 용기를 얻어 하게 된다. 이러한 시너지 효과를 범죄에 악용했을 때, 집단의 힘을 등에 업고 더 가학적이고 지속적인 일들을 행할 수 있다.

스탠퍼드 모의 교도소 실험

"상황에 따라 평범한 그 누구도 악인이 될 수 있다."

1971년 스탠퍼드 대학교 심리학과 교수였던 Phillip Zimbardo 교수는 '반사회적 행동 연구'의 일환으로 스탠퍼드 모의 교도소 실험을 계획한다. Zimbardo 교수는 실험 참가자들을 구하기 위해서 신문에 구인 광고를 낸다.

"Male college students needed for psychological study of prison life. $15 per day for 1~2 weeks beginning Aug. 14. (교도소 생활에 대한 심리학적 연구를 위해 남자 대학생을 모집한다. 1~2주간 진행할 예정이고 하루에 15달러 지급한다.)"

이 구인 광고를 보고 약 70여 명의 대학생이 참가 신청을 했다. Zimbardo 교수는 지원자들을 대상으로 심리 테스트를 치르게 한 후, 최종적으로 건강하다고 판단되는 24명을 선정하였고, 동전을 던져 랜덤으로 12명은 교도관 역할, 12명은 죄수 역할로 나누었다. 즉, 실험 초기에 두 그룹 간 차이는 없었다고 할 수 있다.

이제 실험이 시작되었다. 실험은 죄수 역할을 하는 참가자들을 체포하는 것에서부터 시작된다. 현실감을 더하기 위해서 실제 경찰의 협조를 얻어 진행되었고, 먼저 죄수 역할의 실험 참가자들의 집으로 가 체포한 후 실제 경찰서로 이들을 데리고 가서 모든 행정 절차를 거치고, 마지막으로 스탠퍼드 대학교에 설치된 모의 교도소에 구속했다.

죄수들에게는 죄수옷을 입게 하고 수인번호를 지정하였다. 이제부터 이들은 이름이 아닌 번호로 호명된다. 반면, 교도관 역할을 하는 사람들에게는 수갑, 호루라기, 곤봉, 선글라스와 같은 권력을 상징하는 물품들이 지급되었다. 첫날에는 실험에 몰입되기보다는 교도관들은 명령 내리기를 어색해하고 죄수들은 장난을 치며 웃기도 하였다. 그러던 어느 날 교도관 중 1명이 조금씩 악랄하게 행동하기 시작했다. 죄수들은 초기에는 반항을 하고 교도관들을 자극시키기 위한 행동을 하면서 교도관들의 권위를 떨어뜨렸다. 이에 교도관들은 더 강도 높은 학대를 했고, 죄수들은 각자의 방에서 나오기를 거부하며 교도관들의 얼굴에 대놓고 욕설을 퍼붓는 등의 본격적인 반란을 일으켰다. 그럴수록 교도관들은 죄수들을 더 탄압해야겠다는 생각으로 문을 뜯어 죄수들을 밖으로 끌어내고 잠을 재우지 않거나 맨손으로 변기 청소를 시키고, 급기야 실험 4일차가 되었을 때에는 성적 학대로까지 이어지면서 더욱더 공격적이고 극단적인 행동들을 하기 시작하였다. 시간이 지남에 따라 교도관

역할을 하는 사람들은 더 악랄해지고 죄수 역할을 하는 사람들은 극단적인 스트레스 반응을 보이며 멘탈이 무너지기 시작했으나 이 실험에서 참가자들의 행동을 저지하는 사람은 아무도 없었다.

사실, 실험에서 참가자들의 역할은 동전을 던져서 랜덤으로 정했기 때문에 교도관들은 자신이 죄수 역할을 맡았을 수도 있다는 사실을 알고 있었고, 죄수 역할을 하는 참가자들도 자신이 교도관들에게 그러한 취급을 당할 만한 이유가 없다는 것을 잘 알고 있었다. 하지만 실험을 통제하는 사람 없이 서로가 자신이 맡은 역할에 몰입되어 가는 등 환경의 영향이 너무 강력하여 교도관은 마치 실제 교도관인 것처럼 강압적으로 죄수들을 대했고, 죄수들은 실제 죄수처럼 복종하고 자신의 개성을 잃어 갔다. 결국 이 실험은 6일 만에 중단되었다.

피해자가 조심하는 방법을 알려 주는 교육과 사회적 메시지

성폭력은 그 사회가 가지고 있는 문화와 인식과도 밀접한 관련이 있다. 범죄의 심각성과 가해자에 대한 비난보다 피해자의 행동을 억압하는 메시지들이 만연하는 사회에서는 성폭력범죄의 예방을 기대하기는 힘들다.

피해자를 조심시키는 성교육의 방향

우리나라 성교육의 방향은 여전히 성폭력을 당하지 않기 위한 방법에 초점이 맞추어져 있다. 특히 아동 대상 성폭력 사건이 발생하게 되면 부모들은 자신의 자녀들을 지키기 위한 자구책 마련을 하기 바쁘다. 이를테면, 사 주기를 미뤄 두었던 통신기기를 바로 구매한다거나 어린이용 호신용품을 준비한다거나 자녀의 등교와 하교를 부모가 직접 챙기는 일들이 적지 않게 발생한다. 이때 아동 보호에 대한 대안을 스스로 할 수 있는 시간과 경제적 여유가 없는 부모들의 불안은 더 클 수밖에 없는데, 자녀가 피해자가 되었을 경우 부모는 여유가 없어 자녀를 지키지 못했다고 생각하여 자책을 하고 자신의 처지를 비관하며 살아가게 된다. 결국 지금의 사회적인 분위기는 어떻게 하면 내 자식이 가해자가 되지 않을까를 걱정하기보다는 어떻게 하면 내 자식이 피해자가 되지 않을까를 염려하고 피해자와 그의 가족들을 움츠리게 만든다.

성폭력의 불안과 두려움은 아이들이 독립적으로 놀이하거나 활동할 수 있는 기회들을 박탈하고, 스스로 자신의 몸단장과 행동에 대한 검열을 매일 꼼꼼히 해야만 성폭력을 피할 수 있다는 여러 행동 지침과 함께 내면화가 되어 사회적 통념을 강화시키게 된다. 이렇게 형성된 사회적 통념은 성폭력 피해자들의 회복을 어렵게 만들어 결국 일상으로 돌아가는 시간을 지연시키고, 성범죄는 자신의 인생에 오점이 된 트라우마로 인식하게 만든다. 그러나 일상으로 돌아가지 못하고 인생의 오점이 되어 평생을 부끄러운 마음과 죄책감으로 살아가야 하는 것은 가해자이다. 우리가 성폭력을 예방하기 위해서 가장 먼저 알려 주어야 할 것은 가해자가 있기 때문에 피해자가 생기는 일이므로 가해 행동을 하지 않기 위해서 어떤 가치관을 형성해야 하는지에 대한 내용이다.

특정 가해자가 저지르는 성폭력인 것처럼 보도하는 언론

언론에서 사용하고 있는 성범죄자의 수식어 '괴물' '악마' 또는 '사이코패스'의 용어는 악랄한 일부의 사람들이 저지르는 범죄가 성범죄이고 피해자는 운이 나빠 피해를 당해 버린 사람인 것처럼 전달되기 쉽다. 이렇듯 성범죄를 우리 사회에 살고 있는 소수의 사람들이 일으키는 일이라는 데에 초점을 맞추게 되면 성폭력의 일상성은 숨어 버리게 될 뿐만 아니라 대부분의 사람들은 성폭력을 예방하기 위해서 자신들이 할 수 있는 것이 없다고 생각하게 된다. 즉, 각 개인은 사회의 구성원으로서, 또 공동체의 일원으로서 범죄가 일어나지 않도록 우리가 함께 무언가를 하고자 하는 생각 대신에 남의 문제로 만들어서 나 또는 내 자식, 내 가족만 보호하면 된다는 생각을 하게 한다.

뿐만 아니라 일부의 언론에서는 성폭력 사건이 발생하면 가해자가 학창 시절 모범생이었다는 내용, 봉사활동을 많이 해 왔다던 내용, 이웃들에게 공손했다는 내용 등 가해자가 과거에 어떤 모범적인 삶을 살아왔는지에 초점을 두고, 덧붙여 어떤 특별한 불행감이나 사연이 있는지를 담아내면서 마치 대중들의 동정심을 구하는 듯한 방향의 '범죄자 서사 보도'를 한다. 가해자의 서사를 담는 기사는 성폭력 사건의 심각성을 희석시킬 수 있다. 어떤 이유에서든 범죄의 원인은 가해자에게 있다. 따라서 왜 이런 사건이 우리 사회에서 반복해서 일어나고 있는지, 어떠한 책임이 뒤따르게 되는지에 대한 보도를 함으로써 범죄를 정확하게 알려야 한다. 누구나 가해자와 피해자가 될 수 있는 상황에서 마치 특정 가해자가 저지른 범죄라는 메시지에 집중하는 언론 보도는 성폭력범죄에 대한 사회의 문화와 인식 변화에 전혀 도움이 되고 있지 않다.

성인지 감수성이 부족한 사법부의 문제

사법부가 가지고 있는 성폭력에 대한 통념과 피해자에 대한 잘못된 편견이 성폭력 사법처리 과정에서 그대로 반영되고 있다. 이때문에 피해자는 오히려 수사기관에 신고를 하지 않거나 고소를 취하하게 되는 경우가 많아 가해자가 처벌을 받지 않게 되거나 가벼운 수준으로 그치는 사례가 많다. 한편, 피해자는 자신의 피해를 직접 증명해야 하는 사회, 제도적인 장치의 한계로 인해 2차, 3차 가해를 당하는 일이 발생하여 개인의 권리를 보장받지 못하고 있다. 피해자의 진술보다는 성폭력 피해의 객관적 증거와 피해 후의 피해자가 취한 태도로 판단하려 하거나, 증인 심문 과정에서 소환된 피해자 가족에게 사건 당일 왜 아무런 조치를 취하지 않았냐고 추궁하거나, 피해자와 가해자를 가림막 하나 두고 같은 공간에서 재판을 받게 함으로써 피해자가 가림막 너머로 가해자의 말소리와 움직임을 들으며 공포와 압박감을 느껴야 하는 일 등은 여전히 성폭력의 책임이 피해자의 것이라는 인식과 여성의 정조에 기반하여 판단하고자 하는 것, 피해자 인권에 대한 존중의 부족이 사법부에 존재한다는 것을 통감할 수 있게 한다.

'여성폭력 재판' 참관해 보니······ '성인지 감수성 부족'

[앵커] 여성단체가 여성폭력 재판을 참관해 보니 성인지 감수성이
부족한 경우가 적지 않았다고 분석했는데요, 그렇다면 가해자
에게 합당한 처벌을 내리고 피해자를 치유하는 재판이 되기 위
해 무엇이 바뀌어야 할까요?

[박상현 기자] 경남지역 8개 여성폭력상담소가 참관한 여성폭력
사건 재판은 모두 104건. 지난해 8월 이후 석 달 동안 창원지방
법원에서 열린 재판들로, 강력 성범죄 사건이 전체의 4분의 3을
차지합니다. 여성단체들은 초범이나 심신미약 등을 이유로 형
량이 최저수준에도 못 미치는 선고가 가장 큰 문제라고 지적합
니다.

[김유순(경남여성인권상담소 소장)] 가장 많이 나오는 것들이 주취이거
든요. 그래서 술에 취해서 정신이 없었다든지 아무튼 그런 것들
로 형량이 좀 줄어드는 경향을 보이고 있죠.

민감한 성폭력 사건에도 국민참여재판이 논의된다거나, 가해자
변호인이 피해자에게 이른바 '피해자다움'을 강요하는 사례가 나타
나기도 했습니다.

여성단체는 재판에서 일어나는 2차 가해에 대한 재판부의 적극
적인 대응을 요구했습니다.

[이나리(진해성폭력상담소 소장)] 강간당하는 여성은 일반적으로 고함

을 치거나 소리를 지르는데, 소리를 지른 것도 기억이 안 난다는 게 이해가 안 간다고 이야기한 것을 재판부나 검사가 아무런 제재가 없었습니다.

더불어 가해자와의 합의를 종용하는 듯한 재판 진행을 삼가야 한다고 제언했습니다.

[최정미(김해가정폭력상담소 소장)] 판사님이 합의를 하라고 권유하는 경우들이 사실은 있습니다. 이런 경우들은 정말 없어야 한다고 생각을 하거든요.

또한 재판이 지연될수록 피해자에게는 고통의 시간도 길어진다며 신속한 재판이 필요하다고 지적했습니다.

출처: KBS NEWS(2021. 1. 6.).

강간 문화

성폭력은 사회 구조 안에서 발생되는 폭력이기 때문에 개인이 저지르는 일탈 또는 변태성욕자들이 저지르는 범죄로만 생각해서는 안 된다. 여성의 순결함과 남성의 성적 공격성의 믿음을 기반으로 하여 여성을 향한 남성의 성적 폭력을 당연하게 생각하고 이러한 폭력을 유지시켜 주고 있는 것이 바로 강간 문화(rape culture)이다. 강간 문화는 강간을 하나의 쾌락으로 소비하면서 정당화하거나 그 심각성을 낮춤으로써 강간이 범죄라는 인식을 흐리게 만들고, 피해자가 피해 사실을 알리고 이에 대한 적절한 지원을 받는 것을 어렵게 만드는 사고방식이자 사회 구조의 모습이라고 할 수 있다. 이 용어는 1970년대 미국에서부터 사용되기 시작하였고, 강간은 각 개인의 문제가 아닌 사회·문화의 문제임을 알리게 되었다.

강간을 문화라고 얘기하니 반발하는 사람들도 있을 것이다. 그러나 강간 문화를 어렵게 생각하지 않았으면 좋겠다. 우리가 일상을 살아가면서 마주하는 시간과 공간에서 매 순간 느낄 수 있다. 어느 시점부터 우리나라에는 화장실마다 불법 촬영은 안 된다는 문구가 붙어 있고, 남자 교사가 여학생들에게 언어적이고 신체적인 성희롱을 일삼아 그것이 최근 스쿨 미투로 이어지기도 했다(여학생이라면 한 번쯤은 모두 경험해 봤을 거라고 생각한다). 온라인 단톡방에서 남자 대학생들에 의해 만연하게 이루어지고 있는 같은 전공 여학생들의 얼굴과 몸매 품평에 관련한 대화들, 남자들의 커뮤니티에서 불특정 다수에게 자신의 성관계 경험을 으스대며 말하고 강간에 성공할 수 있는 책략들을 서로 공유하며 성공한 사람들을 영웅시하고 있는 현실, 로맨틱 드라마나 영화에서 남자 주인공이 여자 주인공에게 갑자기 스킨십을 하거나 벽에 밀어붙이고 키스를 하는 장면을 박력 있는 남성이라고 포장해 놓는 일들이 바로 우리가 강간 문화 속에서 살고 있다는 증거이다.

강간 문화에서 지금까지 이 모든 것들은 일상화되고 사소화되었다. 가해자들이 "이게 범죄인 줄 몰랐다." "다 이렇게 하니까 해도 되는 줄 알았다." "나만 그런 게 아니다."라고 책임을 회피하는 동안 피해자는 오랜 시간 자기 자신의 처신 문제라고 치부함으로써 자책과 두려움을 안고 자기혐오의 시간을 견뎌 내야 했다. 2016년 강남역 살인사건을 발단으로 2018년 시작된 미투 운동을 통해서 용기를 얻은 피해자들은 자신의 경험을 말하기

4장
성폭력의 원인

시작했고 서로의 발화를 연대했고 서로에게 소통의 장을 만들어 주었다. 수면 아래에 억지로 눌려 있어 보이지 않았을 뿐 일상화되던 폭력이 이제 우리 눈앞에 나오는 순간이었다. 폭로는 누군가를 음해하고 공격하는 단어가 아닌 해방의 단어이자 용기의 언어이다. 이제는 강간 문화에 참여하고 방관하고 묵인했던 모든 사람은 자신을 돌아봐야 한다. 그리고 침묵을 깨고 '비정상적인' 사회의 모습을 말해 주어야 하고, 포식자가 가장 위에 자리 잡고 있는 피라미드 구조를 해체해 주어야 한다.

청주교육대학교 단톡방 성희롱 남학생 5명 모두 중징계

청주교육대학교는 카카오톡 단체 대화방에서 여학생들을 성희롱하거나 성적으로 모욕해 논란을 빚은 남학생 5명을 모두 중징계 처분했다고 밝혔다. 피해학생들은 학교 측의 중징계 결정을 수긍하고 있는 것으로 전해졌다.

이번 사태는 교내에 붙어진 대자보 때문에 외부로 알려졌다. 대자보에 따르면 남학생들은 동기 여학생 사진을 올리고 "면상이 도자기 같다. 그래도 깨고 싶다." "재떨이 아닌가" 등 막말을 주고받았다. "엉덩이를 만지고 싶다." 같은 성희롱 대화도 나눴다. 돈을 걸고 외모 투표도 벌였다. 교생실습 때 만난 학생을 조롱하며 "이 정도면 사회악" "한창 맞을 때지."라고 체벌을 두둔하는 말도 했다.

출처: 서울신문(2019. 12. 27.).

성추행 고려대학교 의대생 3명 전원 실형

동기 여학생을 집단 성추행한 혐의로 구속기소된 고려대학교 의대생 3명에게 모두 실형이 선고됐다. 서울중앙지법 형사29부(배준현 부장판사)는 특수준강제추행 혐의 등으로 기소된 고려대학교 의대생 박 모 씨(23세)에게 징역 2년 6월, 한 모 씨(24세), 배 모 씨(25세) 등 2명에게 각각 징역 1년 6월을 선고했다.

이들은 지난 5월 경기도 가평의 한 민박집에서 술에 취해 잠든 동기 여학생의 몸을 만지거나 휴대폰 카메라를 이용해 몸을 촬영한 혐의로 검찰에 구속기소됐다.

출처: 경향신문(2011. 9. 30.).

'고려대학교 의대 집단 성추행' 가해자 2명의 기막힌 근황

5년 전 고려대학교 의대생 집단 성추행 사건의 남자 가해자 3명 중 2명이 다시 의대에 입학해 학교에 다닌다고 한다. 현행 「의료법」에는 성범죄를 저지른 이의 의대 입학을 막을 수 있는 규정이 없다. 그러나 환자와 신체 접촉이 잦은 의사의 직업 특성상 성범죄자의 의대 입학이나 의사면허 발급을 제한하는 등 조치가 필요하다는 목소리가 높다.

남학생 3명은 이 일로 실형을 선고받았고, 학교는 출교 조치했고 재입학도 불가능하게 했다. 그러나 이들이 다른 의대를 못 들어 간다는 건 아니다. 가해자 중 1명은 성균관대학교 의대에, 또 다른 1명은 지방의 의대에 다닌다는 사실이 알려졌다.

현행 「의료법」에는 성범죄 전과자 의대생이 의사 면허를 취득하는 것을 막는 규정은 없다고 한다.

출처: 국민일보(2016. 4. 8.).

성의 상품화

성적 대상화는 인간을 성적인 대상물로 바라보면서 신체의 일부분을 관찰하거나 분석하는 등의 평가를 하고 원하지 않는 노골적인 성적인 접근을 하는 것을 포함한다. 성적 대상화의 경험은 친구, 연인, 가족, 학교, 미디어를 통해서 경험할 수 있으며 주변인들에게 지속적으로 자신의 몸과 외모를 평가받아 온 여성은 관찰자의 시점으로 끊임없이 자신의 몸을 평가하며 살아간다. 이들은 자신의 여러 모습들 중에 외적인 매력에만 집중하게 되고 계속해서 타인과 비교하게 되며 사회문화적으로 선호하는 몸을 만들기 위해 애를 쓰기도 한다.

여성의 성 상품화는 여성을 피해자로 만들어 놓는 것만이 문제가 아니라 여성의 성을 둘러싼 권력관계를 형성하고 유지시킨다는 것이 더 큰 문제라고 할 수 있다. 권력관계라 함은 여성의 몸에 대한 가치를 평가하고 가격을 매길 수 있는 위치에 있는 자들과 그들의 소비 대상이 되는 여성의 몸이 지배와 종속 관계가 되는 것이다. 이 두 관계에는 자연스럽게 형성된 위계가 있다. 이것이 자본주의가 만들어 낸 성 상품화의 결과이다.

성 상품화는 말 그대로 이윤 추구를 위해서 인간의 성을 직접적 또는 간접적으로 상품화하여 시장에 공급하고 수요를 창출해 내는 행위이다. 사회시간에 배운 것처럼 수요가 공급을 결정한다. 찾는 사람이 있기 때문에 공급하는 사람도 있기 마련이다. 정당하게 돈을 지불하여 사고파는 행위가 왜 잘못이냐고 질문할 수도 있을 것 같다. 민주주의 국가에서 개인이 물건을 사고파는 자유는 당연히 보장이 된다. 단, 그 자유는 맹목적으로 누릴 수 있는 자유가 아니라 책임이 뒤따르는 자유여야 하며, 공동체의 안정과 질서에 해를 끼치지 않으면서 누릴 수 있을 때에만 허용이 된다. 그럼 성을 사고팔 자유를 누릴 권리가 있는지 살펴볼까? 일단 인간의 성은 물건이 아니기 때문에 사고팔 수 있는 대상이 아니라는 점, 불법임에도 불구하고 우리 사회에서 버젓이 이루어지고 있는 성매매와 최근 이슈가 된 성 착취물의 제작 및 유통의 과정에서 수많은 피해자가 존재하고 있단 사실에서 해답을 찾을 수 있다. 여기에서의 피해자는 여성에 국한하지 않는다. 기성세대들이 만들어 놓은 강간 문화에 아무런 대비도 없이 그대로 노출되어 접하게 되는 모든 이가 피해자이다. 하지만 피해자였던 남자아이들은 점차 여성의 성을 도구로 하여 쉽게 돈을 벌 수 있다는 사회적 분위기와 왜곡된 성의식을 학습하게 되어 범죄라는 사실을 이해하지 못한 채 또 다른 가해자로 자라게 되면서 성범죄의 가해와 피해는 점점 저연령화가 되어 가고 있다. 성인 여성뿐만 아니라 여자아이를 성적 대상으로 취급하고 유통하여 '상품화'하는 것은 과거에서부터 이어져 왔던 것인데, 인터넷이 보급화되고 스마트폰을 거의 필수로 소지하게 되면서부터는 시공간의 제약을 뛰어넘게 되어 누구에게나 언제든 원하는 장소에서 빠른 속도로 이루어지고 있는 점을 심각하게 받아들이고 해결책을 만들어야 할 지점이다.

성은 직접적 접촉을 통해서도 상품화되지만 접촉이 없더라도 성적 이미지를 통해서 간접적으로도 이루어지고 있다. 직접적인 신체 접촉을 하며 성을 상품화하는 방식에는 성매매가 있고, 직접적인 신체 접촉 없이 영상물과 이미지를 통해 간접적으로 성을 상품화하는 방식에는 대표적인 예로 포르노그라피가 있다(성윤숙, 손병석, 2014).

포르노그라피와 강간통념

여기서 설명하고자 하는 포르노그라피는 N번방에서 이루어진 성 착취물과는 다르다. 하지만 여성이 남성의 성적 흥분을 위한 도구로서 기능하고 있다는 점은 포르노그라피가 디지털 성범죄로 이행하는 데 분명히 연관되어 있다고 볼 수 있다. 포르노그라피는 성적인 욕망과 만족을 위해 인간의 신체와 성행위를 노골적으로 연출하는 모든 형태의 성 표현물을 말한다. 과거에 집에 하나씩은 장롱 안에 있다는 제목 없는 비디오테이프, 영화처럼 시나리오가 있는 섹스비디오, 야동이라고 불렸던 영상들이 모두 포르노그라피이다. 주로 젊은 여성과 10대 여자 청소년의 이미지를 성적으로 대상화하고 있는 포르노그라피는 성을 상품으로 하여 이윤을 창출하는 남성 중심 문화의 대표적인 사업이기 때문에 영상물은 남성에 의해서 지배당하는 여성의 모습이 강조된, 보다 강도 높은 장면들이 연출되어야만 상업성을 갖게 된다. 이렇게 연출된 장면들은 여성을 성적 착취의 대상으로 묘사한다는 점에서 성범죄의 축소판이라고 할 수 있다. 여성을 결박하고, 때리고, 심지어 강간을 연출하기도 하면서 여성을 비인격화시키고 모든 폭력을 로맨틱으로 승화시킨다. 이때 주체적 행위를 하는 쪽은 남성이고, 남성의 행위에 수동적으로 끌려 다니고 기계적으로 반응하는 쪽은 여성이며, 폭력적인 행위에서조차 여성은 남성에게 호응하고 반응하기 때문에 포르노그라피는 사람들에게 성관계에 대한 왜곡된 사고와 강간통념을 심어 주고 결과적으로 성범죄를 정당화시키는 데 일조했다.

강간통념은 성폭행이 발생했을 때 피해자에게 그 원인을 전가시키고 가해자의 행위를 정당화하는 편향된 사고방식으로, 피해자를 비난하고 폭력에 대한 수용도를 높게 만드는 사회적 분위기가 지속될 수 있게 만든다 (Burt, 1980; Lambert & Raichle, 2000). 학습된 강간통념은 성폭력에 대해서 변명거리를 제공해 줌으로써 성범죄자의 행위를 너무 쉽게 정당화하고 합리화시킨다. 그래서 결국에는 성폭력의 책임을 가해자가 아닌 피해자에게 돌리게 된다.

포르노그라피는 성적 욕망을 채우기 위해서 보는 하나의 '쾌락'의 도구이기 때문에 대부분의 사람들은 무비판적으로 보게 되고, 성폭력이 묘사된 장면들로부터 은연중에 강간통념의 메시지를 전달받아 성폭력에 대한 허용적인 태도가 자신도 모르는 사이에 생기게 된다. 우리나라의 경우 포르노그라피에 노출되는 시기가 초등학생의 어린 연령이라는 것을 감안했을 때, 음란물 교육의 시기는 더욱 빨라져야 한다. 포르노그라피에서 연출된 장면은 실제 우리가 할 수 있는 장면이 아니라 사랑과 교감이 빠진 채 오직 판타지와 욕망을 채우기 위한 목적으로 만든 범죄의 장면들이란 것을 알려 줄 필요가 있다.

강간통념

- 강간을 당하는 여성은 대개 이전에 학대받은 경험이 있다.
- 성욕이 왕성한 여자들이 대개 강간을 당한다.
- 강간을 보고하는 대부분의 여자는 그 사건 이전에 이미 많은 성관계를 가졌다.
- 대부분의 강간 피해자는 평소 성관계가 난잡하거나 평판도 좋지 않다.
- 여자가 친근감이 있게 남자를 대하는 것은 성적 접촉을 허용한다는 의사 표시이다.
- 남자가 식사 등으로 여자를 지극히 대접하면 여자는 대개 성관계를 허락한다.
- 여자가 처음 만난 남자의 집을 찾아가는 것은 그와의 성관계를 허락한다는 뜻이다.
- 여자가 키스나 애무를 허용하는 것은 성관계를 허용한다는 뜻이다.
- 여자에 비해 남자는 성 충동이 일어나면 이를 통제할 수 없기 때문에 해소하여야 한다.
- 여자가 알지도 못하는 사람의 차를 얻어 타려다 강간을 당했다면, 그녀는 당할 만하다.
- 만일 여자가 목을 껴안고 애무하다 사태를 걷잡을 수 없게 두어 남자가 성폭행을 했다면, 잘못은 여자에게 있다.

- 여자가 모임에서 술에 취해 처음 만난 남자와 성관계를 가졌다면, 그녀는 성관계를 갖고자 하는 다른 남자들에게 '봉'이다.
- 남자가 성관계를 요구할 때, 여자가 "안 돼."라고 응답하는 것은 허락한다는 뜻이다.
- 여자가 노브라, 짧은 스커트, 꼭 끼는 상의를 입은 것은 성피해를 자초하는 것이다.
- 끼 있는 여자는 늦은 밤에 혼자 길을 걷는다.
- 보고된 대부분의 강간사례는 임신된 사실을 알았거나 자신의 명예를 지키고자 하는 여성이 날조한 것이다.
- 강간을 보고하는 많은 여성은 상대에 대한 분노와 보복하려는 동기로 거짓말을 한다.
- 많은 여자는 강간을 당하고 싶은 무의식이 있고, 무의식적으로 그러한 상황을 조성한다.
- 대개 강간을 당하는 여자는 저소득 가정의 출신이다.
- 어떤 여자들은 성폭행당하는 것을 즐긴다.

출처: 이석재(1999).

대중문화에서의 성 상품화

대부분의 청소년들이 10대가 되고, 2차 성징이 오는 시기(최근에는 저연령화가 진행되어 10대 이전부터 나타나기도 한다.) 즈음에 여자다움이 무엇인지, 남자다움이 무엇인지에 대해서 한 번쯤은 생각해 본다. 이 답을 찾아가는 과정에서 가장 쉽게 접할 수 있는 모델은 대중매체나 길거리에 붙어 있는 광고 포스터 속의 연예인들일 것이다.

대중문화는 사회 구성원들의 사회화에 중요한 역할을 하는 매체인데, 여기에서 여성은 너무 쉽게 성적 대상화가 되고 있다. 예능, 드라마, 광고에서조차 여성에게 섹시함을 어필하도록 요구하고 여성들이 노출이 심한 의상을 입거나 성적인 몸짓을 통해 이목을 끄는 행동을 하면 주변인들은 박수를 치고 환호성을 지르는 등의 긍정적인 반응을 한다. 예를 들어, 1990~2000년대의 초반까지는 화장품 광고에서 화장품의 기능은 광고 속에서는 하나도 나오지 않고 수영복 또는 노출이 심한 의상을 입은 여배우의 섹스어필만 나오기도 했었다. 어릴 때부터 이러한 문화를 접하게 되면 여성의 성적 매력은 곧 타인에게 인정을 받기 위한 하나의 도구라는 인식이 생기게 되고, 우리도 모르는 사이에 내면화가 되어 사람들은 미디어에서 본 모습들을 행동으로 옮기게 된다.

대중매체를 통해 생산되는 성 상품화는 그 대상이 '어린' 여성일 때 더 심각해진다. 한국의 아이돌 스타는 대부분 10대부터 시작하고(그중 일부는 10세 이전에 연습생부터 시작하기도 한다), 소비자가 열망하는 바와 여자 아이돌에게 대중이 갖는 판타지를 반영하여 잘 구성된 하나의 기호상품으로서 시장에 나온다. 많은 여자 아이돌 그룹이 처음에는 교복 의상과 함께 '청순한' 여학생의 콘셉트였다가 점점 섹시미를 주요 콘셉트로 하여 성애적 몸 이미지를 상품으로 환원시킨다. 성애적 몸 이미지는 안무, 의상, 표정 등으로 더 밀도 있게 완성된다. 10대의 어린 학생들을 성적 대상화하여 그들의 섹시함을 사고판다는 건 미성년자를 대하는 이 사회의 인식이 어떠한지

극명하게 보여 주고 있다.

반면에 남성들에게는 신체적 힘과 주도성을 강요하는 장면 연출이 많다. 운전석에는 주로 남자 주인공이 앉고 옆에는 여자 주인공을 태우고서는 자신이 원하는 장소나 방향으로 가는 아주 사소한 장면에서부터 다른 남성들에게 자신의 남성성을 뽐내기 위해 연애와 성관계의 성공을 목적으로 여성에게 접근하는 장면까지, 미디어에서 발견되는 성적 메시지는 곳곳에서 쉽게 찾을 수 있다. 문제는 이러한 미디어를 접하면서 남성성을 학습해 나간 아이들은 성적으로 공격적인 것이 남성성이라는 왜곡된 생각과 함께 사회화되어 가고, 때로는 자신의 가치관과 맞지 않다 하더라도 또래 남성 집단에 포함되기 위해 남성성을 증명하려고 억지로 연기할 수도 있다는 데에 있다. 더 큰 문제는 여성의 성적 자기결정권을 침해해 놓고도 그게 잘못된 행위라는 인식조차 할 수 없게 만들어 버리는 것이다. 강간 문화는 대중문화가 여성에 대한 성폭력을 정당화하고 용인하는 환경 그 자체를 말하기도 한다. 이러한 문화를 만든 기성세대들은 지금 세대의 아이들에게 미안해해야 한다. 그리고 지금의 세대들은 또 다른 가해자가 되지 말아야 한다.

게임 산업에서의 성 상품화

우리나라는 2000년 이후 게임 산업이 비약적으로 성장하였고 현재에도 수많은 게임이 출시되고 있다. 게임 시장이 흥하면서 게임사들 간의 이용자들을 모으기 위한 경쟁은 더욱 치열해지고 있다. 예전에는 PC 게임이 주를 이루었었지만 최근에는 PC에서 하던 게임들을 그대로 모바일에서도 즐길 수 있게 만들어 놓음으로써 게임 이용자들을 확보하기 위해 노력하고, 게임을 홍보하기 위한 다양한 전략을 사용하고 있다. 유명 연예인을 출연시킨 게임광고가 등장하기도 하고, 단순한 홍보를 넘어서서 하나의 콘텐츠로서 영화처럼 캐릭터를 소개하는 시네마틱(cinematic)이 게임의 새로운 캐릭터 출시에 맞추어 공개되기도 한다. 하지만 홍보의 방법이 모두 긍정적인 효과를 주고 있지는 않다. 성적(sexuality)으로 강조한 게임 캐릭터들이 광고에 등장하고 있고, 특히 어린 여자아이를 성적으로 소비하는 등 지나치게 자극적이고 선정적인 내용들이 담겨 있는 게임들을 계속해서 만들어내고 있다.

중국 업체가 만든 모바일게임 〈왕비의 맛〉과 〈왕이 되는 자〉는 여성을 성 상품화하여 광고를 한 대표적인 게임 중 하나이다. 〈왕비의 맛〉은 여성을 맛에 비유하거나, 여성의 신체 부위를 노골적으로 드러내는 것, 여성들이 자신의 나이를 쓴 팻말을 목에 걸고 서 있는 장면을 보여 줌으로써 마치 여성을 사고파는 듯한 이미지를 만들었다. 이 광고는 유튜브를 통해 무작위로 노출되어 문제가 되었다.

출처: 문화일보(2020. 1. 16.).

〈왕이 되는 자〉의 광고에서는 여성 캐릭터가 몸을 수색해 달라고 요구하거나 속옷의 종류를 맞춰 보라는 질문을 하며 여성을 성적으로 상품화하고 있는 장면들을 담고 있다(한국일보, 2019. 5. 14.). 결국 광고 차단 처분이 내려졌지만 그 이유는 의외였는데, 내용의 선정성 때문이 아닌 허위성의 문제였다. 즉, 선정적이고 자극적인 문구의 광고와는 달리 실제 게임 내용은 야하지 않아서가 이유였던 것이다.

국내 게임시장에서도 여성을 도구화하고 대상화하는 방식으로 소비하며 논란이 있어 왔다. 국내 게임 중 N사가 개발한 한 게임에서는 여자아이 캐릭터 중 하나가 13세라는 설정임에도 불구하고 성인 여성의 외모를 갖고 있으며, 신체 부위를 노출하거나 가슴과 엉덩이 부위를 강조한 일러스트를 보여 주고 있다. 캐릭터의 문구에도 선정적인 대사를 넣어 놓았는데, 예를 들면 "당신만을 위한 도구가 되겠어요." "복종할게요."의 문구가 사용되어 논란이 있었다(투데이신문, 2016. 8. 25.). 이러한 논란이 있자 N사는 홈페이지를 통해 해당 영상을 삭제하였다. 〈서든어택 2〉에서도 여성 캐릭터의 지나친 노출과 게임에서 보여 주는 그들의 자세에 대해 논란이 있었다([그림 4-1] 참조).

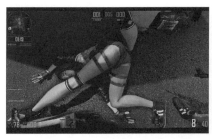

[그림 4-1] 〈서든어택 2〉의 게임 장면의 일부

출처: 프레시안(2016. 7. 20.).

게임에서 보여 주는 여성과 아동에 대한 성적 대상화는 게임 유저들에게 여성의 신체를 왜곡하고 범죄를 미화시킨 장면들을 계속해서 보여 줌으로써 성범죄를 일으킬 수 있는 위험 소지를 제공하고, 성적으로 과장되게 묘사되는 행위들을 일반적인 성행위로 잘못 인식하게 만들 수 있다. 이러한 문화를 향유하는 사회는 건강한 사회가 아니다. 이제 게임은 우리 삶에서 떼어 놓을 수 없을 정도로 하나의 큰 문화가 되었다. 그만큼 게임을 만드는 회사도, 게임의 질을 평가하는 관리위원회도 게임의 콘텐츠를 만들어 내는 태도에 있어 경각심을 가지고 성폭력과 연관될 수 있는 장면은 없는지, 이를 소비하는 이들에게 유해한 영향들은 무엇이 있을 수 있는지를 검열하는 시스템을 더 강화시켜야 할 것이다.

05

디지털
성폭력

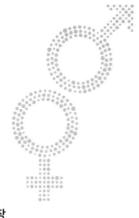

5장
디지털 성폭력

    디지털 성폭력은 카메라와 같은 디지털 기기와 기술을 활용하여 상대방의 동의 없이 신체를 촬영 및 유포, 협박, 저장, 전시하는 등 온라인 공간에서 자행되는 모든 성적 괴롭힘을 의미한다. 피해가 발생하는 공간을 강조하여 사이버 성폭력 또는 온라인에서의 젠더 기반 폭력이라고도 부른다. 2019년 텔레그램 성 착취 사건은 우리 사회에 디지털 성폭력에 대한 경각심을 제고하게 하였다. 과거의 성폭력범죄는 대부분 피해자와 가해자가 직접적으로 접촉이 있는 상황에서 발생되었지만 테크놀로지 발전은 계속해서 새로운 유형의 비접촉 상황에서의 성폭력범죄를 생산해 내고 있다. 이 장에서는 디지털 성범죄가 과거로부터 어떻게 점점 진화되어 왔는지에 대해서 알아보고, 현황과 유형, 특성을 살펴봄으로써 범죄의 심각성과 피해자의 지원에 대한 고민을 해 볼 수 있다.

디지털 성폭력의 진화 과정

관음 문화의 시작

다른 사람의 신체를 몰래 찍고 유포하는 사람들, 다른 사람들이 성관계 맺는 것을 불법적인 방법으로 촬영하여 공유하는 사람들, 이런 것들을 보고 쾌락을 즐기는 사람들. 이들은 독특한 성적 취향을 갖고 있는 것이 아니라 죄의식은 빠져 있고 관음 행동에만 중독되어 있는 사람들이라 할 수 있다. 중독은 내성과 금단현상이 함께 나타날 때 설명이 가능하다. 자주, 오래 관음 행동을 한다고 해서 중독되었다고 보기엔 어렵다. 많이 하는 것과 동시에 해당 행동을 스스로 멈추기가 힘들다고 판단되어도 지속하거나, 관음 행동을 하지 못하는 상황에 놓여 있을 때에도 관음 충동으로 인해 학업이나 업무에 흥미를 잃는다거나 집중력의 저하가 오고, 심리적으로도 짜증이 나는 등 일상의 기능이 떨어진다면 이미 중독되었다고 볼 수 있다. 중독된 관음 행동은 피해자를 인격체로 보지 않고 자신의 성적 욕구를 채우기 위한 대상으로만 바라볼 때 나올 수 있는 행동이며, 타인을 엿봄으로써 자신의 성적 만족감만을 느끼고 피해자에 대한 미안함을 느끼지 못하는 상태이다.

오늘날 사람들의 관음 행동은 어쩌면 전래동화와 고전영화를 접하면서 자연스럽게 시작되었을지도 모른다. 〈선녀와 나무꾼〉은 많은 사람이 이미 알고 있는 내용일 것이다. 나무꾼이 목욕하는 선녀를 몰래 보고, 선녀의 옷을 훔쳐서 자신과 결혼을 하게 하고 아이까지 출산시킨 끔찍한 내용이 동화라는 이름으로 대대손손 내려오고 있다.

고전영화나 사극 드라마에서 빈번하게 연출되는 신랑신부의 첫날밤을 훔쳐보는 '신방 엿보기' 장면도 빼놓을 수 없다. 과거 우리나라는 창문에 창호지를 덧대어 썼다. 창호지는 완벽하게 차폐가 불가능하기 때문에 밤이면 창호지 너머로 움직이는 그림자를 보면서 방 안에 있는 사람의 모습을 확인할 수 있었다. 영화나 드라마에서는 첫날밤의 합방을 시작하면 문 밖에서 사람들이 창호지를 손가락으로 뚫고 안을 들여다보면서 웃고 즐기는 장면이 여과 없이 연출되거나, 또는 창호지 안으로 생기는 그림자의 움직임을 카메라에 담아냄으로써 그 안에서 어떤 일이 벌어지고 있는지에 대해 사람들의 상상력을 유발하게 하는 장면들이 단골로 등장한다. 관음 행동이 유쾌하게 미화되면 이 것이 범죄라는 인식을 갖기가 매우 어렵다. 타인의 사생활을 훔쳐보는 것은 재밌는 일이 아닌 추악한 범죄이다.

성 착취물의 제작과 유통의 시작: '빨간마후라' 사건

1997년 7월, 중·고등학교 학생 4명은 음란물 제작 혐의로 경찰에 입건되었다. 이들은 17세의 고등학교 2학년 남학생 3명, 15세의 중학교 2학년 여학생 1명이었다. 이들은 가해자 중 1명의 남학생 집에서 부모가 없는 틈에 중학교 2학년 여학생과 번갈아 가며 성관계를 갖고 학교 친구에게 빌린 8mm 캠코더로 성행위 장면을 촬영하였다. 영상 속에서 여학생이 빨간 스카프를 하고 있어서 일명 '빨간마후라'라고 불리게 되었다. 이후 남학생들은 촬영한 영상을 편집 및 복사한 뒤 학교 친구들에게 보여 주었고 그 과정에서 인근 학교들에 급속히 번졌고, 서울 시내 전역으로 영상은 퍼져 나갔다. 심지어 2~10만 원에 판매가 되기도 하였다. 경찰 진술에서 가해자 중 1명은 일본 포르노를 보고 재미 삼아서 찍었다고 말했고, 중학교 2학년 여학생은 "오빠들이 함께 만들어 보자고 해서 응했다. 오빠들이 테이프를 버렸다고 해서 그런 줄 알았지만 며칠 전 TV를 보고 놀랐다."라고 말했다. 하지만 이 사건에서는 두 가지 사실이 더 밝혀졌다. 첫째, 8mm 캠코더 주인인 남학생이 캠코더를 빌려주면서 성행위 장면을 녹화하도록 종용한 사실이 드러났다. 둘째, 동영상에 등장한 중학교 여학생은 사실 3명에게 집단으로 성폭행을 당한 것이라고 고백하였다. 경찰은 촬영을 종용한 남학생도 영상을 찍은 가해자들과 같은 처벌을 하기로 결정했으나 여학생에 있어서는 성폭력 피해자임에도 불구하고 피해자로 불리지 않았을뿐더러 동영상 촬영을 함께 했다는 이유로 「소년법」상의 보호처분을 받았다. 결국 이 사건은 카메라를 이용한 집단 성폭력 및 성 착취물 제작과 유포의 죄가 아닌 그저 10대들의 문란한 성 일탈 정도로 마무리가 되었다.

포르노비디오 '빨간마후라' 주인공 4명은 中高生

日음란물 흉내 재미삼아 "촬영"

서울 강남일대 청소년들 사이에 「빨간마후라」로 불리며 유통되려 음란비디오에 출연한 남녀 주인공들은 모두 중·고교에 재학중인 학생들로 밝혀졌다. 이 사건을 수사중인 서울 송파경찰서는 14일 비디오 화면속의 출연자가 남자는 A공고 2년 김모군(17)과 B고(17) 1년 최모군(17)등이며 여자는 김군의 여자친구인 A중 2년 최양(15)인 것으로 밝혀졌다.

경찰은 이들 4명을 음반 및 비디오물에 관한 법률위반(음란물 제작) 혐의로, 김군에게 8mm캠코더 비디오 카메라를 빌려주면서 문제의 성행위 장면을 녹화하도록 종용한 김군의 학교 친구 이모군(17)에 대해 음란물모욕으로 구속영장을 신청할 방침이다. 또 이 비디오를 김군 몰래 유통시킨 1고 2년 김모·이모군 등 2명에 대해서도 같은 혐의로 처벌키로 했다.

경찰에 따르면 김군 등 4명은 지난해 4

경찰, 유통경로 역추적 모두 검거

부모 집비운사이 번갈아 性관계
친구들에 자랑하려 복사판 돌려
女中生은 촬영당시 접대부생활

월말 김군 집에서 부모가 없는 사이 모여 최양과 번갈아가며 성관계를 가져 촬영한 테이프를 카메라 주인 이군에게 보여줬으며 이군이 「재미있으니 다시 한번 해보라」고 제의하자 방학대인 8월 한차례 더 같은 내용으로 촬영했다.

김군은 이후 이 테이프를 일반 가정용 비디오 테이프로 편집, 복사한 뒤 같은 해 11월 동네친구인 ㄱ공고 김군 등에게 자랑삼아 빌려준 것으로 드러났다.

이들이 테이프를 학교친구들에게 보여주는 과정에 강동·강남지역 학교들에 급속히 번졌고 올해 2~3월부터는 서울시내 전역으로 퍼져나가 2만~10만원에 판매되기도 한 것으로 밝혀졌다.

김군은 경찰에서 「일본비디오에out프를 보고 재미삼아 찍었다」며 「친한 친구들이라 잠시 빌려줬는데 몇사람을 거쳐

면서 그만 유출되고 말았다」고 말했다.

최양은 「오빠들이 함께 만들어보자고 해 응했다」며 「이후 오빠들이 약속대로 테이프를 버렸다고 해 그런 줄 알았으나 며칠전 TV를 보고 깜짝 놀랐다」고 말했다. 최양은 제작자 김군과 중학교 선후배 사이로 촬영당시 가출을 자제하다 단란주점 접대부 생활을 하고 있었으며 올해 복교했다.

김광호기자

전원제적…교장·교사 징계요구

서울시교육청은 14일 음란 비디오테이프를 제작한 것으로 드러난 김모군(17)과 최모양(15) 등 4명 전원을 제적조치하라고 해당 학교에 지시했다. 시교육청은 또 문제학생의 소속학교에 대해 학생지도를 게을리 한 책임을 물어 학교장 및 관련 교사를 징계요구키로 했다.

이온정기자

출처: 경향신문(1997. 4. 15.).

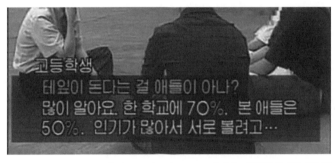

고등학생
테잎이 돈다는 걸 애들이 아나?
많이 알아요. 한 학교에 70%. 본 애들은
50%. 인기가 많아서 서로 볼려고…

출처: MBC 뉴스(1997. 7. 11.)에서 고등학생 인터뷰 내용 중.

인터넷을 통한 섹스 동영상의 비동의 유포 및 협박: 연예인 'X양 비디오'

1990년대 후반부터 우리나라에 인터넷이 보급화되면서 불법 촬영물의 유포는 상상도 못할 만큼 빠르게 확산되었다. 1999년부터 우리나라를 들썩이게 했던 불법 촬영물이 있었는데, 여자 연예인들의 섹스 동영상이었다. 가해자는 불법으로 촬영한 영상을 손에 쥐고 피해자인 여성 연예인을 협박

하는 방식의 범죄를 저지르면서 본인이 원하는 금전적 이득을 취했던 것으로 보인다. 설사 불법으로 촬영된 것이 아니라 하더라도 비동의 유포는 범죄이며 개인의 사생활을 훔쳐보거나 돈벌이로 삼을 권리는 누구에게도 없다. 당시에는 비디오 이름도 'X양 비디오'처럼 피해자의 이름을 따서 불리었다. 명칭 자체가 2차 가해인 셈이었다. 당시 우리나라의 사회적 분위기는 불법 촬영 혹은 동의 없이 유포한 가해자가 손가락질 받기보다는 오히려 피해 연예인이 '문란한 여자'라는 사회적 낙인과 함께 기자회견을 통해 국민들에게 사과를 해야 했고, 대중들의 눈에서 사라져 주어야만 했었다.

이전까지는 '음란물'이라고 불리는 비디오는 용산과 청계천 일대의 상가들에서 주로 거래되었지만 인터넷 세상이 오면서 사람들은 더 이상 상가를 찾아야 하는 수고를 할 필요가 없어졌다. 인터넷은 방 안에서 수많은 공범자를 만들어 내고 사람들의 관음 행동은 더욱 심해졌지만 그들은 정당하게 돈을 지불해서 얻은 영상물이라는 나름의 합당함을 주장할 뿐 죄책감은 어디에서도 찾아 볼 수가 없었다. 2018년 유명 여자 연예인의 전 남자친구가 자신과의 섹스 동영상을 유포하겠다고 여자 연예인을 협박한 사건이 세상에 알려지게 되었다. 그는 여자 연예인에게 섹스 동영상이 협박하기에 충분한 위협적인 공포물이란 걸 이미 알고 있었다. 합의하에 성관계 영상을 촬영했다 하더라도, 심지어 상대방이 더 적극적으로 촬영에 임했다 하더라도 상대방의 의사에 반하여 유포 또는 유포하겠다고 협박하는 것은 범죄이거늘, 이를 알고 있는지 모르는 건지 알 수 없지만 전 남자친구가 당당하게 언론에 이 영상을 유포하겠다고 말하는 모습이 충격적이었다. 이는 자신의 범죄 사실 증거를 스스로 남기고 있는 격이다. 이때에도 일부의 사람들은 영상을 구하고 싶어 안달이 났었다. 시간이 많이 흘렀어도 세상은 어느 면에서는 참 변하지 않는다는 것을 알 수 있다.

디지털 성폭력의 전환점: 약 100만 명의 회원이 가입되어 있는 '소라넷'

1999년부터 무려 17년 동안 성범죄가 난무했던 '소라넷' 사이트는 2016년 경찰의 수사로 폐쇄가 되었다. 폐쇄 직전까지 주기적으로 도메인을 바꾸고 해외에 서버를 두는 방식으로 수사망을 피해 가며 운영을 하는 동안 누군가는 광고 수익으로 수백억 원에 가까운 돈을 벌고, 누군가는 성적 욕망을 채우고, 누군가는 삶이 망가져 스스로 생을 마감하였다. 원래 소라넷은 야한 소설, 이른바 '야설'이 올라오는 사이트로 시작하였다. 이때 남성들이 올리던 야설은 진짜 소설이 아니라 자신들이 '룸살롱'이라고 불리는 성매매 업소를 직접 다녀온 후기를 적나라하게 묘사하는 방식으로 일종의 야설을 만들어 낸 형태였다. 점차 방문자 수가 늘면서 2003년에는 회원 가입 형식의 커뮤니티 사이트로 바뀌었다. 그때부터 소라넷은 부부가 서로 잠자리 파트너를 바꾸는 스와핑 상대를 구하는 글이 올라오고 몰래 촬영된 영상들이 올라오고, 성매매 업소의 후기들이 대놓고 올라오고, 급기야 강간하자는 모의[1]까지 공공연하게 이루어지는 국내 최대의 성인 사

---

1 일명 '초대남 사건', 이것은 집단 강간 모의이다. 술에 취해 몸을 가누지 못하는 상태 또는 약물을 탄 음료를 마신 뒤 잠이 든 상태의 여성을 숙박시설로 옮겨 나체 사진과 함께 "왕십리 골뱅이녀" "○○모텔 ○○호에 내 여자 친구가 술에 취해 잠들었다. 5명을 초대한다. 같이 강간하자."라는 종류의 글을 소라넷 사이트에 올려 남성들을 초대한다. 집단 성폭행이 이루어지는 현장인 것이다. "제가 꼭 선택이 되기를" "저 지금 5분 안에 갈 수 있습니다. 출발합니다."의 댓글을 남김으로써 강간모의에 동참하고자 하는 신이 난 사람들은 많았지만, 이걸 범죄라고 말하는 사람은 그곳에 아무도 없었다.

5
장

디
지
털
성
폭
력

138

139

이트로 자리매김되었다.

　소라넷은 상대방의 동의 없이 몰래 찍은 성관계 동영상인 일명 '국산 야동'이라는 신조어를 만들어 냈다. 범죄 영상을 야동처럼 여기며 불법 촬영 및 유포가 범죄라는 인식을 희석하게 만들고 있었다. 피해자도 지인, 여자 친구, 여동생, 누나, 엄마와 같이 여성이라면 누구나 될 수 있었고, 이는 소라넷이 우리 사회에 만연하게 퍼져 있는 여성혐오의 정서가 행동으로 옮겨진 대규모 여성혐오의 장이라는 것을 확인할 수 있는 부분이다. 소라넷은 2006년 국내에서 유해 사이트로 지정되었으나 수사기관은 서버가 해외에 있어 잡지 못한다는 말만 반복했고 소라넷은 기세 등등 범죄를 이어 갔다. 이 과정에서 많은 이가 해외에 서버를 두면 걸리지 않는다는 것을 학습하게 되었다.

　다시 한 번 말하지만 소라넷은 단순 음란물을 올리고 서로 공유하는 성인 사이트가 아닌, 실제 불법 촬영, 강간, 유포 등의 성범죄가 모의되고 실행되었던 잔인한 범죄 사이트이다. 이곳의 회원들은 사진이나 영상과 같은 게시글을 올려야 인증이 되는데, 자신이 업로드한 영상이 다수의 남성에 의해서 품평을 받으며 긍정적인 호응을 받게 되면 여기에서 만족감을 느끼게 되어 그 행위를 또 하게 되고, 범죄에 가까운 행위들을 할수록 능력자로 추앙을 받으며 영웅시된다. 그래서 죄책감 없이 왜곡된 영웅 심리에 젖어 들어 자신이 하고 있는 짓이 범죄라는 사실을 망각한 채 범죄에 도취된다.

웹하드 카르텔

소라넷은 사라졌지만, 당시 처벌받지 않은 약 100만 명의 공범자는 사라지지 않았다. 이들은 비슷한 성격의 사이트들을 계속해서 만들었고 강화된 정부의 단속에 의해 사이트는 수사망에 걸리게 되면서 점차적으로 폐쇄되었다. 그리고 그곳에 남겨진 불법 영상물은 그대로 웹하드[2]로 옮겨 갔다. 불법 영상물을 웹하드에 올리는 사람을 업로더라고 하고, 대량으로 올리는 사람을 헤비업로더라고 하는데, 불법 영상물은 저작권료를 지급할 필요가 없는 영상물이기 때문에 수익은 업로더와 웹하드 업체의 것이 된다. 때문에 웹하드 업체는 헤비업로드가 단속에 걸리지 않도록 적극적으로 관리하면서 계속해서 수익 창출이 발생되도록 만든다. 만약 헤비업로더가 웹하드에 불법 영상을 올리게 되면 우리나라는 2012년부터 모든 콘텐츠를 필터링하는 것을 의무화했기 때문에 불법 영상물의 경우는 당연히 걸러져야 한다. 하지만 일부 웹하드 업체는 큰돈을 지불하면서까지 필터링 업체를 사들여 단속을 피해 가면서 불법 영상물의 유통을 가능하게 만들었고, 심지어 업로드된 영상물을 지워 준다는 명목하에 디지털 장의 업체를 만들어 피해자들에게 돈을 받아 여기에서도 수익 창출이 되도록 하였다. 결국 헤비업로더-웹하드 업체-필터링 업체-디지털 장의 업체의 유착관계를 형성하면서 디지털 성범죄를 이어 가고 부당 이익을 창출해 내

---

2 온라인 공간에서 파일을 공유할 수 있는 플랫폼으로, 돈을 지불하여 그만큼의 포인트를 얻고, 포인트를 차감하는 방식으로 자신이 원하는 영상을 다운받아 볼 수 있다. 제휴 콘텐츠 중에서도 불법 영상물인 경우도 많으니 유의하여야 한다.

고 있었는데, 이것이 바로 웹하드 카르텔이다.

웹하드 업체에서 일했던 한 전직 개발자가 CBS 라디오 프로그램의 인터뷰에서 "월 수익의 40~60%가 불법 음란물에서 발생된다."고 증언할 만큼, 유료 결제로 운영되는 웹하드는 많은 사람에게 불법 촬영물이 돈이 될 수 있음을 알려 주었다. 웹하드 업체에 대한 정부의 단속이 심해지자 이들은 수사망을 피해 좀 더 폐쇄적인 경로를 찾았고 해외 플랫폼인 텔레그램으로 몰렸다.

조직적으로 이루어진 인격적 살인 행위: 텔레그램 N번방

N번방에 대해서 이야기를 하려면 '일탈계'가 무엇인지 먼저 짚고 넘어가야 한다. N번방 사건은 일탈계를 운영하는 청소년들이 성 착취물의 제작에 있어 상낭수 피해자로 표적이 되었기 때문이다. 일탈계란 '일탈 계정'

의 줄임말로 자신의 신상은 노출하지 않은 채 신체 일부분을 촬영하고, '#일탈계'라는 해시태그를 포함하여 글과 함께 SNS에 올리는 방법으로 사람들에게 자신을 알리는 계정이다. 때문에 일탈계 운영자들이 피해자임에도 불구하고 가해자들에게 범죄의 빌미를 제공한 것이 아니냐, 그러게 누가 일탈계를 하랬냐라는 2차 가해를 받기도 했다. 이 사회가 가지고 있는 강간통념을 또다시 확인할 수 있었다. 일탈계를 운영하는 것은 문제가 되지 않는다. 일탈계를 통해 자유로운 성적인 욕구를 표출하는 여성을 자기 마음대로 해도 된다는 왜곡된 생각을 가지고 범죄로 악용해서 경제적인 이익을 취득하려고 하는 사람들이 문제이다.

일탈계는 10~20대 초반의 이용자들이 주를 이루는데, 특히 청소년들 사이에서 유행하는 계정이다. 청소년들이 자신의 주요 신체 부위나 노출 사진을 올리는 이유는 자신의 자유로움을 표현하고자 하는 마음과 더불어 그만큼 사람들의 관심을 받을 수 있기 때문이다. 우리 사회는 여성의 몸이 상품화되고, 평가의 대상이 될 수 있는 문화를 갖고 있기 때문에 그러한 문화권에서 청소년들은 자신의 노출 사진을 사람들에게 관심받기 위한 방법 중 하나로 선택하게 되는 것이다.

청소년 시기는 발달단계상 '상상적 청중'이라는 특성을 나타낸다(Elkind, 1967). 이는 자신의 행동이 모든 사람의 관심 대상이 된다고 생각해 버리는 현상으로, 예를 들면 학원에 갔을 때 교실에 있는 친구들이 오늘 내가 어떤 옷을 입고 왔는지 관심을 가질 것이라 생각하거나, 길거리를 지나갈 때에도 사람들이 자신의 외모나 행동을 평가하고 있을 거라고 생각하는 것이다. 그래서 다른 사람이 나를 어떻게 생각할지에 대해 유난히 신경 쓰고 타인을 끊임없이 의식하는 것이 청소년 시기의 특징이라고 할 수 있다. 또한 청소년들 중 현실에서 애정 결핍을 느끼고 있거나 따돌림의 경험을 갖고 있는 이들은 외로움을 채우기 위해 SNS에 집착하기도 한다.

이때 N번방 운영자들은 일탈계를 운영하는 여성들에게 여러 방법으로 접근한다. 첫째, 관심이 있다며 메시지를 보내고 친밀감을 형성한 후 개인정보를 빼돌리는데, 피해자의 입장에서는 자신을 봐주고 예뻐해 주거나, 친밀감으로 다가오는 사람들에게 경계를 풀기 시작하고 친구 또는 연인으로 의지하게 되면서 자신의 정보를 의심 없이 주기도 한다. 둘째, 일탈 계정을 폭로하겠다며 협박한 후 여성의 학교와 부모님의 전화번호 등 신상을 알아낸다. 피해자들은 일탈계 운영 사실이 드러나는 것을 두려워해 신고도 하지 못한 채 가해자들에게 끌려 다니게 된다. 일탈계뿐 아니라 가해자들은 SNS에 '알바 모집 월 수입 500'과 같은 미끼 광고를 게재하여 여성들에게 알바를 하겠다는 연락을 받으면, 이건 사실 성매매 알바이니 자신들이 먼저 신체를 검증해야 한다고 하면서 연락 온 여성들의 주민등록증과 알몸 사진을 받아 이후 이것을 가지고 신상을 털 때 쓰기도 한다.

가해자들은 피해 여성들에게 신상공개 협박이 잘 먹힌다는 것을 이미 알고 있기 때문에 이런 식으로 빼돌린 정보로 피해 여성들을 계속해서 협박하여 성적인 사진을 찍게 하고, 변태 같은 가학적인 행위를 요구하면서 피해 여성들을 정신적으로 지배하여 이른바 성적 노예로 만들어 버렸다. 여성들의 입장에서는 요구를 들어줄 수밖에 없었는데, 자신이 빌미를 제공했다는 자책과 이번만 들어주면 이 지옥 같은 상황에서 벗어날 수 있을 것이란 기대가 있었기 때문에 다른 대안을 생각하지 못한 채 계속 끌려 다니게 되었던 것이다. 기존 범죄는 불법 촬영 또는 비동의 유포의 불법 영상물이었다면 텔레그램에서 이루어지는 성범죄는 신상공개 협박을 받고 있는 피해 여성들이 가해자들의 성 노예가 되어 자신이 직접 출연하여 만들어진 영상물이다. 그러므로 이 영상은 성 착취물이지 포르노그라피가 아니다. 텔레그램 N번방에는 다수의 10대 미성년 피해자가 존재했었고, 이후 강간의제 연령이 16세로 상향될 수 있었다.

우리가 N번방 사건에서 주목해야 할 것 중 하나는 바로 공범의 개념이다. N번방 사건은 이 거대한 디지털 범죄를 양산하고 있는 운영자에게 모든 관심이 집중되고 있지만, 실질적으로는 N번방에서 발생되는 성범죄의 공범자이자 가해자는 형태를 계획하고 실행하고 지시하고 동조하고 있는 운영자들, 유료회원들, 각 방에서 피해 여성에게 가학적인 행위를 시킨 직접적 가해자들, 그리고 절대 가볍게 생각해서는 안 될 관전자들까지 모두인 것이다. 특히 박사방에서 성 착취를 당한 피해 여성들의 신상정보를 빼돌린 사람은 다름 아닌 주민센터에서 일하고 있었던 사회복무요원이었다. 박사방의 운영자는 사회복무요원에게 받은 자료로 회원들에게 자신의 정보력을 과시하고, 피해 여성들을 협박해 성 착취 영상물을 찍도록 하였다. 사회복무요원인 강 씨가 검거된 후 그가 자신의 고등학교 1학년 때 담임선생님이었던 여성을 9년 동안 스토킹하고 신상정보를 계속 알아내어 협박한 사실이 드러났다. 스토킹으로 인해 한 여성이 받을 수 있는 공포와 심리적 고통은 담임선생님이었던 분이 국민청원에 올린 청원 글을 통해 느낄 수 있다.

텔레그램 N번방에는 용의자 및 가입자가 26만 명이 있었고, 전원의 신상공개를 요구하는 국민들의 청원 숫자가 400만 명을 넘을 정도로 이 사건에 많은 사람의 관심이 쏟아졌다. 사회에 경각심을 울리게 한 점은 또 있었는데, 가해자 중 33%가 10대였다는 점이었다. 일탈계를 운영하는 피해 여자 청소년들과 N번방 사건의 10대 가해자 비율은 그동안 성매매와 포르노그라피가 용인되면서 만들어진 남성 중심 사회가 어떻게 성범죄로 연결되는지에 대한 교육이 얼마나 중요한지를 알려 주고 있는 현상이다.

최근 디지털 범죄 양상을 기존과 간략히 비교하면(〈표 5-1〉 참조), 범죄물의 범위도 다양화되고, 그 피해 수준이 더 심각해지고 있으며 유통에서도 해외 플랫폼을 기반으로 한 폐쇄적인 SNS 경로를 통해 이루어지기 때문에 수사를 하는 데에 있어서도 대응에 한계가 있다. 또한 다수가 역할을 분담하여 하나의 거대한 조직화가 되면서 대규모의 범죄수익을 창출해 내고 있다.

〈표 5-1〉 기존 디지털 범죄와 최근 범죄 양상의 비교

구분	기존 디지털 범죄	최근 범죄 양상
범죄물 범위	• 단순 촬영물 - 변형카메라를 매개로 한 불법 영상	• 다양화 - 변형카메라를 매개로 한 불법 영상+합성·편집물(딥페이크)+강요 등에 의해 피해자가 직접 촬영 및 제공한 성 착취물
유통매체	• 공개적 - 성인사이트, 웹하드 등에 공개적 유포, 불특정 다수에 확산	• 폐쇄적 - 해외 서버에 기반을 둔 폐쇄적 SNS 활용 - 텔레그램, 디스코드 등으로 확산
가해자	• 개인 범죄 - 개인에 의한 불법 촬영물 유포 위주	• 조직화 - 제작, 자금 전달, 운영 등 역할 분담 - 가입자(유료회원), 가상화폐 등을 통해 대규모 범죄수익 창출
피해자	• 피해자 불특정 - 불특정 다수가 화장실 등 다중이용시설에서 불법 촬영에 노출	• 피해자 특정 - 특정 피해자 대상 협박, 강요, 지속적 성 착취

출처: 대한민국 정책브리핑(2020. 4. 23.).

디지털 성폭력 현황

　디지털 성폭력범죄는 최근 10년 동안 성범죄의 유형 중 가장 큰 증가율을 보인 범죄이다. 한국사이버성폭력대응센터(2020)의 상담 통계에 따르면, 2019년에 접수된 피해자는 299명이고 피해 유형의 건수는 중복응답을 포함하여 총 452건에 다다르고 있다. 피해자의 성별은 여성이 273명, 남성은 15명, 남녀 동시 8명, 미확인 4명으로 여성 피해자의 비율이 전체 피해자의 약 90%를 차지하고 있다. 반면, 가해자의 성별은 남성이 202명, 여성이 4명, 남녀 동시 5명, 기타 3명, 미확인 85명으로 남성 가해자가 전체의 약 67%를 차지하고 있다(〈표 5-2〉 참조). 즉, 디지털 성범죄에서 '상품' 가치가 있는 거래의 대상은 여성의 신체와 성적 이미지라는 것이라는 점, 불특정 다수의 가해자가 존재한다는 점을 알 수 있다. 연령별로는 20대가 가장 많은 비율을 차지하고 있고, 10대의 미성년 피해자도 26.1%의 높은 비율을 보이고 있어(〈표 5-3〉 참조), 이에 대한 대책이 시급함을 알 수 있다.

〈표 5-2〉 디지털 성범죄 피해자와 가해자의 성별 통계

구분		명	퍼센트 (%)	구분		명	퍼센트 (%)
피해자	여성	273	91.3	가해자	여성	4	1.3
	남성	15	5.0		남성	202	67.6
	남녀 동시	7	2.3		남녀 동시	5	1.7
	미확인	4	1.3		미확인	85	28.4
	기타	－	－		기타	3	1.0
	합계	299	100		합계	299	100

출처: 한국사이버성폭력대응센터(2020).

〈표 5-3〉 디지털 성범죄 피해자의 연령 비율

구분		응답	
		명	퍼센트(%)
피해자 연령	10대	78	26.1
	20대	99	33.1
	30대	32	10.7
	40대	6	2.0
	50대	10	3.4
	60대	1	0.3
	미확인	73	24.4
합계		299	100

출처: 한국사이버성폭력대응센터(2020).

피해 유형별로 살펴보면 가장 많은 피해의 유형은 성적 괴롭힘(86건)이었고, 그 뒤를 잇는 유형은 불법 촬영(82건), 비동의 유포(74건) 순이다(〈표 5-4〉 참조). 여기에서 성적 괴롭힘이란 촬영물을 이용하지 않은 채 사이버 공간에서 성적인 괴롭힘이 있는 경우를 말한다. 이를테면, 게임 내 성폭력, 단체 카톡방 내 성폭력, 사이버 스토킹, 사이버 공간 내 개인 사칭 등이 여기에 포함된다. 이 지표에서 놓쳐서 안 되는 항목은 피해자들의 상당수가 불안피해를 호소하고 있다는 점이다. 불안피해란 촬영 또는 유포가 되었는지 확인되지 않아 알 수 없지만 그런 일이 발생했을 것 같아 불안감을 느끼는 피해를 말한다.

구분		응답	
		건	퍼센트(%)
피해 유형	불법 촬영	82	18.1
	비동의 유포	74	16.4
	유포협박	48	10.6
	온라인 그루밍	42	9.3
	성적 합성	11	2.4
	성적 괴롭힘	86	19.0
	불안피해	68	15.0
	기타	41	9.1
합계		452	100

출처: 한국사이버성폭력대응센터(2020).

    피해자와 가해자와의 관계를 살펴보면 가해자가 누구인지 전혀 알 수 없는 신원불상인 경우가 79건으로 가장 많았다(〈표 5-5〉 참조). 이 같은 결과는 디지털 성범죄가 비대면성과 익명성을 기반으로 하는 범죄라는 특성을 잘 보여 주고 있다. 자신도 모르는 사이에 불법으로 촬영되거나 유포되었을 때 가해자를 특정할 수 없기 때문에 불안피해가 높을 수밖에 없을 것이다. 그다음은 애인관계(71건), 채팅상대(53건), 지인(40건)의 순서로 확인되었다. 불특정 가해자가 존재하는 것도 불안하지만 나와 친밀한 관계에 있다고 생각하는 주변인들에 의해 피해를 당했을 때에 그 충격과 공포는 이루 말할 수가 없을뿐더러 신고를 제대로 하지 못하는 상황까지 고려해 보면 알려져 있는 피해자보다 더 많은 수의 보이지 않는 피해자가 존재하고

5
장

디
지
털
성
폭
력

있을 가능성도 배제하기 힘들다.

<표 5-5> 디지털 성범죄 피해자와 가해자와의 관계

구분		응답	
		명	퍼센트(%)
가해자와의 관계	신원불상[3]	79	26.4
	채팅상대	53	17.7
	지인	40	13.4
	애인관계	71	23.7
	배우자관계	6	2.0
	기타	25	8.3
	미확인	25	8.3
	합계	299	100

출처: 한국사이버성폭력대응센터(2020).

디지털 성폭력의 유형

디지털 성폭력은 전통적인 성폭력 유형인 강간과 기타 범죄들이 결합되면서 가해와 피해의 규모가 기존의 성범죄에 비해서 크게 늘어났다. 강간 사실을 은폐하기 위해서 촬영을 하고 촬영물을 유포하겠다는 협박을 통해 금전적 갈취가 일어나기도 하고, SNS와 같은 온라인 매체를 통해서 집단

●

3 신원이 파악되지 않는다.

강간을 모의하고, 유포나 판매를 목적으로 성 착취 촬영물을 강요하는 등 온라인과 오프라인을 넘나들며 여러 가지 범죄가 결합되고 피해는 가중되고 있다. 따라서 디지털 성폭력범죄에 대한 다양한 유형을 가시화하고 그 행위를 처벌할 필요성에 대한 논의가 계속해서 이루어져야 한다.

비동의 촬영물

비동의 촬영물은 직접 촬영하거나 몰래 카메라와 같은 설치형 카메라를 이용해서 타인의 신체를 동의 없이 촬영한 것을 말한다. 비동의 촬영은 언제 어느 때나 발생할 수 있다. 대표적으로 공공장소인 화장실이나 탈의실에 초소형 카메라를 설치한다거나 안경, 물병, 텀블러, 라이터, 단추를 이용한 위장형의 변형 카메라를 소지하고 직접 들어가서 타인의 신체를 촬영하는 경우가 있고, 숙박시설의 TV나 가구에 설치를 하여 타인의 성관계 영상을 촬영하기도 한다. 이 외에도 대중교통, 쇼핑몰의 에스컬레이터, 집 안까지 사람이 존재하는 공간이라면 어디에서도 이루어질 수 있고, 심지어 카메라에 찍히는 당사자는 촬영이 이루어지고 있다는 사실조차 모르기 때문에 누구든 피해자가 될 수 있다는 불안감에 휩싸이게 된다. 최근에는 드론까지 활용되어 날로 그 수법이 진화되고 있다.

새벽에 드론 날려 아파트 입주민 성관계 영상 찍었다가 발각

부산 남부경찰서는 새벽 시간 아파트 창문으로 드론을 보낸 뒤 남녀의 성관계 장면을 촬영한 혐의로 40대 ㄱ씨의 구속영장을 신청하고, 함께 있었던 ㄴ씨를 불구속 입건했다.

이들은 새벽 1~3시 사이에 부산 수영구의 한 고층 아파트의 창문으로 드론을 날린 뒤 주민들을 몰래 촬영한 혐의를 받고 있다.

ㄱ씨의 범행은 드론이 땅으로 떨어지면서 발각됐다. 드론 추락 소리에 놀란 주민들이 신고를 했는데, 현장에 도착한 경찰은 드론에 달린 카메라를 살펴보고 불법 촬영물을 확인했다. 경찰은 근처에 설치된 폐회로텔레비전을 분석해 ㄱ씨를 붙잡았다.

경찰은 드론으로 불법 촬영한 영상물이 더 있을 것으로 보고, ㄱ씨의 컴퓨터를 압수해 분석을 하는 등 여죄를 캐고 있다.

출처: 한겨레(2020. 10. 7.).

비동의 유포 및 재유포

상대방의 의사에 반하여 성행위 촬영물을 유포하거나, 합성 사진을 유포하는 행위를 말한다. 이때 만약 성관계 시 서로 합의하에 촬영을 했다 하더라도 상대방의 의사에 반하여 유포한다면 이 또한 비동의 유포에 해당되기 때문에 범죄이다. 하지만 여전히 우리나라는 여성의 순결 이데올로기가 남아 있어 남녀 간의 성관계 영상이 유포되었을 시 '성관계를 한 여자'에 더 초점을 맞추어 피해 여성에게 2차 가해를 행하는 일도 빈번하게 일어나고 있다.

디지털 성범죄가 심각한 이유 중 하나는 끊임없이 재유포가 된다는 점이다. N번방 유료회원들에 의한 성 착취물의 2차, 3차 유포가 대표적인 예이다. 영상은 촬영이 된 직후에 유포되기도 하나, 촬영 후 오랜 시간이 지 난 뒤 자신이 소지하고 있던 영상을 유포하기도 하기 때문에 피해자들은 자신이 피해자인지조차 모르는 경우가 많고, 피해 사실을 안다 하더라도 본인이 직접 유포 사이트를 찾아내야 하는 어려움이 있다. 이에 최근에는 디지털 기록 삭제 업체인 일명 '디지털 장의사'가 생겨나고 있지만 온라인 공간의 특성상 익명의 불특정 다수에 의해 촬영물이 빠르게 확산되어 완 벽한 삭제가 어렵다는 점이 가장 큰 문제로 꼽힌다. 피해자가 업체에게 수 백만 원을 지불하여 영상이 삭제되어도 몇 주 혹은 몇 개월 뒤에 같은 영상 이 또다시 올라와 확산되는 실정이다.

리벤지 포르노(×), 불법 영상물 유포(○)

비동의 촬영물 혹은 비동의 유포 영상 중 사회에 가장 많이 알려진 것이 리벤지 포르노일 것이다. 리벤지 포르노(revenge porno)란 헤어짐에 앙심을 품고 상대방에게 복수하기 위해 이별한 애인이나 배우자의 알몸 사진 또 는 성관계 영상을 온라인상에 불법으로 유포시키는 것을 말한다. 그러나 리벤지 포르노라고 이름을 붙이는 것에는 문제점이 있다. 보통 복수라는 단어는 상대방이 잘못을 했을 때 되갚아 준다는 의미를 가지고 있지만 영 상 속의 피해자가 복수를 당해야 할 만큼 잘못한 게 없고, 영상 속에 등장 하는 인물은 포르노그래피의 배우가 아닌 피해 당사자이며, 영상 속 장소 는 피해의 현장이다. 따라서 리벤지 포르노라는 단어 자체는 헤어진 연인 에게 책임을 전가하고 있는 가해 용어이므로 더는 사용해선 안 된다. 또한 이러한 영상은 불법으로 유포된 범죄 영상이기 때문에 유포된 것을 우연

5장 디지털 성폭력

히 봤다면 112에 신고를 해야지 소지하고 있으면 안 된다.

합성 · 편집물

합성·편집물은 상대방의 의사에 반하여 신체 또는 음성을 성적 욕망 또는 수치심을 유발할 수 있는 형태로 합성 또는 편집하는 것으로 '허위영상물'이라는 법적 표현이 있다. 대표적으로는 딥페이크와 사진 합성이 있다. 딥페이크(Deep Fake)는 딥러닝(Deep Learning)과 페이크(Fake)의 합성어로, 인공지능이 사람의 얼굴 특징을 딥러닝이라는 반복 학습과정을 거치면서 스스로 공부한 뒤, 그 학습을 바탕으로 매우 짧은 시간에 사람의 얼굴이나 신체를 합성하는 첨단기술이다. 남자를 여자로 바꾸기도 하고, 목소리도 만들 수 있고, 사진 속 얼굴을 동영상에 합성하여 영상물의 주인공처럼 만들어 놓기까지 한다. 하지만 이러한 기술을 악용하여 성범죄에 이용되는 딥페이크는 타인의 얼굴과 신체, 성관계 영상물을 정교하게 합성한 영상편집물을 말한다. 여러 영상편집물 중에서 많은 이들이 딥페이크를 활용하여 만들어 내는 것이 '딥페이크 포르노'이다. 딥페이크 포르노는 성인 포르노(AV)나 일본 애니메이션 포르노 등 포르노그래피에 여성의 얼굴을 합성하여 만든 것을 말한다. 기술이 점점 발전하게 되면서 딥페이크는 실제와 가짜를 구분하기도 어려워졌고, 지금은 연예인에게만 국한되지 않고 일반인까지 피해 대상이 확대되어 앞으로 문제가 더 심각해질 것으로 예측된다.

사진 합성은 상대방이 SNS에 직접 올린 사진이나 메신저에 등록한 프로필 사진을 무단으로 가져와 성적 이미지로 편집하여 가공된 이미지를 만들어 내는 가해 행위이다. 고도로 발달된 디지털 기기나 테크닉이 없이도 간단하게 프로그램을 통해 조작할 수 있기 때문에 다양한 이미지들이 생성되고 있다. 대표적으로 여성 지인의 사진을 합성하여 만든 '지인능욕',[4] 사진에 모욕 글을 자막의 형식으로 넣어서 만든 '자막 합성', 여성의 얼굴에 정액을 뒤집어쓴 것과 같은 모습으로 합성한 '얼싸 합성'이 있다. 이때의 합성은 남성의 시선에서 바라본 여성의 모습으로 만들어지고, 주로 포르노그라피에서 표현되는 과장되고 선정적인 인물의 장면에 자신이 도용한 여성의 얼굴을 합성함으로써 여성을 자신들의 성적 욕망과 판타지에 활용할 수 있는 도구로 여기고 있음을 보여 주고 있다.

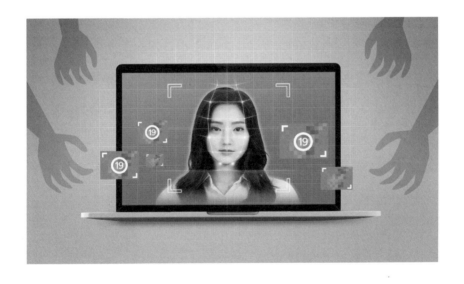

4 '능욕'이란 단어는 가해자 중심의 단어이기 때문에 사용을 지양해야 하는 표현이다.

154

지인 얼굴을 음란물에 합성…… 범인 잡고 보니 70%가 10대라니

최근 인공지능 기술이 발전함에 따라 딥페이크 범죄도 함께 기승을 부리고 있다. 딥페이크란 인공지능을 활용해 기존에 있던 인물의 얼굴이나 특정 부위를 영화 컴퓨터그래픽(CG)처럼 합성하는 기술이다. 기존 기술보다 훨씬 자연스럽게 합성이 가능하다. 하지만 이를 악용해 누군가의 얼굴과 포르노를 합성해 음란물을 제작하고, 정치인의 얼굴을 합성해 가짜 뉴스를 의도적으로 퍼트리는 등 다양한 방식의 범죄가 일어나고 있다. 피해 대상도 얼굴이 널리 알려진 연예인부터 일반인까지 가리지 않고 있는 상황이다.

실제로 딥페이크 불법 합성물 제작은 증가하는 추세이다. 지난 9월 김상희 국회부의장이 방송통신심의위원회에서 제출받은 자료에 따르면, 성적 허위영상을 차단하고 삭제한 건수는 2020년 6월부터 12월까지 548건 수준이었으나 2021년에는 9월까지 1,408건으로 2.5배 이상 증가했다. 1년 사이 월 평균 조치 건수가 약 71% 증가한 셈이다. 경찰청에 따르면 범죄자들은 SNS와 채팅 메신저 등으로 일반인 또는 연예인들의 사진과 개인정보를 받아 성적 허위 영상물을 제작·판매 및 유포한 것으로 밝혀졌다.

문제는 가해자와 피해자의 연령대가 낮아지고 있다는 점이다. 디지털 기기 사용에 익숙한 청소년들이 딥페이크 기술을 악용해 주변인들을 대상으로 음란물을 제작하고 있다는 것이다. 국가수사본부가 지난해 2월에 발표한 바에 따르면 딥페이크 불법 영상물을 만들어 「성폭력범죄의 처벌 등에 관한 특례법」 위반 혐의로 검거된 94명 중 10대가 65명으로, 전체의 69.1%라고 한다. 서주희 한국사이버성폭력대응센터 대표는 "딥페이크 범죄의 경우 아동·청소년이 가해자 및 피해자인 경우가 많다."며 "추적이 어려운 플랫폼을 활용해 범죄를 저지르고 있다."고 강조했다.

출처: 매일경제(2022. 2. 19.).

아동 · 청소년의 성 착취물 제작

19세 미만의 아동·청소년을 대상으로 제작하는 영상물이며, 아동·청소년이 직접 자신의 성행위와 자위행위를 카메라 앞에서 하고, 신체 일부를 촬영한 영상물을 말한다. 보통 영상은 초딩 연애, 고딩 유출, 로리물[5] 등의 제목으로 업로드가 되는데, 이때 피해자가 하는 성관계와 자위행위도 가해자들의 협박과 강요에 의해 제작되었기 때문에 성 착취물이라고 해야 맞다. 대표적인 사례가 텔레그램 성 착취 사건(일명 N번방 사건)이다. 이러한 성 착취 영상물을 제작하는 이유는 단순히 가해자들의 성적 욕구를 채우고자 함이 아니라 영리목적으로 촬영물을 제작 및 유포함으로써 금전적 이득을 얻어 내는 것이다. 성 착취물은 범죄 영상임에도 불구하고 '상품 가

5 로리물은 롤리타 콤플렉스(lollita complex)의 일본식 표기인 '로리타'에서 따온 것이다. '로리' 뒤에 '~물'이라는 용어를 합성한 것으로, 여아들이 등장하는 AV와 애니메이션의 콘텐츠 제작물이다.

치'가 있는 거래의 대상이 된 격이다. 미성년을 보호의 대상으로 바라보는 것이 아닌 상품 가치가 큰, 어린 여성이라고 인식하는 것은 여성을 성적 대상화하고 상업적으로 소비하는 우리나라 문화와도 연결되어 있다.

몸캠 피싱[6]

몸캠은 신체를 촬영한 촬영물을 말하고, 피싱이란 'private data(개인 정보)+fishing(낚시)'의 합성어로 개인 정보를 갈취하여 금전적 이득을 취하고자 하는 범죄를 말한다. 가해자는 스카이프나 스마트폰 채팅 애플리케이션을 통해서 피해자에게 음란 화상 채팅을 하자고 접근한 뒤 미리 준비해 둔 음란 동영상을 보여 주며 상대방도 함께 음란 행위를 하도록 유도하고, 얼굴과 신체 중요 부위를 함께 나오도록 요구한 뒤 녹화를 한다. 화상 채팅 중 상대방의 목소리가 들리지 않아 음성지원용의 특정 파일(*.apk, con6, skype 1.02 명칭의 형태)을 설치해야 한다며 피해자에게 설치할 것을 요구한다. 악성코드 설치 시 피해자의 스마트폰에 악성코드를 심어 피해자의 가족 및 지인의 연락처를 빼돌린 후 돈을 보내지 않으면 지인들에게 영상을 유포하겠다고 피해자를 협박하는 방식으로 금전을 갈취한다. 피해자가 돈을 송금한 이후에도 협박은 계속 이어지기 때문에 돈을 송금하는 것은 해결방안이 절대로 아니다. 몸캠 피싱 범죄가 많은 이유는 다음과 같다. 첫째, 범죄 행위가 비교적 단기간에 끝나고, 둘째, 채팅 어플은 대부분 익명

6 경찰청 사이버 수사국 홈페이지에서 예방수칙 카테고리에 있는 몸캠 피싱 정보를 참고하였다.

성이 보장되어 이용자의 정보와 채팅 내용을 서버에 저장하지 않는 시스템을 가졌기 때문에 수사하기가 매우 어렵다.

유포 협박

가해자는 피해자의 사진, 영상, 신상정보를 유포하겠다며 지속적으로 연락하거나 협박한다. 피해자들 중에는 가해자가 자신의 사적인 정보를 이미 알고 있기 때문에 오프라인에서의 폭력으로 이어질 수 있다는 두려움을 갖고 있어, 협박이 진행되는 동안 가해자의 요구를 반복해서 들어주게 되고, 문제는 가해는 한 번으로 그치는 경우가 없다는 것이다. 때문에 협박을 당하는 동안 가해자들이 주는 모든 증거를 녹음 혹은 스크린 샷으로 저장해 놓으면서 수사기관에 도움을 요청해야 한다.

성적 괴롭힘

사이버상에서 이루어지는 성적 괴롭힘은 게임 내 성폭력, 단톡방 내 성폭력이 대표적이다.

게임 내 성폭력

과거에는 PC게임 유저의 대부분이 남성이었지만 지금은 여성이 게임을 하는 것이 더 이상 놀라운 일이 아닐 정도로 여성 유저들이 증가하였다. 여성 유저들이 많음에도 불구하고 여성 게이머들은 게임 내에서 폭력적 발화에 노출되어 있으며 여성에 대한 폭력은 여성혐오적인 발언이나 성희롱, 음담패설 등으로 나타난다.

2016년에 출시된 블리자드의 게임 〈오버워치〉는 캐릭터의 성과 특성을 다양화하면서 여성 게이머들을 대거 유입시켰고 FPS 게임 중에서 가장 높은 여성 유저를 확보하고 있다. 〈오버워치〉의 음성 대화[팀 보이스(team voice) 또는 그룹 보이스(group voice)]는 팀원들이 협동해야 하는 게임이니만큼 유저들이 게임을 진행하면서 상황과 전략을 브리핑하기 위해 사용하는 실시간 소통 시스템이다. 음성 대화를 통해 여성 유저들이 목소리를 내어 성별이 가시화되면, 그때부터 여성의 성기나 생식기를 지칭하는 단어를 쓰며 직접적인 성희롱을 하거나, 목소리로 외모나 나이를 추측하여 평가하는 일들이 비일비재하게 나타난다. 이는 여성을 게이머로 보지 않고 성적 대상이 되는 '여성'으로만 보고 있음을 확인할 수 있다. 때문에 여성 게이머들은 신고를 하는 것과 동시에 보통 음성 대화에 참여하지 않는 방법으로 자신의 성별을 숨기거나 채팅창으로 남자 게이머인 척하기도 하고, 심한 경우 게임 자체를 중단하기에 이른다.

『한국일보』의 영상 콘텐츠 채널 '프란(PRAN)'은 〈오버워치〉 내에서 실제 일어나는 성희롱 피해의 사례를 모으고 여성 게이머들을 인터뷰한 내용을 영상으로 제작하였다.

출처: https://www.youtube.com/watch?v=pO7Tv7ZquSQ

단톡방 내 성폭력

단톡방 내 성폭력은 끊이지 않고 발생하고 있다. "걔(여자 후배)는 가슴이 D컵이던데." "옆에서 애교 떨면 하룻밤 자긴 좋지." "여자 고프면 신촌 주점 가서 따라." "쟤 다리 벌리면 섹시할 것 같지 않냐." "따 먹고 싶다." 등의 보고 있기도 힘들 정도의 수위를 넘는 성희롱 발언이 SNS 단체 대화방에서 이루어지고 있다. 몇 년 전부터 서울대학교, 연세대학교, 고려대학교, 서강대학교, 홍익대학교, 국민대학교, 서울교육대학교, 경인교육대학교, 춘천교육대학교, 청주교육대학교 등의 남학생들 '단톡방'에서 여학생을 비하하거나 성희롱을 한 것이 드러나 사회적으로 비난을 받았었는데, 이러한 사건들이 있었음에도 불구하고 여전히 바뀐 것은 하나도 없다. 반복적으로 같은 일이 일어날 수 있는 이유는 폐쇄성을 띠는 공간적인 특성과 함께 여전히 여성을 성적 대상화하고 상품처럼 다루는 비윤리의식과 강간문화가 만연되어 있고, 그동안의 비슷한 선행 사건들의 징계수위가 낮았기 때문이라고 할 수 있다. 대학교에서 이러한 일들이 터지게 되면 피해자들의 경우 성적 불쾌감도 느끼지만 엄청난 분노와 충격을 받게 된다. 이것은 게임에서 만난 불특정한 누군가에 의해 또는 지나가던 모르는 사람에 의한 성희롱이 아니다. 어제도 나와 밥을 같이 먹었던 친구들 그리고 이번 학기 내내 나와 함께 조 과제를 하며 얼굴 맞대고 웃었던 친구들이 사실 뒤에서는 자신을 동등한 인격체로 보는 것이 아닌 도구로서 평가하고 있었다는 것에 대한 배신감과 처참함으로부터 오는 분노와 충격이라고 할 수 있다.

대학생들 사이에서뿐만 아니라 직원들이 손님의 사진을 몰래 찍어 단톡방에 공유한 뒤 음담패설과 함께 외모를 평가하는 일들(아시아경제, 2020. 9.

25.), 직원들의 대화방에서 오고가는 성희롱 발언(KBS NEWS, 2017. 8. 7.) 등은 계속 발생하고 있고, 이러한 기성세대들의 문화는 고스란히 아랫세대들에게 전달되고 있다. 단톡방 성희롱은 더 이상 성인만 저지르는 행위가 아니다. 스마트폰을 소지하는 연령이 낮아짐으로써 이제는 초등학생 사이에서도 빈번하게 이루어지고 있는데, 어린 학생들이라고는 믿기 힘든 수위의 대화들이 오고가고 있다(헤럴드경제, 2017. 10. 30.). 점점 저연령화되어 가고 있는 이 시점에서 가장 위험할 수 있는 건 '초등학생이 뭘 알고 그랬을까?'라고 생각하여 안일하게 대처하는 것이다. 상대방을 존중하는 마음은 시간이 지나면서 저절로 생겨나는 것이 아니기 때문에 어릴 때 느끼지 못한다면 나이가 들어서도 느끼지 못할 가능성이 높다. 따라서 반드시 교육적 처치와 함께 기성세대의 왜곡된 성문화를 바꾸고자 하는 노력이 있어야 한다. 또한 단체 대화방에서의 음란대화는 텍스트에서만 끝나는 것이 아니라 성추행, 강간 등 직접적인 행위로 이어질 수 있기 때문에 엄중한 제재가 필요하다.

한국콘텐츠진흥원(2021)이 발표한 '2021년 게임 이용자 실태조사'에 따르면 게임 이용자들 2,138명을 대상으로 조사한 결과, 569명(26.6%)이 게임상에서 성희롱 또는 성차별을 경험한 적이 있는 것으로 나타났고, 피해 유형을 보면 쪽지나 채팅으로 성적 욕설이나 공격을 하는 유형이 약 70%로 가장 높았고, 불쾌감을 유발하는 성적인 사진이나 동영상을 받은 경우와 음성 채팅을 통한 음담패설이나 성적 희롱을 하는 유형이 그 뒤를 이었다. 한편 연령대가 낮을수록 더 많은 피해 응답 비율을 나타냈다. 피해를 받았을 때의 대응 방법은 45.6%가 게임 회사에 신고를 한 반면, 피해자의 38.3%는 한 번도 대응한 적이 없었다고 보고했다. 게임 회사에 신고를 했을 때 회사가 대응한 가해자에 대한 처분은 문자 채팅, 음성 채팅 등 대화 사용의 일시 제한이 가장 많았고, 게임상 제재 및 처벌을 하지 않는 경우도 33.8%를 차지하고 있었다.

게임 이용자의 성별과 연령별 비율

구분		조사 표본		가중 표본	
		사례 수 (명)	비율(%)	사례 수 (명)	비율(%)
전체		3,000	100.0	3,000	100.0
게임 이용 유무별	게임 이용자	2,138	71.3	2,139	71.3
	게임 비이용자	862	28.7	861	28.7
성별	남성	1,520	50.7	1,533	51.1
	여성	1,480	49.3	1,467	48.9
연령별	10대	430	14.3	358	11.9
	20대	502	16.7	509	17.0
	30대	503	16.8	512	17.1
	40대	560	18.7	620	20.7
	50대	577	19.2	647	21.6
	60~65대	428	14.3	354	11.8

게임 이용 시 성희롱 경험

단위: %(중복응답)

구분		사례 수	쪽지나 문자 채팅 등을 통해 문자의 형태로 성적 욕설이나 공격을 받음	불쾌감을 유발하는 성적인 사진이나 동영상을 받음	음성 채팅 등을 통한 음담 패설이나 성적 희롱을 당함	성별을 이유로 특정 역할(포지션)을 요구받음	연락처 요구 및 오프라인 만남을 제안 받음
전체		569	68.6	27.9	26.5	15.7	9.3
성별	남성	311	70.7	30.2	24.8	13.5	7.6
	여성	258	66.1	25.0	28.5	18.3	11.4
연령대	10대	89	83.0	5.7	15.2	7.7	4.7
	20대	155	71.7	22.7	34.3	16.9	10.7
	30대	116	66.9	30.2	26.7	16.0	7.5
	40대	131	62.5	42.1	26.1	17.6	9.9
	50대	56	59.6	36.6	22.3	22.2	8.9
	60~65대	22	57.1	34.2	27.8	8.9	25.8

주: 60~65세 연령층은 사례 수가 과소하여 분석 대상에서 제외하였다.

단위: %, 중복응답

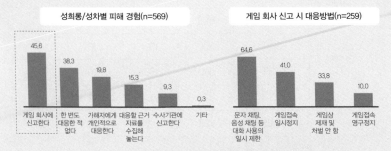

피해자의 대응 방법과 게임 회사의 가해자에 대한 처분 방법

출처: 한국콘텐츠진흥원(2021).

점점 진화하는 디지털 성범죄 유형

인공지능 챗봇 '이루다'

2002년 우리나라에 인공지능 챗봇 '심심이'가 등장하게 되면서 세계 최초 대중적인 일상 대화를 나눌 수 있다는 획기적인 재미로 이용자들의 인기를 끌었다. 2010년 이후 스마트폰이 등장하게 되면서 챗봇은 급속하게 발달하게 되는데 대표적으로 아이폰의 '시리(siri)'가 있다. 스마트폰의 발달에 따라 사용자들의 가볍고 일상적인 대화가 전보다 더 많이 더 쉽게 수집되면서 시리는 다양한 이야기와 농담을 이해할 수 있을 정도로 학습이 된 상태라 할 수 있다. 사람과 주고받을 수 있는 대화들이 다양화되고 더 많아지면서 시리와 관련된 에피소드들을 공유하는 것이 유행될 정도였다. 이처럼 인공지능은 과거에 비해 점점 더 많은 데이터를 학습하게 되는데, 2020년에 등장한 챗봇 '이루다'는 20대 여자 대학생이라는 캐릭터를 설정해 놓고 출시됨으로써 대중의 관심을 끌었다. 하지만 그 과정에서 비속어, 성적 비하 발언, 사회적 편견과 혐오 발언을 서슴지 않게 하는 문제가 있었고, 더 심각한 점은 개인정보(애플리케이션에 등록된 이용자의 회원 정보나 카카오톡 대화 문장 등)를 동의 없이 '이루다'의 학습 데이터로 사용한 점 등과 같은 위법 행위가 있었던 것이다. 이와 같은 윤리적 문제와 부딪히게 되면서 '이루다'는 큰 논란만 남긴 채 출시 3주 만에 서비스는 중지되었다.

'성소수자·장애인 혐오 발언' AI 챗봇 이루다, 서비스 중단
장애인·성소수자에 대한 혐오 발언 등으로 논란이 된 인공지능

(AI) 챗봇 '이루다'가 서비스를 잠정 중단하기로 했다. '이루다'를 개발한 국내업체는 오늘 "부족한 점을 집중적으로 보완할 수 있도록 서비스 개선 기간을 거쳐 다시 찾아뵙겠다."라고 밝혔다.

이 업체는 지난달 말, 페이스북 메신저를 기반으로 AI 챗봇 '이루다'를 출시했다. '이루다'는 아이돌을 좋아하는 20세 여성 대학생 캐릭터로 설정되어 있는데, 서비스에 가입하면 사람과 대화하듯 자연스러운 이야기를 나눌 수 있어 큰 인기를 끌었다. 하지만 일부 사용자들이 '이루다'에게 도를 넘는 성희롱성 발언을 하는가 하면, 성소수자나 장애인에 대한 혐오 발언을 해 논란이 됐다. 결국 개발업체는 사과했고, "해당 발언은 회사의 생각을 반영하지 않고 있으며 차별·혐오 발언이 발견되지 않도록 지속해서 개선하고 있다."라고 설명했다.

하지만 해당 업체가 '이루다'에게 학습시킨 내용의 수집 방법도 여전히 논란이다. 업체의 다른 애플리케이션에서 이용자들이 연인과 나눈 대화 내용을 '이루다'에게 입력한 것으로 확인됐는데, 이용자들은 "충분한 사전 고지가 없었고, 개인정보 보호를 제대로 하지 않았다."라며 집단 소송까지 예고하고 있다.

출처: SBS NEWS(2021. 1. 11.).

메타버스에서의 성폭력

인공지능과 ICT(정보통신기술)의 발달과 더불어 2020년 코로나19로 인해 확산된 재택근무로 메타버스가 주목을 받고 있다. 3차원 가상세계를 뜻하는 메타(meta, 초월)+버스(universe, 세상)는 이미 30년 전인 1992년 미국의 공상과학 작가인 Neal Stephenson의 『스노우 크래쉬(Snow Crash)』라는 소설에서 처음 언급되었고, 우리도 싸이월드, VR게임 등으로 메타버스를 이미 한 번쯤은 접해 보았을 것이다. 메타버스는 팬데믹 상황으로 인해 온라인 회의와 온라인 교육이 보편화되어 감에 따라 단절된 세상을 연결해 주는 주요 수단으로 자리매김했고, 현재 전 세계적으로 열풍이 불고 있다고 해도 과언이 아니다. 국내에는 네이버의 제페토, SK 텔레콤의 이프랜드가 대표적인 메타버스 플랫폼이다.

인간에게 유용한 플랫폼은 기술이 발달하면서 계속 개발되고 진화되지만 언제나 그렇듯 하나의 플랫폼이 생겨나면 그것을 악용한 새로운 방식의 성범죄가 사회적인 문제로 대두되기도 한다. 메타버스 속 아바타를 대상으로 하는 비접촉의 성범죄가 그 예이다. 아바타는 가상 속에 있는 캐릭터이기는 하지만 인간의 '분신'으로 사용되고 있다는 점, 비대면이고 익명성이 보장되는 공간에서의 비접촉 성범죄이다 보니 죄의식이 없는 점 등이 가해자와 피해자 모두에게 심각한 성범죄가 될 수 있다. 현재 메타버스 내에서 아바타들 사이에 발생하고 있는 성폭력에 대해서 현 법안으로는 가해자에 대한 처벌과 피해자를 위한 보호조치의 한계가 있다. 원격 성범죄에 대해서 사전에 예방하고 차단할 수 있는 최소한의 안전장치가 필요하고, 범죄 발생 후에도 이를 대응할 수 있도록 법 제도와 수사역량이 기술 환경과 새로운 유형의 범죄들을 적극적으로 따라가 주어야 한다. 그렇다고 법이 생겨나는 것만이 답은 아니다. 법체계 마련을 논의하는 것은 대단히 중요하고 필수적으로 이루어져야 하지만, 우선적으로 이 사회가 가지고 있는 윤리의식을 살펴보고, 어떠한 문제들이 있는지 근원을 찾아 바로 그곳에서 교육이 출발을 해야 범죄를 예방할 수 있다.

앞으로도 끊임없이 새로운 유형의 범죄는 나타날 수 있다. 어떤 유형이 등장할지 우리는 알 수 없다. 범죄를 예방하는 데 가장 중요한 건 우리들의 윤리의식이다. 왜곡된 문화를 접하기 전에 열심히 교육해야 하고, 새로운 범죄가 나타날 때마다 법은 열심히 개정을 하여 교육이나 법의 공백이 생기지 않도록 해야 한다.

청소년들 성 범죄 위험 노출된 '메타버스'…… 가상세계라 보호 더 어렵다

'메타버스 매개 성범죄…… 처벌하기 쉽지 않아'

현행법의 한계가 크다는 지적도 나왔다. 서지현 법무부 디지털 성범죄 등 대응 태스크포스(TF) 팀장은 "메타버스 내 성적 폭력 및 괴롭힘은 성적 이미지를 이용한 디지털 성범죄뿐 아니라 언어를 매개로 이뤄지는 경우가 많다."고 밝혔다. 그러나 언어적·성적 폭력 및 괴롭힘은 통신매체이용음란죄 이외에 「형법」상 비성범죄인 모욕죄나 명예훼손죄로만 다뤄진다. 통신매체이용음란죄는 해당 행위가 저속한 표현을 넘어 '음란물'의 정도를 충족해야 하며, 모욕죄나 명예훼손죄는 '공연성'을 요건으로 하고 있다. 메타버스 내에서 성적 목적으로 은밀하게 이뤄지는 행위를 처벌하기는 어렵다는 뜻이다.

메타버스가 현실세계를 닮은 가상세계이기에 유사성행위 문제도 고려 대상이다. 신민영 변호사는 메타버스 내에서 피해자에게 캐릭터를 이용한 유사성행위를 요구해도 처벌이 어렵다고 말한다. "메타버스 내 유사성행위를 직접적인 성행위나 그와 유사한 행위로 볼 수 없기 때문"이다. 피해자가 아동·청소년이라면「아동복지법」에 의한 처벌이 가능하나, 가해자가 피해자가 아동·청소년임을 알고 있었을 경우에만 가능해 몰랐다고 진술할 경우 처벌이 불가하다.

서지현 팀장은 "피해자들은 주변인들에 대한 신뢰 또는 일상생활의 안전에 대한 감각을 상실하는 등의 피해를 경험하나 성범죄의 특성을 고려한 처벌이 제대로 이뤄지지 않아 처벌의 공백이 발생한다."며 규제의 필요성을 강조했다.

출처: 한국일보(2022. 2. 6.).

디지털 성폭력의 주요 특성

가해자의 특성

가해자는 불법 영상물을 제작하고 유포하는 사람들뿐만 아니라 2차, 3차의 재유포를 하는 다수가 포함되기 때문에 가해자의 신상을 파악하기가 매우 어렵다. 영상물의 유통은 주로 핸드폰과 온라인 공간에서 이루어지프로 어떤 연령대에서도 접근하기가 쉬어, 10대의 미성년 가해자들도 다수 포함되어 있다. 또한 단체 카톡방이나 커뮤니티를 통해 사진이나 영상물이 공유되었을 때, 그것을 보고 환호하며 다운로드를 하는 익명의 수많은 동조자의 존재는 범죄에 대한 인식과 죄책감을 줄어들게 하면서, 디지털 성범죄는 점차 가해자들에게 걸리지만 않으면 되는 하나의 놀이쯤으로 인식하게 되었다는 점에서 큰 문제라 할 수 있다.

책임감 분산

1964년 3월 14일 『뉴욕 타임스』 1면 하단 기사에는 뉴욕에서 발생한 한 여성의 살인사건의 내용이 실렸다. Genovese라는 이름의 여성은 바(bar)에서 야간 근무를 마치고 새벽에 귀가를 하다가 아파트 단지 내에서 한 괴한에게 칼로 피격당했다. 여성의 비명소리를 듣고 아파트 주민들은 하나둘씩 불을 켰고, 이에 놀란 괴한은 두 번이나 숨었지만 아무도 나오지 않는 걸 확인한 후 다시 돌아와서 여성을 살해하였다. 약 30분 동안 벌어진 괴한의 범죄 행각에 그 누구도 도와주러 나오지 않았는데, 나중에 수사 결과로 보고된 당시 목격자의 수는 38명이었다는 것이 알려져 미국 국민들은 분노했다.

2004년 Genovese의 남동생은 이 사건의 진실을 파헤쳤고, 목격자가 38명이었다는 것은 왜곡보도였다는 사실이 알려졌다. 목격자의 수는 극소수였고 Genovese를 구하기 위해 한 여성이 뛰어내려와 사망할 때까지 안고 있었다고 한다. 진실이 무엇이든지 간에

이 사건은 전 세계적으로 'Genovese 살인사건'으로 알려질 만큼 큰 반향을 일으켰고, '대중적 무관심' '방관자 효과'로 불리는 현상을 세상에 알리게 한 대표적인 사례가 되었다. 즉, 목격자의 수가 많으면 많을수록 책임감이 목격자의 수만큼 1/n로 분산되어 오히려 도와주는 행동을 하지 않게 된다는 현상이다.

피해자의 특성

피해자는 일상생활 중 부지불식간에 촬영을 당하게 되고, 촬영된 영상은 빠른 속도로 인터넷에 확산되면서 높은 불안감을 호소하고 있다. 만약 피해자가 자신의 SNS에 성적인 사진을 올린 적이 있거나 성관계 영상을 실제 촬영했을 경우에는 자신도 모르게 유포될지도 모른다는 불안감을 더 많이 갖게 된다. 피해자와 가해자 모두 이미지나 영상이 일단 한 번 유포되면 영구히 삭제는 어렵다는 것을 잘 알고 있기 때문에 가해자는 이를 빌미로 협박하게 되고 피해자는 가해자로부터 벗어나기가 매우 어려운 상황이 된다. 더구나 이 협박에 사용되는 것이 피해자의 직업, 학교, 나이, 사는 곳 등의 신상정보일 때 피해자는 실로 엄청난 공포감과 심리적 고통을 느끼게 된다. 또한 피해자의 회복은 성범죄가 종료된 상태이어야만 시작되는데, 디지털 성폭력의 경우에는 범죄의 종료 시점을 누구도 예측할 수 없다. 영상을 삭제해도 계속 업로드가 되고 시간이 지난 후에도 다시 유포된다는 것을 알기 때문에 피해자는 발견한 영상을 바로 삭제한다 하더라도 또

그 영상이 언제 어느 곳에서 유포될지도 모른다는 두려움을 가질 수밖에 없다. 실제로 많은 피해자들은 주변인들이 모두 자신의 영상을 봤을 것이라는 생각 때문에 다니던 직장을 그만두거나, 학교를 휴학하거나, 대인기피증을 갖게 되는 등 일상생활이 위축되는 어려움을 호소하고 있고, 일회성으로 끝나는 피해가 아닌 지속성이 있는 피해이기에 피해자는 상담 및 병원 치료를 오랫동안 다니게 되고, 이러한 피해 회복에 지불되는 비용으로 경제적인 부분의 어려움까지 더해지고 있다.

그렇다면 피해자는 피해보상을 누구로부터 받아야 하는가라는 질문이 생길 수 있을 것이다. 우리나라 재판은 형사 재판과 민사 재판으로 나누어지는데, 형사 재판이 가해자에게 어떠한 처벌을 줄지를 결정하는 재판이라고 한다면, 민사 재판은 피해자가 회복을 위한 보상을 받기 위해 진행되는 소송을 담당하는 재판이다. 디지털 성범죄는 피해자가 민사 소송을 하기 매우 어려운 특징이 있다. 첫째, 피해자는 소송 시 기본적으로 자신의 이름, 주민등록번호, 주소 등을 필수로 써 내야 하는데 피해자는 자신의 개인정보가 가해자에게 노출되는 것에 대한 두려움을 갖고 있기 때문에 2차 피해를 방지하기 위해 스스로 피해배상을 포기하겠다는 결심을 하는 경우가 많다. 둘째, 직접적인 촬영 혹은 최초 유포 가해자뿐만 아니라 재유포자와 정보 이용자가 너무 많아 가해자가 누구인지 특정하기가 어렵다. 따라서 디지털 성범죄 피해자들은 급속하고 광범위하게 전파되고, 삭제를 한다 해도 재유포를 통해 계속 피해 영상물이 올라올 것을 알기에 경제적·정신적 피해가 오래 지속될 수밖에 없다. 반드시 사회는 디지털 성범죄를 더욱 심각하게 봐야 할 것이고, 이는 피해자의 삶과 인격을 무참히 짓밟는 살인 행위라는 인식을 우리 모두가 가져야 한다.

공간의 특성

온라인 공간에서의 성폭력은 시간과 공간을 초월하여 24시간 어느 곳에서도 발생 가능하기 때문에 유포 속도가 빠르게 진행되고, 피해의 범위는 매우 광범위하다. 익명성과 비대면성이라는 공간적 특성은 가해자들로 하여금 비인간적인 범죄를 훨씬 더 쉽게 일으키게 한다. 온라인 공간에서는 피해자와 가해자가 접촉 상태가 아닐 때에도 범죄가 발생되는데, 비접촉 시 가해자는 화면 속에서 피해자를 만나기 때문에 피해자의 표정이나 언어에서 공감을 일으키기가 매우 어렵게 된다. 결과적으로 가해자가 더욱 가학적이고 잔인한 행동을 피해자에게 할 가능성이 높아진다. 또한 피해자와 가해자의 관계도 일대일의 관계만 있는 것이 아니라 일 대 다수의 관계도 존재하는데, 가해자가 여러 명일 때에는 서로가 범죄를 부추기고, 범죄의 공범들끼리 유대감을 형성하여 새로운 성 착취물을 죄의식 없이 계속해서 공유하게 되고 자제력을 발휘하기 어렵게 만든다.

플레이밍 현상

플레이밍(flaming)은 컴퓨터 환경에서 특정 사용자들이 무례함이나 감정적인 행동을 분출하는 용어로 정의되고 있고(Spitzer, 1986), 타인을 향한 욕설, 비방, 인신공격형의 언어적 폭력과 더불어 적대감을 격렬하게 표출하는 것을 포함한다(Suh & Wagner, 2013). 사이버 공간은 비대면성과 익명성이라는 특성을 가지고 있기 때문에 언어적 수단을 통해서만 커뮤니케이션이 이루어지고 있다. 따라서 상대에 대한 사회적 실재감(social presence)이 면대면 상황에 비해서 낮아지게 되고 자신의 신분이 드러나지 않는 익명성 상황에서는 공적 자기 의식 또한 낮아지게 되어 언어적 플레이밍의 가능성이 높아지게 된다. 사이버 공간에서 언어 플레이밍 현상을 극명하게 드러내고 있는 것 중 하나가 악성 댓글이다. 우리나라는 2002년 <오마이 뉴스>가 인터넷 뉴스 매체로는 처음으로 댓글 서비스를 시작했고 점차 타 뉴스 매체도 같은 기능을 추가하면서 기사보다 댓글에 더 많은 정보가 있을 만큼 댓글을 통한 활발한 의견의 개진이 이루어졌으나, 언제나 한 가지 장점에는 다른 한 가지의 역기능이 있게 마련이다. 네티즌들은 댓글을 활용하여 루머나 욕설 등을 무분별하게 적어 내면서 인터넷상으로 빠르게 퍼 날랐다. 악성 댓글로 인해 유명 연예인, 운동선수 등이 스스로 생을 마감하는 일들이 발생하면서 이를 계기로 사이버 언어폭력에 대한 문제의식과 사회적 공감대를 반영하여 최근엔 댓글 창을 없애는 포털도 많아지고 있다.

디지털 성폭력 피해자가 받을 수 있는 도움

디지털 성폭력의 성격상 상담과 수사 및 삭제 지원이 동시다발적으로 이루어져야 하기 때문에 성폭력 피해자에게 지원기관의 협력이 매우 중요하다. 우리나라는 2017년 '디지털 성범죄 피해방지 종합대책'에 따라 디지털성범죄피해자지원센터가 설립되었다. 이곳은 피해자를 상담하고 피해 촬영물을 무료로 삭제해 주는 일을 하며, 다른 피해자 지원기관에 연계해 주는 등 디지털 성폭력 피해자를 위해 전문적으로 지원하는 곳이다.

〈표 5-6〉 디지털 성폭력 피해자 지원체계

기관	기관의 성격
디지털성범죄피해자지원센터	• 디지털 성폭력 피해 상담 및 피해자 지원기관 연계 • 대표번호: 02-735-8994 • 게시판 상담: https://d4u.stop.or.kr/
여성긴급전화 1366	• 여성폭력 피해 대상 24시간 위기상담(☎1366) • 긴급피난처 보호 및 보호시설 입소 연계 • 상담사실확인서, 입소사실확인서 발급
성폭력상담소	• 상담, 의료, 수사, 법률지원 등 사건지원 • 주거(임대주택) 및 생계비 지원, 보호시설 입소 연계 • 치료회복 프로그램 운영
해바라기센터	• 상담, 의료, 수사, 법률지원 등 원스톱 지원기관 • 24시간 상담 가능
성폭력 피해자 보호시설	• 보호시설 입소를 통한 긴급 보호 및 숙식 제공 • 수사기관의 조사 및 법원 증인신문 동행 • 법률 및 심리상담, 학업과 취업 훈련 프로그램 제공

출처: 디지털성범죄피해자지원센터.

06

그루밍
성폭력

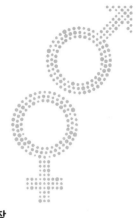

6장
그루밍 성폭력

최근 아동·청소년을 대상으로 한 그루밍 성범죄가 사회적 문제로 떠오르게 되면서 강력한 처벌에 대한 필요성의 목소리가 높아지고 있다. 그루밍 성범죄는 사실상 아주 오래전부터 존재해 왔음에도 불구하고 지금까지는 성범죄의 결과에만 집중해 왔을 뿐, 그루밍이라는 행위의 부적절함에 대한 관심은 부족했다. 이제 우리 사회는 성범죄가 이루어지기 이전 과정에 대한 수법들에 대해 주목하기 시작했고 분명 이러한 변화는 성범죄를 사전에 예방하는 데에 도움이 될 것이다. 이 장에서는 그루밍 성범죄의 개념과 특징을 알아본 후, 그루밍 과정을 보다 구체적으로 확인해 봄으로써 어떻게 예방을 해야 할 것인지에 대해 생각해 보도록 한다.

그루밍의 개념

그루밍(grooming)이라는 말은 마부(groom)가 말을 빗질하고 목욕시켜 말끔하게 꾸민다는 데에서 유래했고, 사전적 의미[1]로는 "the things that you do to make your appearance clean and neat, for example brushing your hair, or the things that you do to keep an animal's hair or fur clean and neat(사람의 몸을 깨끗하고 단정하게 치장하는 것 또는 동물의 털을 손질하고 기르는 것)"로 정의된다. 추가적으로 "the criminal activity of becoming friends with a child in order to try to persuade the child to have a sexual relationship(성적 관계를 갖기 위해서 아동과의 관계를 친밀하게 만드는 범죄 행위)"으로 정의 내려진다. 즉, 그루밍은 아동·청소년 성범죄자들이 신뢰관계를 형성한 후에 성범죄를 저지르는 과정을 말하며, 그루밍 성범죄는 길들여진 성범죄라는 의미이다. 특히 대인관계나 사회적 환경이 취약하여 따뜻한 관심이 필요하고 상대적으로 길들여지기 쉬운 아동과 청소년들이 주 타깃이 된다. 많은 피해자는 가해자를 "유일하게 마음을 터놓고 이야기했던 친한 어른"이라고 말한다.

성범죄 연구에 그루밍이 처음 나왔을 때만 해도 성적 그루밍은 알고 있는 사람에 의해서 주로 발생된다는 연구결과가 지배적이었다. 가해자는 주로 친족 관계에 있는 사람, 학교 교사, 학원 교사, 보육시설의 원장 또는 목사나 신부님과 같은 종교집단의 장과 같이 피해자에게 있어서 친근하고

---

1 Cambridge Dictionary에 명시된 내용이다.

오랫동안 봐 온 사람인 동시에 지역사회에서 존경받는 사람인 경우가 많았다. 하지만 최근에는 다양한 SNS 사용과 온라인 채팅 애플리케이션이 활성화되면서 오프라인에서만 그루밍이 이루어지는 것은 아님이 확인되고 있다. 온라인에서의 그루밍은 그대로 오프라인으로 이어지게 되는데, 이때 오랜 시간에 거쳐 이루어지는 온라인상에서의 그루밍 기간을 방치하게 되면 피해자는 점점 심리적·정신적 지배를 당하게 되어 오프라인에서의 피해 사실을 말하기가 더 힘들어지게 된다. 다음에 제시된 사회적으로 이슈화된 그루밍 성범죄 사례들을 보면 독자들의 이해를 도울 수 있을 것 같다.

오프라인에서의 그루밍 성폭력범죄의 유형

계부에 의한 10여 년의 그루밍 성폭력

어린 의붓딸에게 2006년부터 성폭력을 저질러 왔고, 딸이 성인이 된 2016년까지 지속해 온 50대의 계부가 징역 25년을 선고받았다. 계부는 "아빠는 원래 딸의 몸을 만질 수 있다."라는 말을 하면서 10세 밖에 되지 않은 어린 딸을 심리적으로 지배한 뒤에 11년간 자신의 성적 욕구를 채우는 도구로 이용했다. 친모는 말리기는커녕 계부의 범행을 용이하게 도와주기까지 하여 친모 또한 징역 12년을 선고받았다. 피해자는 자신의 친모와 계부가 했던 행위가 범죄라는 사실을 인식조차 하지 못했고, 부모의 말을 듣지 않으면 버림받을 수 있을 것이란 두려움을 가지고 그대로 성인이 되었다. 다행히 피해자의 상태를 눈치 챈 주변 지인들의 도움으로 경찰에 알려지게 되면서 피해자는 비로소 가정에서 벗어날 수 있었다.

신도들의 믿음과 복종을 악용한 종교계의 그루밍 성폭력

2019년 만민중앙성결교회 이재록 목사(76세)의 징역 16년 형이 결정되었다. 이 목사는 2010년부터 5년간 서울의 한 아파트에 기도처를 마련해 놓고, 그곳에서 20대의 여신도 9명을 40여 차례 성추행 및 성폭행을 한 혐의를 갖고 있다. 그는 여신도들을 상대로 자신을 '성령'으로 믿게 한 뒤 마치 성관계가 종교적인 행위인 것처럼 유도하여 성폭행을 저질렀다. 피해자들은 어려서부터 해당 교회를 다니며 목사를 신적 존재로 여겼고 목사에게 복종을 하는 것만이 천국에 가는 길이라고 믿어 왔기 때문에 성폭행 당시 이 목사에 대한 절대적 신뢰를 가진 상태로 심리적 반항이 불가능할 수밖에 없었다. 이 목사 또한 자신의 지시에 반항하거나 거부하지 못하는 피해자들의 처지를 악용하여 상습적으로 범행을 저질렀다. 이에 재판부는 이 사건을 그루밍 성폭력으로 인정하였다.

아동복지시설에서 일어난 그루밍 성폭력

2019년 성남의 한 아동복지 공동체 원장인 60대 원장은 입소 아이들을 수년간 성폭행한 혐의로 체포되었다. 이 의사는 약 28년 전, 성남시에 버려진 아이들을 모아서 오케스트라를 만들어 세계 공연까지 여는 등, 버려진 아이들에게 삶의 희망을 준 '천사 의사'라는 언론사들의 찬사를 받기까지 한 사람이다. 30년 만에 의사의 민낯이 드러났는데, 사실은 십수 년간 아이들을 돌보며 8명의 아이에게 약 10차례의 성폭행을 저지른 것으로 밝혀졌다. 그는 그룹홈 3개를 만들어서 아이들을 분신해서 수용시켜 놓고 이곳에서 오랫동안 그루밍 성범죄를 저질렀다. 그룹홈은 가정 내 폭력(학대, 방임), 부모의 이혼, 경제적 빈곤 등으로 사회적 보호가 필요한 아동을 보호하는 공동생활 가정으로, 7인 이하의 아이들을 돌볼 수 있다. 심지어 그룹홈의 대표도 이 의사에게 수년간 성범죄 피해를 입은 사람이었기 때문에 별다른 어려움 없이 성범죄를 이어 갈 수 있었다. 그룹홈에서 자란 아이들이 복지사 자격증을 따게 되면 여기에 복지사로 취직시켜 계속해서 이들을 통제하였다. 이 의사는 아이들이 버려졌다는 점을 철저하게 이용하여 몸과 마음을 지배했고, 범행을 저지르기 전 피해아동들에게 "이제는 내가 너의 아버지. 나만 믿어라. 내 말이 곧 하나님의 말이다."라는 말을 꼭 하면서 여기에서 계속 공동체 생활을 하려면 아무에게도 말하면 안 된다고 주입시키는 방법으로 범행을 계속 은폐할 수 있었다. 피해자의 다수는 미성년자였다.

스포츠 지도자와 미성년 학생관계에서 발생하는 그루밍 성폭력

2020년 베이징 올림픽 은메달리스트인 전 유도 국가대표 왕기춘(32세) 선수가 징역 6년 형을 선고받았다. 왕 선수는 2017년부터 2019년까지 자신이 운영하는 체육관에 다니는 10대 미성년자 제자들을 상대로 자신의 집이나 차량에서 약 10차례에 걸쳐 성폭력을 저지르거나 시도한 혐의를 갖는다. 검찰은 왕 선수가 아동 성범죄적 관점에서 전형적인 그루밍 과정을 거친 성적 학대를 가한 것으로 판단하였다(중앙일보, 2021. 7. 29.).

2021년 임신욱 전 캐나다 태권도 대표팀 코치가 10대 선수를 성폭행한 혐의로 유죄판결을 받았다. 임 코치는 2015년부터 2017년까지 한국에서 훈련하면서 여러 장소에서 범행을 저질렀는데, 피해자를 13세부터 지도한 임 코치는 피해자가 15세 때 성적인 문자를 보내고 성추행을 이어 가다가 한국에서 훈련 시 강간 등의 성범죄를 한 것으로 드러났다. 특히 그는 어린 제자에게 이러한 행위는 자연스러운 것이라고 계속 세뇌시켰다. 피해자는 수년 동안 아무에게도 이 일을 말하지 않았다가 대학에서 범죄학을 공부한 후에야 자신에게 일어난 일이 범죄임을 깨닫고, 2018년 4월 임 코치를 경찰에 신고했다. 캐나다 법원은 임 코치가 자신의 지위를 남용해 학생을 강간한 것이라고 판결했다(스포츠경향, 2021. 1. 20.).

온라인에서의 그루밍 성폭력범죄의 유형

채팅 애플리케이션을 통해 오프라인으로 이어지는 성폭력

한 초등학생이 어느 날 채팅 애플리케이션에서 자신을 30대라고 소개하는 남성의 메시지를 받았다. 그 남성은 초등학생에게 페이스북 아이디를 받아 냈고 수시로 문자 메시지를 보내며 안부 인사를 건넸다. 아침에는 모닝콜을 하듯 깨웠고, 오후에는 하루의 일상을 묻는 등 친밀함의 관계를 만들어 갔다. 또한 페이스북에 올라온 게시글을 통해 초등학생의 학교, 관심사, 취향, 현재 마음 상태까지 파악하고 있었고 피해학생에게 기프티콘과 문화상품권을 보내며 환심을 샀다. 집안 형편이 좋지 않고 부모님이 부재했던 터라 피해학생은 자신을 예쁘다고 해 주고 보고 싶다고 말하며 애정을 표현하는 남성에게 경계를 허물기 시작했다. 그 후 남성은 피해학생에게 끈질기게 만남을 요구한 끝에 결국 대면하게 되었고, 두 달 동안 어린 학생을 성폭행했다. 학교 교사가 우연히 이 사실을 알게 되어 조사가 시작되었을 때에도 피해학생은 자신이 성폭행을 당한 사실조차 인지하지 못하고 있었고, 오히려 성폭행 전후에 자신에게 맛있는 것을 사 주고 용돈을 준 남성에 대한 미안한 감정이 앞서 아무 말도 하지 않았다. 주변의 설득으로 인해서 결국 입을 열었고, 남성은 검거되었다. 30대라고 소개했던 남성은 알고 보니 50대였다. 미성년자 의제강간 혐의를 받은 이 남성은 전과가 없고 부양할 가족이 있으며 주변에서 탄원했다는 이유로 2년 6개월 형을 선고받았다.

SNS를 통해 협박 및 성 착취로 이어진 그루밍 과정

2017년 중학교 2학년의 여학생은 트위터에서 한 남성으로부터 "매력이 넘친다." "아름답다." 등의 칭찬과 호감을 표현한 메시지를 받았다. 약 3개월간 온라인상에서 연락을 주고받은 뒤에 둘은 오프라인에서 만나 성관계를 맺었다. 남성은 여학생에게 용돈을 주었고, 이후에 계속 연락을 주고받으며 친밀한 관계를 유지했다. 하지만 관계가 계속되면서 남성은 자신을 '주인', 여학생은 '노예'로 관계를 설정하고 성적인 요구를 하기 시작했고, 급기야 자신의 집으로 유인하여 여학생을 강간하고 함께 온 여학생의 친구에게 이 장면을 촬영하도록 했다. 동영상을 폭로하겠다는 협박으로 15차례 여학생을 성적으로 학대했다. 이 남성은 재판에 넘겨졌지만 피해 여학생은 성폭력의 고통으로 스스로 목숨을 끊었다.

또 다른 사례로는 19세 여학생이 자신의 SNS에 배우가 되고 싶다는 글과 사진을 올렸다. 어느 날 한 남성이 이 학생에게 "사진이 마음에 드니 영화에 출연시켜 주겠다."는 메시지를 보내며 접근했다. 더 다양한 프로필을 보고 싶다며 여러 장의 사진을 요구했고, 그중에서는 신체가 노출된 사진도 포함되어 있었다. 남성은 그 뒤로 사진을 유포하겠다는 협박으로 여학생을 모텔로 데리고 가서 성폭행을 하고 불법 촬영을 했고 이를 빌미로 돈까지 요구했다. 배우가 꿈이었던 사람들에게 캐스팅 디렉터라는 존재는 인생의 기회이고 귀인일 수밖에 없기 때문에 그 제안에 넘어가기가 쉽다.

게임 내 채팅을 통한 그루밍

2020년 11세였던 한 초등학교 여학생은 코로나19로 인해 집에서 보내는 시간이 많아졌고, 부모님이 맞벌이를 해 혼자 있으면서 온라인 게임을 하는 시간도 늘었다. 게임을 하던 중 한 남성을 만나게 되는데, 이 남성은 "너 게임 되게 잘한다."라고 칭찬하며 그 뒤로도 "엄마 잔소리 듣기 싫겠다." "학원 숙제하기 싫겠다."라는 말로 약 3개월간 채팅을 이어 갔다. 친밀함이 생겼다고 판단되는 순간부터 남성은 여학생의 얼굴 사진을 찍어서 보내 달라고 요구했고, 점점 수위가 높아지는 사진을 요구했다. 여학생이 이를 거부하자 남성은 자신이 갖고 있는 사진을 유포하겠다고 협박하기 시작했다. 최근 가해자들은 등교를 하지 않고 집에서 게임을 하는 시간이 많아진 아동 및 청소년들을 대상으로 접근하여 게임 아이템을 선물해 주거나 채팅을 통해 고민을 들어 주는 등의 정서적 지지를 해 주며 그루밍 범죄를 저지르는 것으로 나타나고 있다.

앞의 사건들을 정리해 보면, 목회자에 의한 그루밍 성폭력의 경우에는 목사라는 강력한 지위나 신분을 이용해 마치 하나님의 복음 메시지를 전달하는 것처럼 하여 상대적으로 예속된 위치에 있는 여성 신도들은 심리적으로 지배당하게 된다. 스포츠 지도자는 제자들에게 있어서 해당 종목의 우상 같은 존재이면서 동시에 자신들의 진학과 진로문제에 대한 영향력을 행사할 수 있는 절대적인 권력자의 위치에 있다. 또한 잦은 합숙으로 인해 제자들에게는 부모님을 대체하기도 하여 몸과 정신이 지배당하게 되고, 범죄 사실 또한 은폐되기 쉬운 환경이다. 최근 이슈화되었던 텔레그램 N번방 사건에서도 그 시작은 온라인 그루밍이었다. 가해자는 SNS를 통해

아동·청소년들에게 접근하여 가벼운 일상의 대화와 호감의 표현을 하는 것으로 시작하여 그들과 친밀감을 쌓은 뒤에 오프라인 만남으로 연결하고 이후 성 착취까지 행하게 된다.

이 외에도 정신적으로 취약한 사람들을 대상으로 그루밍 성범죄를 저지르는 정신건강의학과 의사나 상담사의 사례들도 많다. 상담사는 윤리강령상 내담자 또는 환자와의 어떤 성적 관계도 허용되지 않을뿐더러 신뢰를 갖고 상담사에게 의지하고 있는 환자의 입장을 이용하는 것은 악질적인 행위이다.

그루밍 피해자의 특징

그루밍 성폭력은 신뢰를 바탕으로 피해자를 길들인 후 발생되기 때문에 피해자는 마치 자신이 자발적으로 참여한 행위라는 인식을 갖게 된다. 그 결과 그루밍 성폭력의 경우 수사 및 재판 과정에서 피해 사실을 입증하는 데 어려움이 있다. 특히 친부 또는 계부, 보육원장과 같이 자신들의 보호자 역할을 하는 사람에 의해 어릴 때부터 오랫동안 그루밍 성폭력을 당한 피해자들은 조사 과정에서 오히려 자신들이 죄책감을 느끼면서 가해자를 옹호하거나 가해자에게 애정을 갖고 있다고 진술하기도 한다. 과거부터 친족 성폭력의 경우 피해자인 딸이 가해자인 아버지의 선처를 요구하는 탄원서를 제출하는 경우가 매우 많았는데, 자신의 신고로 인해서 가족 구성원 전체가 곤란해질 수도 있을 것이란 자책 또는 어머니의 회유와 협박이 존재했을 때 피해자는 처벌을 원하지 않는다는 의사 표시를 하게 된다. 이

6
장

그루밍 성폭력

때 만약 피해자가 보여 주는 진술들을 그대로 믿어 버린다면 그들을 위험한 상황에서 구출해 주지 못하게 된다. 한 사례를 소개해 보려고 한다.

경기도 남양주시에 있는 한 교회는 2016년 말 여자아이들을 위한 그룹홈을 만들어 위기 청소년을 위한 사역을 시작했다. 해당 교회의 교인들은 매달 후원금을 보내고 그룹홈 아이들을 위해 쉬지 않고 기도하는 등 물심양면 헌신했다. 하지만 이 그룹홈은 남양주시청의 '시설 폐쇄'를 통지받았다. 이 그룹홈에는 10대 여자아이들 7명이 함께 생활을 했는데, 그룹홈의 목사들은 입소 아이들에게 수차례 성추행과 성희롱을 해 온 것으로 밝혀졌다. 하지만 아이들은 자신들은 성추행을 당한 적이 없고, 오히려 가정환경이 어려운 자신들에게 친아버지처럼 대해 주었다면서 탄원서를 제출하였다.

이와 같이 학대적인 관계에서 발달되는 파괴적인 애착관계를 외상적 유대(traumatic bonding)라고 한다(Dutton & Painter, 1993). 외상적 유대는 일반적으로 사이비 종교나 인질 상황에서 극적으로 나타난다고 알려져 있지만 이보다 더 흔하게 발생되는 상황은 학대 가정과 같이 양육자와 피해 자녀의 힘이 불균형한 관계에 있으면서 간헐적으로 발생되는 폭력이 존재할 때 생기는 불안정한 애착관계에서이다. 가족 내에서 일어나는 근친상간과 보육시설 내에서 발생되는 원장에 의한 성폭력은 결국 주 양육자 혹은 보호자와의 관계에서 발생된 것이라는 공통점을 갖는다. 이때 피해자는 가해자에 의해 비밀 유지의 압력을 받는 동시에, 피해자가 이 사실을 밝히는 것을 방지하도록 "너를 사랑하기 때문이다." "너도 나를 사랑하는 거다." "너에게는 나밖에 없으니 나한테 잘 보여야 한다." "이 세상에 너를 보호해 줄 사람은 나뿐이다." 등의 말을 하면서 피해자에게 선물과 같은 보상을 제공하는 방법으로 유대감을 이어 간다. 놀랍게도 이러한 관계 안에는 폭력이 분명 존재하고 있음에도 불구하고 그 뒤에 보이지 않는 끈끈한 정서적 유대가 만들어져 있다. 어린 아동의 입장에서는 자립할 수 있는 연령대도 아닌데다가 현재 자신의 울타리가 되는 공간이 집 또는 시설이고, 자신을 보호해 주는 유일한 사람이 아빠 또는 원장이라고 생각하기 때문에 그들에게 의존할 수밖에 없는 상황이다. 그러다 보니 자신들을 돌봐주는 이들에게 충성심을 갖게 되어 신고하기 어려울 수밖에 없다.

또한 아동의 발달적인 특성상 자신이 좋아하고 신뢰하는 어른들에게는 경계를 풀기 때문에 그들에 의한 부적절한 신체 접촉에 대해서 불쾌함을 느끼지 않을 수 있다. 만약 신체 접촉이 어린 시절부터 지속적으로 행해졌다면 마음의 위안과 따뜻함을 느낄 수도 있을뿐더러 스킨십에 익숙해져 있을 가능성이 있어 성적 학대라는 사실조차 인지하지 못한 채 일종의 애정표현이라고 생각하게 되는데, 이것이야말로 전형적인 그루밍 과정이라고 할 수 있다. 아동이 어른에게 경계를 갖는 건 매우 당연하고, 어른들의 친절함에 쉽게 경계를 무너뜨리는 것 또한 아동들의 특징이다. 하지만 어른이 스스로 그 경계를 무너뜨리는 행위는 결코 아이를 위한 행동이라고 할 수 없다.

스톡홀름 증후군

1973년 스웨덴 스톡홀름에서 은행 강도 사건이 일어났다. 강도들은 은행 직원 4명을 인질로 잡아 은행 대형 금고에 가둬 놓고 6일간의 인질극을 벌였다. 강도들은 경찰들과 대치했고 자신들의 요구를 들어주지 않으면 인질을 사살하겠다고 협박했다.

6일간의 대치 끝에 경찰은 인질을 안전하게 구출했고 은행 강도들은 결국 구속되었지만 그 이후엔 이해할 수 없는 상황이 벌어지게 된다.

재판이 시작되자 당시 인질이었던 사람들은 은행 강도에게 불리한 증언을 거부했고 오히려 강도에게 유리한 증언들을 해 주었으며, 강도의 변호사 비용을 대기 위해서 모금 운동을 자발적으로 열기까지 했다. 인질로 있을 때 무슨 일이 있었을까? 강도들은 금고 안에서 폐쇄공포증으로 힘들어하는 인질을 밖으로 데리고 나가기도 했고, 인질범들이 아프면 병간호를 해 주고, 가족들과 전화통화를 할 수 있게 하는 등의 '인간적인' 행위를 하기도 했다.

피해자는 심리적으로 극한 상황에 있을 때 가해자가 자신을 해치지 않았다는 것에 고마움을 느끼며 이때 가해자가 보여 주는 친절은 진심으로 나를 걱정해 주는 마음에서 나온 것이라고 왜곡 해석해 버리면서 유일한 생존 방법으로 인식하여 가해자에게 감정적으로 연민과 동질감을 느끼게 되는 것이다. 이와 같은 현상을 스톡홀름 증후군(Stockholm syndrome)이라고 한다.

온라인에서의 그루밍 성폭력 피해자의 경우에는 그루밍이 이루어지는 과정에서 피해자가 자신의 신체 사진을 전송하기도 하고 서로 성적인 대화를 수고받기도 하기 때문에 피해자는 자신의 잘못으로 이런 일이 발생되었다고 생각하여 신고조차 하지 못한다. 이러한 심리를 이용하여 가해자는 유포 협박을 하며 추가적인 피해 촬영물을 얻어 내기도 하고, 만나서 성관계를 요구하기도 하는 등의 성범죄를 이어 나간다. 또한 범죄가 온라인상에서 이루어졌기 때문에 신고를 하더라도 2차 가해의 가능성이 존재하기 때문에 가해자를 특정하기 어려울뿐더러 그 피해 규모가 커지게 된다.

온라인 성적 그루밍이 발생하는 과정

온라인에서 이루어지는 성적 그루밍의 단계에는 총 7단계가 있다 (O'Connell, 2003). 1단계는 친밀함 형성 단계(friendship forming stage), 2단계는 관계 형성 단계(relationship forming stage), 3단계는 위험성 평가 단계(risk assessment stage), 4단계는 배타성 단계(exclusivity stage), 5단계는 성적 단계 (sexual stage), 6단계는 성적 단계 내내 이루어지는 판타지 단계(patterns of progression through the sexual stage), 7단계는 손해 제한 단계(damage limitation) 이다.

1단계
이 단계는 아동의 정보를 가능한 한 많이 얻으려고 하는 단계이다. 이 단계 동안 가해자는 피해자와 친밀함을 유지하기 위한 노력을 한다.

2단계
관계 형성 단계는 친밀함 형성 단계의 연장선이다. 이 기간 동안 가해자는 피해자의 일상에 대해 훨씬 더 많이 개입하려고 하는데, 예를 들면 학교

6
장

그루밍 성폭력

와 집의 생활은 어떠한지에 대한 대화를 나눔으로써 관계를 더 깊게 형성하고자 한다. 이 단계에서 대부분의 가해자들은 자신을 피해자의 가장 친한 친구로서의 존재로 만들어 나가려고 한다.

3단계

이 단계에서 가해자는 피해자와 어느 정도 친밀해졌다고 판단하면 자신의 범죄의 안전함을 살피기 위한 위험성 평가를 한다. 범죄는 비밀스러움이 담보되어야 하기 때문에 피해자에게 컴퓨터는 어디에 위치해 있는지, 누구와 함께 컴퓨터를 사용하는지, 피해자의 부모나 오빠 또는 언니와 같은 다른 형제들에게 들킬 수 있는 집안 환경인지에 대한 정보를 얻는다.

4단계

가해자가 자신의 범죄에 대해서 발각될 일이 없이 안전하다고 판단이 되면 다시 피해자로 하여금 어떤 이야기든지 자신에게 말하게 할 수 있도록 노력한다. 피해자를 가장 잘 이해할 수 있고 뭐든지 터놓고 말할 수 있는 사람이라는 인식을 가질 수 있도록 심리적 유대감을 형성하려고 애쓰며, 이때 다른 사람은 알지 못하는 둘 만의 비밀을 만들려고 한다. 이 단계에서 피해자는 가해자에 대한 신뢰를 형성하게 되며 정서적으로 의지하기 시작한다.

5~6단계

성적 단계에서는 가해자와 피해자 사이에 사랑과 신뢰가 있다는 것을 피해자가 계속해서 인식할 수 있도록 가해자는 자신을 멘토 또는 연인으로 각인시키는 노력을 멈추지 않는다. 정서적 그루밍이 끝나면 가해자는 "키스해 본 적 있어?"와 같은 성적인 질문을 함으로써 본격적으로 신체적 그루밍을 시작하는데, 이미 피해자와 정서적 유대감을 형성했기 때문에 피해자의 입장에서는 대답하기 곤란한 질문에 대해서 대답을 거부하기가 어려워진다. 그러면서 점차 판타지 단계로 넘어가는데, 가해자는 피해자에게 음란물을 노출시키고, 피해자에게 성적 판타지를 심어 주기 위한 노력으로 특정 시나리오(예: "내가 따뜻한 욕조 안에 나체로 누워 있고, 너는 실크 가운만 입은 채 욕조에 걸터앉아 나를 보고 있어.")를 제공하면서 성적인 접촉 강도를 높여 나간다. 그리고 피해자를 사이버상에서 이루어지는 성적 행위들, 예를 들면 자위행위를 묘사하게 하거나 가상의 성관계를 함께 말로 표현하는 행위 등에 동참시킨다.

7단계

이 단계에서 가해자는 "나는 너를 사랑해." "이건 우리 둘만의 비밀이야."라는 말을 피해자에게 함으로써 사회적으로 고립시킨다. 또한 내 말대로 하지 않으면 주변에 알리겠다는 등의 협박과 회유의 반복적인 방법으로 피해자와의 성적인 관계를 계속 유지해 나간다.

아동 · 청소년 대상 온라인 그루밍 행위 처벌 근거 신설

2021년 3월 여성가족부는 2020년에 텔레그램 N번방 디지털 성범죄 사건을 계기로 마련한 '디지털 성범죄 근절 대책'의 후속조치로서 「아동 · 청소년의 성보호에 관한 법률(청소년성보호법)」의 일부 개정안을 공포하였고 새로운 법은 2021년 9월부터 시행되었다. 앞으로 온라인에서 아동 및 청소년에게 성 착취의 목적을 가지고 접근하여 성적 욕망이나 수치심, 혐오감을 유발하는 대화를 지속적이고 반복적으로 하거나, 성적 행위를 하도록 유인하고 권유하는 등의 그루밍 행위를 했을 시 법적으로 처벌받게 된다. 지금까지는 소셜네트워크서비스(SNS)나 채팅 애플리케이션을 통해서 이루어지는 온라인 그루밍에 많은 미성년이 노출되어 있었음에도 불구하고(앞장에서 다루었던 N번방 사건도 온라인 그루밍으로 시작된 사례가 많았다), 이를 처벌할 수 있는 법적인 근거가 없었다.

이제 온라인 그루밍 행위는 신고 및 처벌이 가능한 명백한 범죄 행위로 분류가 된다. 그루밍 행위를 할 시 3년 이하의 징역 또는 3천만 원 이하의 벌금형이 내려지게 된다. 또한 경찰이 신분을 밝히지 않은 채 가해자에게 접근하여 증거와 자료를 수집하는 것이 가능해졌고, 수사를 위해서 부득이한 경우 법원의 허가를 받아 미성년 여성으로 신분을 위장할 수도 있게 되었다. 신분 위장을 위해 필요한 문서나 전자기록도 조작 가능하도록 하였다.

그루밍 성폭력의 예방

그루밍 성범죄가 일어나는 원인은 가해자의 왜곡된 사고와 잘못된 행동 때문이지 피해자는 잘못한 것이 없다. 즉, 피해의 완벽한 예방은 존재하지 않지만 우리가 할 수 있는 그루밍 피해의 예방법에서 반드시 명심해야 하는 것은 그루밍의 특성을 제대로 파악해야 하고 피해자에게 책임을 돌리지 않는다는 것이다. 언론에 보도된 뉴스와 정책 연구 보고서에 기술된 그루밍 성범죄의 실태를 토대로 예방의 가이드라인을 제시해 보려고 한다. 첫째, 온라인상에서 개인 정보를 공개하지 않는다. 특히 이름이나 다니는 학교와 같이 자신의 신상이 가장 잘 드러날 수 있는 부분은 노출시키지 않는다. 둘째, 모르는 사람이 보낸 링크를 클릭하지 않는다. 보통은 해킹을 목적으로 보내기 때문에 클릭하는 순간 개인 정보가 빠져나갈 수 있다. 셋째, 대화를 조금 나눴을 뿐인데 나에게 문화상품권이나 기프티콘을 준다고 하면서 접근한다면 무조건 경계해야 한다. 그런 사람은 대가를 바라고 주는 것이다. 넷째, 아무리 친밀함이 쌓였다고 하더라도 온라인으로 사진을 전송하지 않는다. 특히 성적인 사진이라면 더욱 경계해야 한다. 정상적인 사고를 갖고 있는 사람이라면 상대방에게 성적인 사진을 왜 요구하겠는가? 다섯째, 아동 및 청소년의 경우 자신과의 일들을 부모에게 알리지 말라고 하는 어른들은 심각한 문제가 있으므로 즉시 알려야 한다. 여섯째, 부모의 경우 자녀가 겪은 일을 털어놓았을 때 절대로 네 탓이 아니라고 말해 주어야 한다. 부모의 역할은 자녀가 가장 절박할 때 도움을 요청할 수 있는 존재여야만 한다. 대부분 "부모에게 알린다."라는 말이 아이들에게 협박이 되어 가해자들의 요구를 따르게 만든다. 부모에게 알리는 것이 가해자가 가져야 할 무기가 되어서는 안 된다. '부모 혹은 내 주변 어른에게 알리는 순간 너는 바로 교도소 행이다.'라는 인식이 이 사회에 자리 잡혀야 한다. 마지막으로, 형량이 강화될 필요가 있다. 성범죄자들이 집행유예 선고를 받고 나오는 것을 우리는 수없이 목격해 왔다. 이는 가해자들을 안심시키고 피해자들에게는 무력감을 주게 된다. 법은 피해자가 안심할 수 있도록 만들어져야 한다.

2018년 1월, 미국에서는 역사적으로 남을 만한 판결이 났다. 지난 30년간 미국 국가대표 체조팀의 팀 닥터로 일해 온 Larry Nassar는 올림픽 메달리스트를 포함해 100여 명의 체조선수들을 성폭행 및 성추행한 혐의로 기소되었고, 징역 175년 형이 선고되었다. 미시간주 랜싱 법원의 Rosemarie Aquilina 판사는 "당신에게 선고를 내리는 것은 나의 특권이고 명예이다. 앞으로 피고인은 절대로 다신 교도소 밖으로 걸어 나갈 수 없을 것이다. 피고인이 가는 모든 곳에 재앙이 발생할 것이다. 피고인은 여전히 자신이 사회에 엄청난 위협이라는 것을 모르고 있다. 이제까지 보호감찰이나 가석방을 받고 난 후 놀라울 정도로 달라진 모습을 보여 준 많은 범죄자를 보았지만 당신에게는 그럴 여지가 보이지 않는다. 피고인의 행동은 의도적이고, 계산적이고, 기만적이고, 야비했다. 피고인에게 175년 형을 선고한다."라고 말했다.

수십 년간의 성폭행이 어떻게 가능했었을까? 미국 국가대표 체조 팀을 세계 1위로 이끈 Bela Karolyi와 Márta Karolyi 부부 코치는 선수들을 학대 수준으로 가혹하게 훈련시키는 것으로 악명 높다. 하지만 각종 국제 대회에서 선수들이 좋은 성적을 내고 미국에서는 이런 선수들을 영웅시하기 때문에 화려함 뒤에 숨겨진 잔혹한 현실은 수면 위로 드러나지 않았다. 체조 선수들은 10대의 어린 선수들이었고, 이들에게는 어떠한 선택지도 없었다. 코치진의 말을 잘 따라야 국가대표로 선발도 될 수 있고 꿈을 이룰 수 있다고 생각했을 것이다. 이처럼 무섭고 혹독한 훈련 뒤에는 유머러스하고 다정한 팀 닥터 Larry Nassar가 있었다. Larry Nassar는 선수들에게는 유일하게 자신들을 친절하게 대해 준 어른이었다. 치료라는 명목하에 Larry Nassar는 수십 년간 어린 선수들에게 성범죄를 저질렀고, 선수들은 이것이 성범죄인지조차 인지하기가 힘들었다. 미국 체조 선수들의 성학대의 증언과 Larry Nassar의 판결까지 담은 용기 있는 여성들의 이야기가 넷플릭스 다큐멘터리로 제작되었다.

출처: 넷플릭스.

07

데이트
성폭력

7장
데이트 성폭력

지금 이 순간에도 사람들은 자신의 파트너였던 혹은 파트너인 사람에게 강간당하고, 또 살해되고 있다. 어느 순간 우리 사회에서는 '이별 범죄' '안전 이별'이라는 단어가 등장하기 시작하면서 많은 이들이 이별도 잘해야 한다는 마음가짐을 가지게 되었다. 이 단어들은 피해자가 이별을 '잘' 한다면 폭력을 피할 수 있다는 잘못된 통념으로 이어질 수도 있지만, 얼마만큼 사랑으로 포장된 폭력이 자행되고 있는지, 그 폭력의 테두리에서 벗어나는 것이 얼마나 어려운지를 여실히 느끼게 해 주기도 한다. 이 장에서는 친밀한 관계에서 일어나는 성폭력에 대해 다룸으로써 지금까지 '성관계는 연인 혹은 부부 사이니까 당연한 의무' '너무 사랑해서' '만나 주지 않아 홧김에' '이별을 통보받아 격분하여'라는 식의 이유들을 대며 상대방을 성폭행하거나 살해하는 가해자들에게 그런 것은 변명조차 될 수 없다는 메시지를 이 사회는 과연 주고 있는지, 가해자들에게 그 책임을 묻고 있는지에 대해 생각해 보았으면 한다.

데이트 폭력의 개념

"싸울 때마다 주변에 있는 물건을 집어 던지거나 날카로운 물건으로 위협해요."

"저의 옷에 대한 통제가 너무 심해요. 옷을 살 때에도 애인이 좋다고 하는 옷만 사야 해요."

"언제나 제 핸드폰을 검사하고 친구들의 연락처까지 본인 핸드폰에 저장해 놓아요."

"제가 원하지 않는데 계속 성관계를 요구하거나 성관계 장면을 촬영하자고 졸라요."

"저의 몸매와 얼굴에 대해서 평가를 자주 하고, 때론 비난을 해요."

"하루에도 몇 번씩 전화와 문자를 하며 제가 누구와 함께 있는지 항상 확인해요."

"사정이 있다며 매번 돈을 빌려 가고 한 번도 갚지 않았어요."

"제가 하는 일이 마음에 들지 않으면 일을 그만두도록 강요하거나 저의 능력을 비난해요."

"저를 때린 적이 있는데 다시는 그러지 않겠다고 무릎 꿇고 싹싹 빌어서 용서해 줬어요."

"애인이 제가 절친 A를 만나는 걸 싫어하고 걔만 안 만나면 우린 싸울 일이 없다고 말해요."

데이트 폭력은 데이트 관계에서 발생하는 언어적·정서적·신체적·경제적·성적 폭력을 말한다.

〈표 7-1〉데이트 폭력의 유형

유형	대표적인 사례
언어적	• 나에게 욕설을 내뱉거나 나의 얼굴과 몸매를 평가하는 말을 한다. • 나를 비난하는 말을 자주 한다.
정서적	• 나의 일거수일투족을 감시하려고 하거나 연락이 조금이라도 안 되면 분노한다. • 나의 가족이나 친한 친구와의 인간관계를 제한함으로써 나를 고립시킨다.
신체적	• 뺨을 때리거나, 나를 밀치거나 물건을 던지는 행위를 한다. • 강제로 자신의 차에 태우거나 난폭운전을 하며 나에게 신체적 위협을 준다.
경제적	• 금전이나 물건을 빌려 간 후 갚지 않거나, 내 신용카드를 허락 없이 사용한다.
성적	• 싫다고 하는 데도 성관계를 계속 요구하거나, 성관계 동영상을 찍자고 계속 조르거나, 동영상을 지워 달라고 해도 온갖 감언이설을 통해 지우지 않는다. • 피임 요구를 회피하거나 임신 중절을 강요하고, 강요하는 과정에서 폭력을 행사한다.

데이트 관계라는 것은 좁은 의미로는 현재 연인관계에 있거나 연애를 목적으로 만나고 있는 단계에 있는 관계이거나 사실혼 관계를 말하며, 넓은 의미로는 부부관계를 형성하려는 의사는 없는 동거관계, 전 애인, 전 배우자 등까지를 포함한다. 데이트 폭력이 위험한 것은 폭력이 발생한 당시 연인관계였다가 이후 결혼을 하게 되면 부부간에 발생되는 가정폭력으로 이어질 가능성이 있으며, 우리 사회에서 일어난 데이트 폭력은 헤어진 이후에 발생되는 스토킹 또는 보복을 목적으로 행해지는 범죄도 상당수 발생하고 있다. 따라서 연인관계에서 일어나고 있는 폭력뿐 아니라 연인관계가 이미 종료된 이후에 일어나는 폭력까지 포함해서 폭넓게 이해해야 한다. 가해자는 상대방을 통제하기 위하여 폭력이라는 수단을 이용하며, 폭력을 통해서 피해자와의 관계를 유지해 나간다. 이별과 재결합을 반복하고, 그 과정에서 피해자의 공포심을 유발시키기 위해 협박 및 폭행 등이

발생되며 건강하지 못한 관계가 이어져 나간다.

데이트 폭력은 사소한 말다툼에서 시작하여 폭언, 폭행, 살인까지도 이를 수 있는 점진적인 특성을 가지고 있고, 한 번으로 끝나는 것이 아니라 반복적으로 이루어지면서 동시에 은폐될 가능성이 매우 높은 위험한 범죄라고 할 수 있다. 또한 피해자의 가족과 주변 친구들까지 폭력의 대상이 확대됨으로써 피해의 범위가 매우 넓은 범죄이다. 그럼에도 불구하고 지금까지의 데이트 폭력이라고 하면 마치 가정폭력 사건과 마찬가지로 이것은 단순히 연인관계에서 일어날 수 있는 일들이기 때문에 다른 사람이 개입하기가 꺼려지는 일 혹은 그들만의 애정 다툼 정도로 치부하여 온 것이 사실이다. 하지만 가해자가 자신의 연인일 경우에는 폭력적 행위가 일회성으로 그치지 않을뿐더러 서로의 사적인 정보들까지 이미 공유된 사이이기 때문에 정신적·경제적으로도 지배당하고 통제당하는 등의 복합적인 형태로 폭력성이 나타나기 때문에 가볍게 여길 수 있는 일이 아니다. 이에 대해 경종을 울리는 대표적인 사례가 있다. 2017년에 주거침입으로 경찰서에 신고가 접수되어 경찰이 출동하였으나 가해자와 피해자가 최근까지 서로 동거하던 사이로 밝혀짐에 따라 경찰은 가해자에게 구두로 경고 후 귀가 조치를 내렸다. 그러자 가해자는 경찰이 돌아간 후 다시 피해자의 집을 찾아가 살해하였다. 이처럼 연인 간에 발생한 폭력은 개인적인 문제로 치부되면서 심각성을 인지하지 못하고, 경찰도 적극적으로 개입하기를 곤란해하는 부분이 있다. 데이트 폭력에 대한 인식과 대처는 분명히 달라져야 한다.

「스토킹처벌법」 국회 통과

스토킹을 경범죄라고 인식하여 벌금형에 처하기로 시작한 2013년 이후 2019년에는 스토킹 범죄 총 583건으로 최대치를 기록했다(연합뉴스, 2020. 2. 26.). 1인 가구가 증가함에 따라 여성들이 혼자 사는 비율이 더 높아졌고, SNS를 통해서 헤어진 연인의 일상을 계속 지켜볼 수 있다는 점도 스토킹 범죄가 증가하는 이유라고 할 수 있다. 수많은 여성이 스토킹 범죄의 피해를 입고 있었음에도 불구하고 지금까지 우리 사회는 스토킹을 '남성의 애정행각' '순애보'라는 프레임으로 씌어 놓고 가볍게 여기고 있었다. "골키퍼 있다고 골 못 넣나." "열 번 찍어 안 넘어가는 여자 없다."라는 옛말은 스토킹이 얼마나 잔인한 행위인지 인식하지 못하게 해 주었다. 피해자들이 신고를 한다 하더라도 처벌 규정 자체가 약하다 보니까 오히려 신고 이후의 보복 범죄가 두려워 신고하기를 꺼리는 일이 다반사이다. 친밀한 관계 또는 헤어진 연인에 대한 성폭행과 살인은 상당 부분 스토킹에서부터 시작되었다고 해도 과언이 아닐 정도로 심각한 범죄 행위이기 때문에 수년 동안 끊임없이 스토킹 방지법이 제기되어 왔다.

이에 드디어 「스토킹범죄의 처벌 등에 관한 법률(스토킹처벌법)」이 2021년 3월 24일 국회를 통과하였고, 9월 처음 시행된다. 1999년에 처음 국회에 발의된 이후 22년 만이다. 지금까지 스토킹은 경범죄로 분류되어 신고를 당해도 10만 원 이하의 벌금형에 그

쳤다. 앞으로 스토킹 범죄자는 최대 5년 이하의 징역이나 5천만 원 이하의 벌금이 부과되는 등의 형사 처벌이 가능해졌다.

법률안에 따르면 스토킹 행위를 상대방 의사에 반해 정당한 이유 없이 ① 접근하거나 따라다니거나 진로를 막아서는 행위, ② 주거, 직장, 학교 등 일상적으로 생활하는 장소 또는 그 부근에서 기다리거나 지켜보는 행위, ③ 우편, 전화, 정보통신망 등을 이용하여 물건, 글, 말, 영상 등을 도달하게 하는 행위 중 하나를 하여 상대방에게 불안감이나 공포심을 일으키는 것으로 정의한다.

어렵게 통과된 「스토킹처벌법」이지만 여전히 한계가 보인다. 언론을 통해 접한 많은 스토킹 범죄사건에서도 알 수 있듯이 스토킹 범죄는 스토킹의 피해 당사자뿐만 아니라 피해자의 동거인, 친한 친구, 가족까지도 피해를 입게 된다. 직접적인 피해를 입은 당사자로 피해자를 한정하지 말고 피해자의 범위를 넓게 규정할 필요가 있다. 또한 '상대방 의사에 반해' 혹은 '상대방에게 불안감이나 공포심을 일으키는' 등의 표현 또한 피해자다움을 요구하는 사회의 인식이 반영된 것이라고 볼 수 있다. 피해자가 어떻게 느끼느냐가 중요한 것이 아니라 스토킹 행위 자체가 범죄라는 인식이 더 많이 반영되어야 한다. 마지막으로, 스토킹 행위를 처벌하는 것으로 그치지 않고 피해자가 이후의 일상을 회복할 수 있도록 피해자의 인권 보장과 안전한 일상생활의 보장에 대한 국가의 책무성이 재고되었으면 한다.

데이트 성폭력의 개념

데이트 폭력 중에 성폭력은 피해자가 자신의 경험을 성폭력이라 인지하는 과정이 매우 어렵고, 사회 또한 교제하는 관계에서의 성폭력에 대해서는 그 위험성을 낮게 평가하고 있는데 이유를 살펴보면 다음과 같다. 첫째, 친밀한 관계에서 발생되었다는 점에서 '사랑'이라는 이름으로 정당화되기 쉽다. 둘째, 우리 사회에서 남성과 여성의 섹슈얼리티가 다르게 구성되고 있는데, 예를 들면 특히 혼전 성경험에 대해 사회적 인식이 성별에 따라 다르기 때문에 만약 피해자가 미혼 여성이라면 여성의 입장에서는 자신에게 일어난 일이 의심스러울 때 누군가에게 물어보기보다는 스스로 합리화하거나 무기력 상태에 빠지기 쉽다. 셋째, 사귀는 사이에서도 당연히 원치 않은 성관계가 존재하지만 이것이 성범죄라는 사실에 대한 사회적 인식이 낮다. 넷째, 친밀한 관계이기 때문에 피해자가 어느 정도 자신의 피해를 자초했다고 간주하면서 가해자의 책임을 낮게 평가하는 강간통념이 작용하기 때문이다.

사귀는 관계에서의 데이트 성폭력은 일반적으로 상대방의 동의가 충분히 이루어지지 않은 상태에서 이루어진 키스, 애무, 성관계 등의 스킨십, 자신들의 성관계 영상을 추억으로 남겨 놓자고 끈질기게 상대에게 요구하여 반강제적으로 동의를 얻어 내 촬영하는 행위, 성행위 도중에 상대방이 중단을 요구했음에도 계속해서 성관계를 이어 나가는 행위, 1박 이상의 여행을 함께 하는 것을 상대방이 성관계에 동의했다고 착각하여 당연하게 성교를 요구하는 행위 등이 있다. 헤어진 이후에 발생되는 데이트 성폭력은 성관계 영상을 인터넷에 뿌리겠다고 협박하는 행위, 스토킹을 하거나 감금을 시킨 후 강간하는 행위, 성적인 말을 문자메시지와 SNS를 통해 끊임없이 보내는 행위 등이 있다. 데이트 성폭력은 아무리 친밀한 관계에서 발생했다 하더라도 강력범죄이고 피해의 범위가 주변인들에게까지 확대될 가능성이 있기 때문에 가해자와의 연인관계에 있(었)다는 이유로 피해자가 감당해야 할 몫이라고 생각한다면 절대 안 된다.

데이트 성폭력 현황

데이트 폭력은 가해자와 피해자의 관계적 특성으로 인해 신고를 하지 못하는 사례들까지 감안하면 알려지지 않은 범죄들이 많을 것으로 예상되며, 점차 강력범죄로 이어지고 있는 명백한 '범죄'의 모습을 보임에 따라 2016년부터 전국의 경찰관서에 데이트 폭력 근절 TF팀이 설치되었다. 주요 내용을 살펴보면 매년 집중 신고기간을 운영하고 있고, 다중이용시설의 전광판과 SNS를 통해 오프라인과 온라인에서 적극적으로 홍보하는 등 피해자들이 적극적으로 신고할 수 있도록 할 뿐만 아니라 대부분 여성 피해자인 것을 고려하여 피해자를 보호하기 위한 조치로 여성 경찰이 상담할 수 있도록 하고, 사후 모니터링을 실시하여 피해자의 신변보호에 힘쓰고 있다. 112 신고 시스템에는 데이트 폭력 코드를 신설하여 신고 사례들에 대해 통계 및 관리를 하고 있다. 경찰청(2020) 자료에 따르면, 2019년 데이트 폭력의 신고건수는 19,940건이고 이 중 형사입건은 9,858건이지만 혐의 유무를 불문하고 해마다 경찰에 신고하거나 상담을 의뢰하는 분위기가 형성되고 있다(〈표 7-2〉 참조).

연도	신고 건수 (건)	형사입건(명)						
		계	폭행· 상해	체포· 감금· 협박	살인		성폭력	경범 등 기타
					기수	미수		
2017	14,136	10,303	7,552	1,189	17	50	138	1,357
2018	18,671	10,245	7,461	1,089	16	26	99	1,554
2019	19,940	9,858	7,003	1,067	10	25	84	1,669

출처: 경찰청(2020).

피해자가 데이트 폭력에서 벗어나지 못하는 이유

연애 초반부터 폭력적인 행동을 하는 사람은 거의 없다. 처음엔 누구보다도 친절하고, 상대방을 아끼고 최선을 다해 다정하게 대해 준다. 그러다 보니 연인이 폭력적으로 굴기 시작하면 '그렇게 다정했고 따뜻한 사람이 나에게 이러는 건 분명 내 책임도 있을 것이다.'라는 생각을 하게 된다. 왜냐하면 연인은 "네가 날 질투하게 만들어서" "네가 연락이 잘 되지 않아서" "네가 날 사랑하지 않는 것 같아서" 등의 이유를 대기 때문에 폭력의 원인을 피해자가 스스로에게 돌려 버리는 상황에 빠지게 된다.

데이트 폭력 가해자의 특징은 연인관계에서 자신이 완벽하게 통제권을 갖고 싶어 하는 것이다. 자신의 연인을 인격체로 보기보다는 자신의 소유물로 생각하여 일거수일투족 감시하고 통제하려고 한다. '사랑'의 이름으로 포장해서 말이다. 피해자는 자신의 연인이 나를 아끼고 사랑하니까 나의 일과 행동에 관여한다고 생각하여 상대가 원하는 방향으로 맞추기 시작하고 점차 상대가 어떻게 하면 기뻐할지를 고민하면서 조금씩 피해자는 자신의 의사결정 권한을 잃어 가게 된다. 이러한 고통스러운 상황을 가스라이트 효과(gaslight effect)라고 한다. 가스라이팅은 정신분석가이자 심리치료사인 Robin Stern에 의해 처음으로 정의 내려졌고, 정서적으로 누군가를 조종하려는 행위를 말한다. 가스라이팅은 정서적 학대를 넘어서서 피해자로 하여금 자신의 판단력을 스스로 의심하게 만들고 동시에 자신을 조종하는 가해자에게 점차 의존하게 만드는 비정상적인 관계이다. 그래서 데이트 폭력의 피해자에게 주변인들이 현실적인 조언을 하면 "그래도 나에게 직접적으로 욕을 하지는 않아." "그래도 먼저 사과해 주니까" "평소에는 나에게 너무 잘해 줘." "그 사람이 술만 안 마시면 우리는 아무 문제가 없어."라며 오히려 자신의 연인을 방어하고 주변인들이 그를 잘 몰라서 하는 말이라고 생각해 버리게 된다.

데이트 폭력도 권력관계로 설명할 수 있다. 어느 한쪽이 관계의 주도권과 의사결정권을 가지게 되고, 다른 한쪽이 수동적이고 상대에 의해 자신의 위치, 지위가 결정되는 구조에서는 서로 대등한 관계가 되기 어렵다. 또한 우리가 데이트 폭력을 다룰 때 반드시 간과하면 안 되는 부분이 '동성 간의 데이트 폭력'이다. 동성 간에 데이트 폭력이 발생하게 되면 피해자는 신고하기가 더 어려울 수밖에 없다. 신고하는 순간 자신의 성 정체성이 드러나게 될 가능성이 크고 때로는 커밍아웃을 해야만 하기 때문에 오히려 신고하지 못한 채 이 관계를 계속 유지해 가기도 한다. 데이트 폭력의 피해자는 아무런 잘못이 없다. 모든 폭력의 피해자는 피해를 당할 만한 이유를 가지고 있지 않다. 피해를 당하는 건 가해자가 있기 때문이다. 설사 동성 커플에 대한 선입견이 있는 사람이라 하더라도 이 상황을 폭력으로 정확하게 인지하여 적극적으로 피해자를 보호하고, 그들이 안심하고 손을 내밀 수 있도록 하는 우리들 그리고 사회의 역할이 매우 중요함을 기억해야 한다.

가스라이팅

가스라이팅(gaslighting)은 Robin Stern이 정서적 학대를 정의할 방법을 찾던 중 Ingrid Bergman, Charles Boyer, Joseph Cotten 주연의 1948년 영화 〈가스등(gaslight)〉에서 영감을 얻어 만든 용어이다.

영화는 Ingrid Bergman이 맡은 역할인 극중 '폴라'라는 이름의 여자 주인공이 집을 떠나 이탈리아로 성악 수업을 받으러 가는 장면으로 시작된다. 폴라는 세계적인 오페라 가수인 이모가 살해당하면서 유산을 상속받게 되었고, 그런 폴라에게 그레고리(Charles Boyer의 극중 역할)라는 남자가 접근한다. 그레고리와 결혼한 폴라는 자신이 상속받은 런던의 이모 집에서 결혼생활을 꾸려 나간다. 그레고리는 갖가지 이유를 만들며 폴라를 정신이상자로 몰고 가는데, 자신이 물건을 직접 숨겨 놓고 폴라에게 매번 소지품을 잃어버린다고 탓을 하거나, 자신의 시계를 폴라의 가방 안에 일부러 넣어 놓고서는 남편의 시계를 훔쳐 갔으면서 기억조차 하지 못한다고 그녀에게 말한다. 폴라는 밤만 되면 집안의 가스등이 약해지는 것 같고 다락방에서 소리가 들리지만 그레고리는 그녀의 망상이라 한다. 폴라는 점점 스스로를 믿지 못하게 되면서 그레고리에게 더욱더 의존하게 된다. 사실, 이 모든 행위들은 폴라를 정신병원에 보내고자 했던 그레고리의 교묘한 속임수였고 정서적 학대였다. 이들 부부를 오래전부터 의심스럽게 보고 있던 이모 앨리스의 오랜 팬인 런던 경위인 브라이언(Joseph Cotten이 맡은 역할)이 그레고리의 모든 비밀을 알아내어 폴라에게 말해 준다. 폴라는 자신이 조금도 미치지 않았다는 사실을 확인받게 되면서 그레고리의 가스라이팅에서 비로소 벗어나게 된다.

가스라이팅의 피해자인 폴라는 부모님도 안 계시고 이모까지 살해당하면서 혼자 남겨지게 되어 정서적으로 취약한 상태인 데다가 신혼집인 이모 집에 거의 고립된 채 지내게 되기 때문에 유일하게 자신의 보호자라고 생각하는 그레고리의 말을 믿고 그에게 의존할 수밖에 없었다. Robin Stern은 가스라이팅에 취약한 사람이란, 첫째, 자신이 매우 강하고 유능하더라도 이상적인 존재로 생각하는 사람의 인정을 받고자 하며, 그 인정 없이는 자신을 능력 있는 존재로 보지 않는 사람, 둘째, 상대방에게 인정받고 친밀감을 유지할 수 있다면 자신이 파멸에 이를 수 있는 일이어도 기꺼이 하는 사람, 셋째, 상대방의 불쾌감을 자신의 탓으로 여겨 자책하는 사람으로 정리하고 있다. Robin Stern은 가스라이팅에서 벗어나기 위해서 다음과 같이 조언하였다. 첫째, 주변의 도움을 받으라고 강조한다. 모든 일을 혼자 감당하려고 하기보다는 친구, 사랑하는 사람들, 가족, 상담사를 찾고 나에게 안정과 평온함을 제공하는 무엇이라도 해 보라고 말한다. 둘째, 자신에게 잔인한 말, 경멸하는 말을 하지 말아야 한다. 나는 최선을 다했고 스스로를 공감받을 만한 자격이 있는 사람으로 여기면서 가스라이팅의 상황을 개선시키고자 하는 이 거대한 변화에 인내를 가지고 견디는 것이 중요하다고 한다.

08

성폭력 상담 시 알아야 할 기본 원칙

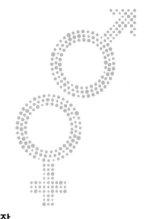

8장
성폭력 상담 시 알아야 할 기본 원칙

성폭력은 특정 장소나 특정인으로부터 발생하는 것이 아니라 언제 어디서든 일어날 수 있으며, 가해자와 피해자가 아는 사람인 경우가 많고, 일상적으로 발생되는 범죄이기에 다른 범죄에 비해서 은폐되는 경우가 많이 발생한다. 피해자가 피해 사실을 숨기거나 가해자의 위협이 뒤따르거나 주변인들이 모두 이 사실을 묵인하는 경우, 성폭력 사건은 은밀히 은폐되기도 한다.

특히 친밀한 관계에서의 성폭력(또래 간 성폭력, 데이트 성폭력, 친족 성폭력)은 전혀 알지 못하는 사람이 가해자인 경우에 비해서 피해자로 하여금 피해 상황에 대해서 인지하거나 저항하는 것을 어렵게 만들기 때문에 피해자의 후유증을 더 강화시킨다(Van Bruggen, Runtz, & Kadlec, 2006; O'Keefe, 1997). 따라서 가족이나 학교 교사가 피해자의 성폭력 발생 징후를 감지했거나 피해자 또는 주변인의 신고를 받아서 성폭력을 인지했다면 초기 대응을 신속하게 하여 피해자가 전문적이고 정확한 도움을 받아 보호받을 수 있도록 해야 한다. 특히 요즘처럼 청소년 성폭력이 증가하는 시점에서는 더 경각심을 갖고, 성폭력 사건이 발생한 후 대처하는 방법을 수사기관뿐만 아니라 학부모, 학교의 교직원도 반드시 알고 있어야 한다.

성폭력이 발생하였을 때 무엇보다 중요한 것은 성폭력 사안에 있어서 모든 사회 구성원이 피해자를 보호하고 사건을 적극적으로 대처하고자 하는 태도이다. 태도가 변하면 행동이 변화된다. 올바른 태도를 갖추고 바람직한 행동을 하기 위해 특히 성폭력 사건의 사안처리 담당자들에게는 높은 젠더 감수성이 요구된다. 이에 이 장에서는 우리 사회에 오랫동안 남아 있는 왜곡된 성폭력 인식을 바로잡고, 발생 징후를 통한 초기 감지가 중요한 사안인 만큼 성폭력이 발생했을 때 나타날 수 있는 피해자의 신체적·행동·심리적 징후들이 무엇인지 살펴보며 성폭력 사안에 있어서 우리가 반드시 숙지하고 있어야 할 유의사항에 대해서 알아보도록 한다.

성폭력범죄에 대한 사회적 통념과 잘못된 인식 바로잡기

동·서양을 막론하고 중범죄로 인식되는 것 중 하나가 성폭력이다. 우리나라에서도 시대의 흐름과 의식의 변화에 따라 성폭력에 대한 심각성을 체감하면서 그 관심이 커지고 있다. 성폭력은 우리나라의 중대한 사회문제이다. 그럼에도 불구하고 막상 사건이 터지면 성폭력의 가해자는 억울함을 호소하고, 피해자는 여타 범죄의 피해자와는 다르게 보호와 지지보다는 비난과 편견에 시달리게 되는 아이러니한 현상을 목격하게 된다. 이는 우리 사회가 가지고 있는 성폭력에 대한 사회적 통념 때문이라고 할 수 있다.

한 사회의 사회적 통념은 그 사회 구성원들의 성행동과 성인지에 영향을 미칠 수 있기에 우리 사회에서 지속적으로 지적되어 왔다. 그럼에도 불구하고 여전히 통용되고 있는 가부장제도와 깊게 뿌리 박힌 유교 문화로 인해 그 변화가 쉽지 않다. 성을 남자와 여자의 성으로 이분화시켜 놓고, 여성의 성을 금기시하는 남성 중심의 성문화가 지배적인 전통적 유교관에서 이제껏 피해 여성은 존중받지 못했다. 전통사회에서는 여성의 성적 순결이 강조되었기 때문에 가해자는 중범죄를 저질렀음에도 오히려 피해 여성에게 순결을 잃은 여성, 이미 더럽혀진 몸이라는 사회적 낙인을 찍었다. 이처럼 가부장적 사회에서는 성폭력의 주요 피해자인 여성에 대한 부정적인 시각(이를테면, 순결을 잃은 여성이라는 인식 또는 피해자가 성폭력을 유발했다는 책임전가의 인식)과 가해자인 남성이 순간적인 성욕을 이기지 못해 발생한 충동적 사건으로 생각하게 하는 사회적 통념을 발생시킨다. 성폭력에 대한 통념의 수용도가 높을수록 피해자가 더 큰 상처를 받게 될 뿐만 아니라 정당한 법적인 보호를 받기가 어렵다. 1990년대 이후 성폭력에 대한 인식 개선의 중요성이 강조되고 있지만 아직도 대다수의 피해자는 사회적 통념에 시달리며 피해 사실이 드러나는 것을 두려워하고 있다. 따라서 피해자에게 수치심과 두려움을 느끼게 만드는 사회가 가지고 있는 잘못된 인식들이 무엇인지 살펴보고 이를 바로잡아 보도록 하겠다.

성폭력은 주로 젊은 여성을 대상으로 일어난다.

성폭력은 남녀노소와 상관없이 발생하며 누구도 예외일 수는 없다. 실제로 2020년을 기준으로 우리나라의 전체 성폭력 피해자들을 성별로 나누었을 때 남성의 피해율은 약 7%이고, 연령대별로 나누었을 때 61세 이상 노인 피해자는 약 3%, 20세 이하의 아동·청소년의 피해율은 약 30%이다. 특히 성폭력의 피해자가 남성일 경우에 자신의 피해 사실을 드러내기 어려워하는 경우가 있다. 우리나라의 성교육은 주로 여성의 몸은 소중하고 지켜야 하는 대상이라는 교육 내용에 집중해 왔기 때문에 남성으로 하여금 자신의 몸이 타인으로부터 침해를 당할 수 있다는 감각을 가지기 어렵게 만들었다. 따라서 남성의 피해에 대해서 주변에서도 사소한 문제로 묵과하여서는 안 된다. 무엇보다 우리 사회가 남성 피해자에 대한 이해가 부족하고 이들을 위한 지원체계가 미비하여 적절한 서비스를 제공하지 못하고 있는 것이 현실이다. 따라서 어려서부터 우리가 반드시 가르쳐야 하는 것은 우리 몸에 대한 주권의식이다.

남성인 내가 디지털 성폭력 피해자가 될 줄은

'검거율 20% 불과…… 세대 가리지 않고 타깃'

2020~2021년 각종 디지털 성 착취·성폭력 사건들의 수사·재판 과정을 모니터링하다 보니 '남성 디지털 성범죄 피해자들'에 대한 질문을 종종 받는다. 성폭력 피해자 중 95%가 여성(성폭력 가해자

의 경우 95% 이상이 남성)이라 상대적으로 두드러지지 않을 뿐이지 남성 피해자 역시 일정 수준을 유지하고 있다. 그런데 10대와 20대가 주축이 된 디지털 네이티브의 특성상 앞으로 디지털 성범죄 피해자에서 남성 비율 증가가 예상된다.

2021년 5월, 중학생이던 남성 피해자가 자살한 사건이 있었다. 수사 결과 피해자가 SNS 메신저 채팅방에서 '몸캠 피싱' 일당에게 협박당한 정황이 있었다고 한다. 몸캠 피싱은 그간 사기 범죄의 일종으로 여겨졌지 디지털 성 착취·성폭력으로 제대로 조명된 바가 없었다. 그 인식을 바꿀 때가 됐다.

'몸캠 피싱'은 일반적으로 SNS, 랜덤채팅 등에서 범행 대상자(피해자)에게 접근해 스마트폰 해킹 프로그램과 영상통화를 이용해 피해자 스스로 자신의 신체 등을 촬영한 영상을 전송하게 하거나 그 장면을 불법 촬영한 뒤 지인 등에게 유포하겠다고 협박하며 금전을 요구하는 범죄를 말한다. 가해자들은 피해자를 유인할 때 타인인 여성의 사진을 도용하거나 성 착취물 등을 이용하는데, 이렇게 범행할 때 별도로 유인할 여성을 모집할 필요가 없고, 범행의 단기간 종료가 가능하며, 영상 유출·유포 협박의 실효성이 높은데다, 피해자 다수가 채팅 등에 응한 본인의 행위에 수치심 등을 느껴 신고나 고소를 꺼리기 때문에 '몸캠 피싱'은 점점 조직화·집단화되는 추세이다. '몸캠 피싱' 가해자 검거율은 20% 수준이다.

출처: 한겨레21(2021. 9. 18.).

성폭력은 남성이 성 충동을 억제하지 못해서 발생하는 것이다.

성폭력을 남성의 성적인 충동성에 의한 우발적 행위라고 보는 것은 결국 성폭력이 가해자와 피해자 간의 불균형한 권력관계에서 비롯된다는 사회적 구조를 무시한 채 단지 개인의 문제로 접근하는 것이다. 남성의 성욕이 억제하지 못할 만큼 본능적이고 충동적이라는 과학적 근거는 없다. 1970년대 초까지만 해도 성폭력이 남성 개인의 억제할 수 없는 성 충동에 의한 행위이고 정신병리적인 문제로 인한 현상이라는 것으로 한정해 왔지만, 이러한 연구들은 남성들이 왜 여성들보다 불균형적으로 참을 수 없는 본능을 나타내는가를 설명해 내지 못했다. 모든 사람은 자신이 가지고 있는 본능과 욕구가 있지만 인간으로서 살기 위해서는 이를 조절할 수 있어야만 한다. 욕구를 존중하는 것과 욕구를 조절 없이 표출하는 것은 다르다는 것을 알아야 한다. 성폭력은 성욕이 아닌 지배욕에서 이루어지는 것이다.

피해자도 성폭력 발생에 일부 책임이 있다.

옷차림에 노출이 심하다거나, 밤늦게 혼자 돌아다닌다거나 혹은 가해자와 함께 집이나 술자리에 있었다는 등의 이유로 '피해자도 일부 책임이 있다.'라고 생각하는 인식은 성폭력의 원인을 피해자에게 전가하고 가해자를 옹호하려고 하는 사회의 잘못된 풍조이므로 지양하여야 한다. 가령, 여성의 옷차림이 원인이라면 노출이 많게 되는 여름에만 성폭력이 일어나야 하는데 성폭력 발생을 계절별로 나누어 보았을 때, 여름은 약 31%를 차지하고 있다. 결국 이러한 이유는 여성을 한 인격체로 보기보다는 성적 대상으로 생각하고 있음을 보여 준다. 또한 인간은 누구에게나 행동의 자유가 있다. 그러나 여성이 밤에 혼자 돌아다닌다거나 가해자와 술자리에 있었다는 것이 성폭력의 발생 원인이라고 주장하는 것은 결국 여성의 행동을 제약하고 통제하려는 격이고 성폭력 피해의 책임을 피해자에게 전가하고 있는 무책임한 회피성 발언이다. 또한 이러한 이유는 사실상 '성인 여성'에게만 일부 적용시키는 사회의 왜곡된 인식이다. 아동, 장애인, 노인의 경우에는 앞의 이유들로 책임을 전가시키지 않는다.

특히 우리가 관심을 가져야 하는 대상 중 하나는 경계선 지능을 가지고 있는 사람들이다. 경계선 지능이라고 하면 일반적으로 지능지수(IQ)가 70~85 사이로, 평균(IQ 100)보다 낮은 지적 능력 때문에 사회성이나 학습 능력이 떨어지게 되어 일상생활과 학업에서 어려움을 겪게 되는데, 지적 장애로 분류되지 않기 때문에 교육과 복지의 제도권에서도 소외되어 사각지대에 놓여 있는 상황이다. 경계선 지능에 해당되는 이들의 판단력과 인지능력의 부족과 더불어 사회적 인식 또한 낮아 이들은 각종 범죄로부터 위협을 받게 된다. 자기표현 능력이 부족하고, 타인의 지시에 순종적인 경향이 높아 성범죄에 취약해질 수밖에 없다. 자신이 당한 일이 성폭력의 피해인지 성관계인지에 대한 판단을 명확하게 하지 못하는 특징을 가진다. 2016년 경계선 지능의 중학생 A양은 애플리케이션으로 만난 남성들로부터 떡볶이 값을 받았다는 이유로 자발적 성매매라는 판결을 받은 사건이 있다. 물론 이 사건은 오랜 민사 소송 끝에 결과적으로 승소하긴 했지만, 이 사회가 경계선 지능에 대한 인식이 얼마나 낮은지 단적으로 볼 수 있는 대표적 예라고 할 수 있다.

성폭력의 피해자에게 책임이 있다는 것은 말도 안 된다. 앞으로는 피해자에게 책임의 이유를 찾기보다 이들을 지원할 수 있는 방법을 모색하는 데 시간을 투자하는 사회가 되기를 바란다.

'경계선 지능장애' 아동 80% 성폭력에도 침묵

'반복 지속적인 성교육 필요'

'경계선 지능장애' 아동 10명 중 8명은 성폭력을 당해도 침묵하는 것으로 나타났다. 경계선 지능은 지적장애 수준은 아니지만 일반적으로 지능지수를 평균 100이라고 볼 때 70~79 수준이다.

가천대학교 길병원 정신건강의학과 배승민 교수는 2011년 1월부터 2012년 12월까지 인천 해바라기아동센터 7세 이상 19세 미만 성폭력 피해 아동 153명을 대상으로 지능 수준에 따른 성폭력 폭로 여부를 조사한 결과, 이 같이 나타났다고 25일 밝혔다.

대상자 중 경계선 지능 아동은 피해 아동의 7.2%(11명)를 차지했다. 이 가운데 10명 중 2명꼴인 20%만이 피해 사실을 스스로 폭로한 것으로 나타났다. 나머지 80%는 부모, 교사 등 주변의 추궁이나 목격, 성폭력 피해조사에서 성폭력 피해 사실이 드러났다. 반면 지적장애가 없는 아동(124명)과 지적장애 아동(18명)은 성폭력 피해 후 주변에 직접 폭록하는 비율이 각각 63.7%, 50%에 달하는 것으로 나타났다.

배 교수는 "지적장애 아동에 대해서는 범죄예방 교육 등에 관심이 높지만, 경계선 지능의 아이는 오히려 사각지대에 놓이게 된다."며 "이들을 위해서 반복적이고 지속적인 성교육이 필요하다."고 말했다.

출처: 서울신문(2016. 5. 25.).

피해자가 죽을힘을 다해서 저항했다면 성폭력이 발생하지 않았다.

성폭력은 위계와 위력에 의해서도 발생한다. 조직에는 상하관계가 존재하고, 그 안에서 지위와 권력을 이용한 범죄가 일어날 수 있다. 군대와 같이 '군기문화'가 존재하는 철저한 계급사회에서 성폭력이 발생되었을 때, 의사가 환자를 진료하는 것처럼 속이고 추행하는 것, 직장에서 상사가 부하직원에게 업무 지시를 하는 것처럼 포장하며 스킨십을 하거나 자신의 집으로 유인하는 것, 교사가 학생에게 가르치는 것처럼 속이고 상담 과정에서 또는 수업 자료를 통해 성희롱 및 성추행하는 것 등이 위계에 해당한다. 위력이란 사람의 의사를 제압하는 힘을 말하고, 여기에는 가해자의 지위와 권력을 이용하여 상대방의 의사를 제압하는 것을 말한다. 위계와 위력에서의 성폭력은 피해자 입장에서는 위압감으로부터 오는 공포, 두려움, 무기력 때문에 어떠한 저항도 하지 못할 정도로 얼어붙어 버리는 상황을 초래할 수밖에 없다. 따라서 성폭력 사건을 피해자의 저항 여부로 인식하는 것은 우리 사회가 가지고 있는 성폭력의 허위의식의 결과이고 여전히 시대에 뒤처지고 있는 인식 수준의 실제라고 할 수 있겠다.

8장

성폭력 상담 시 알아야 할 기본 원칙

동성 간의 스킨십은 성폭력이 아니다.

동성 간에도 성폭력이 일어날 수 있다. 예를 들어, 군대 내에서, 클럽에서, 또는 데이트 관계에서 남성들 간 그리고 여성들 간의 성폭력은 발생할 수 있다. 그러나 대체적으로 성폭력은 남성과 여성 사이에 발생한다는 도식에 영향을 받기 때문에 오히려 가해자와 피해자가 동성 간일 때에는 성폭력으로 인지하지 못하는 경우가 많다. 크게 두 가지 이유에서 동성 간 성폭력이 인지되기가 어려운데, 첫 번째 이유는 많은 사람이 동성 간의 스킨십은 충분히 발생할 수 있고, 여기에서 성적 수치심을 가질 수 있다는 생각을 못하기 때문이다. 두 번째 이유는 만약 동성 간 연인에서 데이트 성폭력이 발생했을 시, 피해 당사자의 입장에서 피해 사실을 외부에 알리게 되면 자연스럽게 커밍아웃으로 이어지기 때문에 성폭력 피해 사실을 밝히기가 어렵다. 가해자가 피해자와 동성일지라도 피해자는 충분히 성적 불쾌감을 느낄 수 있으며, 동성 간이든 이성 간이든 모든 사람은 성적 자기결정권을 갖고 있기 때문에 타인의 권리를 침해하는 행위가 범죄라는 사실을 기억해야 한다. 사회는 이성관계에서의 성 인식에서 벗어나 성에 대한 개념과 성폭력 피해자에 대한 포괄적 이해가 필요하다.

피해자는 평생 극복할 수 없는 트라우마를 갖게 된 사람이다.

피해자가 오랜 시간 동안 정신적·신체적 고통을 받는 건 사실이다. 그러나 '평생 지울 수 없는 상처를 가진 사람' '성폭력 피해로 인한 불쌍한 대상'이라는 사회적 인식은 오히려 피해자로 하여금 피해의 경험에 머물도록 하는 장애물이 될 수 있다. 특히 아동 성폭력 피해자의 경우는 절대적 보호의 대상으로 인식되기 때문에 이러한 사회적 시선을 훨씬 더 많이 받게 된다. 물론 피해자가 피해 이전의 삶으로 마치 없었던 일처럼 되돌아가는 것은 불가능하다. 하지만 피해자의 내면에는 피해의 경험을 극복할 수 있는 용기와 힘이 있고, 그들은 자신의 피해를 극복하기 위해 각자의 방식으로 노력하고 있다. 피해자의 고통은 사회가 성폭력 사안에 대해서 정확하게 성찰하고 변화를 위한 사회적 공감대를 확산시켜 나감으로써 이들을 지지해 주는 과정에서 치유될 수 있다. 이것이 저자가 이 책을 집필하는 가장 큰 이유이기도 하다.

성폭력 피해 발생 징후

성폭력 피해자들은 다양한 형태로 징후를 보이기 때문에 피해자의 초기 감지를 통해 성폭력을 인지했다면 빠르게 대처할 수 있어야 한다. 아동·청소년의 성폭력 피해 경험은 이후의 발달 과정에도 부정적인 영향을 끼치게 되며, 성인기에 대인기피증, 불안, 우울과 같은 문제들을 일으킬 수 있다. 성폭력 피해는 개인에 따라서 이상 징후가 나타나는 시기가 다 다른데, 사건 직후에 나타나기도 하고, 직후에는 괜찮은 것처럼 보이다가 뒤늦게 나타날 수도 있고, 또는 성폭력 발생 직후 단기적으로 나타났다가 사라지지만 이후에 장기적인 후유증으로 남게 되기도 한다는 점에서 주의를 기울일 필요가 있다. 따라서 징후를 발견했을 시점이 성폭력 바로 직후일 수도 있지만 시간이 오래 지난 후일 가능성도 충분히 있다. 늦게라도 후속

조치가 취해진다면 후유증이 장기적으로 지속되는 것을 최소화시킬 수 있기 때문에 감지 후 초기 대응이 매우 중요하다고 할 수 있다. 다음은 성폭력 피해 발생의 징후들이다.

신체적 징후

- 신체적 증상: 회음부가 가렵다고 이야기한다. 걷거나 앉는 데 어려워한다.
- 생식기 부분: 찢기거나 손상된 질의 상처, 성기 주변에 멍 또는 열창이 발견된다.
- 항문 부분: 항문 주변에 멍이나 찰과상이 발견되고 항문 괄약근이 손상되어 있다.
- 가슴 부분: 유두 및 유방에 멍이나 열창이 발견된다.

성폭력에서 피해자가 모두 신체적 징후를 나타내는 것은 아니다. 성폭력에는 다양한 유형이 존재하고, 가해자의 구타가 있었는지, 피해자가 저항할 수 있는 상황이었는지에 따라서도 신체 상해는 다르게 나타나기 때문이다. 하지만 신체적 징후가 나타났다면 2차 피해를 예방할 수 있는 중요한 단서가 되기 때문에, 반드시 당시의 피해 상해에만 관심을 둘 것이 아니라 이후 나타나는 심리적·행동적 징후들을 유심히 살펴볼 필요가 있고, 즉시 조치를 취해야 한다.

행동적 징후

- 수면 장애: 늦게까지 잠을 안 자려고 하거나 불면증에 시달린다. 악몽을 자주 꾸고 오줌을 싸기도 한다.
- 섭식 장애: 평소보다 과도하게 음식을 섭취한다. 또는 평소에 비해서 음식 넘기는 것을 힘들어하며 먹는 것을 거부하는 행동을 보인다.
- 성과 관련된 표현: 성에 대한 이야기를 자주 내뱉는다. 성과 관련된 행동을 사실적이고 구체적으로 묘사한다.
- 과잉행동: 지나치게 짜증을 내거나 분노를 폭발한다. 불안해하고 산만함을 보인다.
- 두려움에 떠는 행동: 외출을 거부한다. 집에서 문을 잠그는 행동을 한다.
- 자해 행동: 뾰족한 물건으로 자신을 찌르거나 손목을 긋는 등의 자해 행동을 한다.
- 기타 자기파괴적 행동: 술, 문란한 성행위 등 자기를 파괴하는 행동을 시작한다.

성폭력 사건이 발생한 직후 피해자가 가질 수 있는 불안과 분노의 감정이 잘 처리되지 않으면 자기혐오로 내면화되어 자해 행동 및 자기비난의 사고 패턴을 갖게 될 가능성이 높다. 또한 피해자를 향해 있는 앞서 언급한 사회적 통념들은 피해자가 더욱 자기 자신을 무가치해졌다고 생각하게 만들 수 있고, '내가 좀 더 저항했더라면 피할 수 있었을 텐데…….'라는 생각은 자신을 자책하게 만들고 결국 피해자가 자기파괴적 행동을 하게 만든다.

아동기 또는 청소년기에 성폭력을 당했던 피해자들을 연구한 결과들에서는 공통적으로 이들이 적절한 보호조치 없이 자랐을 때 나타나는 행동적 후유증을 다음과 같이 보고하고 있다. 아동기 또는 청소년기에 성폭력을 당했던 피해자들을 대상으로 10년 종단연구를 진행한 결과, 그들의 30%는 원하지 않는 성행동을 하고 있었으며(Zwieg, Crockett, & Sayer, 1999), 많은 피해자가 성적 요구에 대해 무력감을 경험했기 때문에 이후에도 원하지 않는 성행위에 대해서 "No."라고 대답하기 어렵게 되고, 이는 성적 문란 행위로까지 이어지고 있다고 보고하였다(MacDonald, Lambie, & Simmons, 1995).

심리적 징후

- 무표정이 많이 보이고 정서적 반응에 둔감하다.
- 자신의 존재 가치에 대해서 부정적인 생각을 하고 있다.
- 대인기피증을 보인다.
- 특정 인물이나 특정 장소를 두려워하거나 회피한다.
- 죄책감, 수치심, 열등감 등의 부정적 정서를 느낀다.
- 2차 피해에 대한 공포심을 느낀다.

성폭력이 발생하면 피해자는 다른 사람에게 이 사실이 알려지면 안 된다는 강박에 시달리게 되면서 사람을 대하는 것에 대해서 자신감이 없어진다. 또한 인간관계의 신뢰가 무너지면서 타인에 대해 공포를 느끼기도 한다.

심리적인 문제는 인지적 기능에도 영향을 미치게 된다. 학습의 과정은 사람의 감각과 정신활동을 총체적으로 활용하기 때문에 이들의 불안한 심리는 집중력을 떨어뜨리고 학습 의욕을 저하시킨다. 따라서 성폭력은 피해자가 성인의 경우에는 일의 업무 수행능력을 저하시켜 일에 대한 효능감을 떨어뜨릴 수 있으며, 학생일 경우에는 기본학습권까지도 침해하는 범죄라는 사실을 기억해야 한다.

아동 성폭력 피해자의 이상 징후

아동에게서 다음의 징후들이 발견되면 성폭력 사실이 있는지 확인해 볼 필요가 있다.

- 성기 혹은 항문이 아프다고 호소하거나 소변을 볼 때 고통을 호소한다.
- 성기나 항문 주변에 멍이나 찰과상이 보인다.
- 조숙한 성지식, 구체적인 애정표현 및 성행위와 관련된 말을 한다.
- 노골적으로 성적 행위가 묘사된 그림을 그린다.
- 동물이나 장난감, 또래와의 관계에서 나이에 맞지 않은 성적인 상호작용과 관심을 보인다.
- 잠을 잘 못 자고 악몽을 꾼다.
- 특정 장소(어린이집, 유치원, 학교)에 가지 않으려 한다.
- 씻기와 옷 갈아입기 등 강박적인 행동을 한다.
- 보호자가 알지 못하는 음식 또는 물건들을 가지고 있다.

출처: 서울해바라기센터.

성폭력 사건 처리 시 담당자가 기억해야 할 점

성폭력에 대한 사회의 잘못된 인식과 징후들을 바탕으로 성폭력 처리 시 담당자가 반드시 기억해야 할 점을 정리해 보았다.

첫째, 성폭력 사건을 처리할 시 성폭력의 개념에 대해서 명확하게 이해하고 있어야 한다. 성폭력은 권력관계하에서 성을 매개로 이루어지는 폭력의 한 유형으로서 피해자의 태도나 행동과 상관없이 일어날 수 있다. 폭력을 행사한 가해자의 잘못인 거지 피해를 당할 만한 이유는 어디에도 없다. 하루 빨리 이 사회가 가지고 있는 강간통념에서 벗어나야 한다. 또한 성폭력 사건에 있어서 가해자의 의도는 중요하지 않다. 피해자가 느끼는 성적 불쾌감이 가장 중요하다. 일반적으로 성폭력은 피해자에게 성적 수치심을 느끼게 하는 것이라고 생각하는데, '수치심'은 자신의 잘못에 대해서 부끄러움의 감정을 느낀다는 의미의 용어이다. 성폭력은 피해자가 부끄러워해야 할 것이 아니라 가해자가 부끄러워해야 한다. 즉, 피해자의 성적 수치심이 아닌 성적으로 불쾌했는가에 대해서 우리는 집중해야 하고 용어 또한 '성적 불쾌감'으로 바꾸어 써야 할 필요가 있다. 예를 들어, 교사가 학생의 혹은 선배가 후배의 엉덩이를 토닥거리고 갔고, 피해자는 성적 불쾌감이 느껴져서 신고를 했다. 이런 경우 많은 가해자는 "내 자식(혹은 동생) 같아서 힘내라고 토닥여 준 것뿐이야."라고 항변하기도 하는데, 가족이어도 함부로 터치하면 안 될 뿐만 아니라 누군가의 신체를 동의 없이 만지는 것은 범죄라는 인식조차 없는 심각한 상태라고 할 수 있다. 그리고 설사 그러한 의도였다 하더라도 피해자가 성적 불쾌감을 느꼈다면 가해자의 이유를 고려할 필요는 없다. 따라서 사건을 처리하는 담당자 역시도 성폭력의 개념을 정확하게 알고 있어야 제대로 된 해결 방향으로 나아갈 수 있다.

둘째, 피해자의 관점에서 사건을 바라보고 사회가 만들어 놓은 피해자성을 벗어던져야 한다. 성폭력 피해자들이 자신의 피해 경험을 꺼내 놓았을 때, 그것을 듣는 사람들의 태도를 우리가 짚어 볼 필요가 있다. 사회는 끊임없이 피해자다움을 요구하기 때문에 성폭력 피해는 주변 사람들의 지지와 본인의 의지에 따라 효과적으로 다뤄질 수 있음에도 불구하고 피해자를 학습된 무기력에 빠지게 만든다. 학습된 무기력이란 무기력이 학습된 것으로 자신이 아무리 노력해도 할 수 있는 것이 없다고 판단되면 그다음부터는 더 이상 노력조차 할 생각을 못하게 되는 현상을 말한다. 성폭력 피해자들이 자신의 피해 경험을 말하고 도움을 요청할 때에는 스스로가 회복하기 위함인데, 이때 '꽃뱀'이라는 사회적 시선으로 보거나, 즉시 신고하지 않았다는 이유, 당시에 저항하지 않았다는 이유, 피해 이후에 일상을 변함없이 살고 있다는 이유, 혹은 피해자라고 주장하는 사람이 건장한 남자라는 이유로 피해자가 맞는지를 의심하는 행위는 성폭력 피해자를 더 움츠러들게 하고 수사기관이나 상담기관의 불신만 커지게 하여 신고나 도움 요청을 더는 하지 못하게 된다. 만약 동일한 경험을 반복하더라도 자신의 행동으로는 결코 결과를 바꿀 수 없다는 생각으로 어떠한 대항도 하지 않게 된다.

셋째, 피해자는 자신이 잘못한 것이 없어도 자책하고 있다는 것을 기억해야 한다. 예를 들어, 저항을 하지 못한 자신을 혐오하는 표현이나 자해 행동을 하기도 한다. 피해자가 저항하지 못하는 건 여러 가지 이유가 있는데, 더 끔찍한 폭력을 피하기 위한 선택일 수도 있고, 더 이상 관심을 받지 못할까 봐 두려워서일 수도 있다. 그러나 이때에 피해자가 자책한다고 해서 피해자의 잘못에 초점을 맞추면 안 된다. 폭력은 힘의 불균형 상태에서 발생되기 때문에 그 상황에서는 누구라도 저항하지 못했을 것이라고 말해 주고, 자신을 자책하는 동안 피해자가 얼마만큼 괴롭고 힘들었을지에 대한 공감을 해 주고, 저항을 하지 못한 피해자의 잘못이 아니라 가해자의 잘못임을 인지시켜 주어야 한다.

넷째, 사건을 처리할 때 발생할 수 있는 2차 피해에 대해서 알고 있어야 한다. 2차 피해란 성폭력 사건 이후 가해자, 주변인, 사건 처리 담당자 등에 의해서 피해자가 겪게 되는 추가적인 고통을 의미한다. 2차 피해의 몇 가지 예시를 제시해 보자면, 가해자보다 피해자의 평소 행실과 언행을 문제 삼으면서 비난하는 어투로 이야기하는 것, 학교나 기타 조직에서 성폭력 사건이 일어났을 경우 사건이 드러나는 것을 우려하여 기관의 관리자가 이를 은폐하거나 축소할 것을 종용하는 것, 피해자와 가해자의 분리조치가 이행되지 않아 계속 마주치는 상황이 벌어진다거나 가해자와 가해자 가족이 피해자를 찾아와 합의를 강요하는 것, 학교폭력일 경우 피해자에게 전학을 종용하는 것, 피해자의 신상정보가 노출되거나 비밀 유지가 되지 않은 것, 피해자에게 가해자를 용서하라고 권유하는 것 등이 있다.

다섯째, 피해자로 하여금 자신이 원하는 방향으로 사건의 해결 방안을 이끌 수 있도록 행위의 주체가 되도록 한다. 피해자는 말 그대로 성폭력의 피해를 당한 사람이기 때문에 일상으로 돌아가기 위해 회복의 과정을 거쳐야 하는 사람인 거지, 동정을 사야 하는 또는 평생 트라우마를 안고 살아야 하는 나약한 사람이 아니다. 치유를 위해서 피해자가 어떠한 방법으로 사건을 해결하고 싶은지, 사건 처리 과정에서 가장 두려운 점이 무엇인지를 탐색하면서 사건 처리에 있어서 피해자가 주체성을 가질 수 있도록 도와야 한다. 사건 해결 과정이 외부의 시선보다 자기 자신에게 초점이 맞춰질 때 피해자는 스스로 사건을 직면할 수 있는 힘이 생기고 자신의 감정을 정리할 수 있게 된다. 때로는 자신에게 잘못이 없다는 것을 알아 가는 과정 자체가 치유와 회복이 된다.

피해자가 원하는 사건 해결 방식은 크게 사법적 해결, 당사자 간 해결이 있고, 학생일 경우에는 학내 해결도 있다. 사법적 해결은 형사고소를 하거나 민사손해배상청구를 하는 것이다. 경찰서, 해바라기센터, 한국성폭력상담소, 무료법률상담기관 등을 안내할 수 있다. 당사자 간 해결은 피해자가 가해자와 직접적인 해결을 하는 방식이다. 이때 가해자의 사과는 단지 처벌을 피해 가기 위한 행동이 아니라 반드시 피해자의 고통을 헤아리고 자신의 범죄 행위에 대한 반성을 바탕으로 용서를 구하는 행위여야 한다. 학내 해결은 피해자가 학교폭력 전담기구의 개입하에 가해자와의 합의와 중재를 통해 해결하는 방식이다. 학교폭력 전담기구를 통해서 가해자의 징계가 필요하다고 판단되면 심의위원회 의결 절차가 진행될 수 있다.

〈표 8-1〉 성폭력 피해자 권리 안내

권리	내용
변호인 선임권	수사 및 재판 과정에서 법률적 조력을 받기 위하여 변호사를 선임할 수 있으며, 변호사가 없는 경우 국선변호인의 조력을 받을 수 있다.
신뢰관계인 동석	조사 과정에 가족·변호사·상담사 등이 참석할 수 있다(13세 미만 아동이나 장애인은 진술조력인 참여).
신변안전조치 요청	본인이나 밀접한 인적 관계에 있는 사람 등이 보복을 당할 우려가 있는 경우에는 경찰서장에게 신변안전조치(시설보호·신변경호 등)를 요청할 수 있다.
가정폭력행위자에 대한 임시조치 신청	가정 구성원이 아동·청소년을 대상으로 성폭력범죄를 저질렀을 경우, 해당 가정 구성원을 상대로 퇴거·접근명령 등을 신청할 수 있다.
인적사항 기재 생략	진술조서에 이름·연령 등 인적사항의 기재를 생략할 수 있으며, 신분과 사생활의 비밀을 보호받을 수 있다.
수사 및 재판 과정에서의 보호	조사 과정에 대한 영상물 촬영 및 속기록 작성, 비공개 재판 신청, 피고인이 볼 수 없는 상태로 증언, 공판정에 출석하지 않고 비디오 등 중계장치로 화상증언 등을 할 수 있다.
가해자로부터 정신적·신체적·경제적 보상을 받을 권리	가해자가 형사처벌을 받는 것과는 별개로 민사상 손해배상을 받을 수 있다.

출처: 경찰청(2020).

〈표 8-2〉 성폭력 피해자 지원제도 안내

지원	내용
상담지원	해바라기센터(☎1899-3075) 또는 여성긴급전화(☎1366)에서 성폭력 피해 사실에 대하여 전문상담을 받을 수 있으며, 상담 내용의 비밀을 보장해 준다. ※ 성폭력 피해자 보호시설에서 일정기간 보호 가능
법률지원	대한법률구조공단(☎132), 대한변협법률구조공단(☎02-3476-6515), (사)한국성폭력위기센터(☎02-883-9285)로부터 소송대리(형사피해, 법률지원, 민사소송) 지원을 받을 수 있다.
의료지원	성폭력 피해자 통합지원센터 및 성폭력 전담의료기관 등에서 피해치료를 받을 수 있다.

출처: 경찰청(2020).

09

학교폭력에서의
성폭력
사안 처리

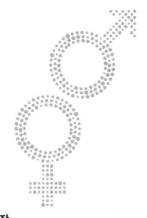

9장
학교폭력에서의 성폭력 사안 처리

학교폭력이란 학교 내외에서 학생을 대상으로 발생한 상해, 폭행, 감금, 협박, 악취, 유인, 명예훼손, 모욕, 공갈, 강제적인 심부름, 성폭력, 따돌림, 사이버따돌림, 정보통신망을 이용한 음란·폭력정보 등에 의하여 신체·정신 또는 재산상의 피해를 수반하는 행위이다(「학교폭력예방 및 대책에 관한 법률」 제2조). 「학교폭력예방 및 대책에 관한 법률」 제2조 제1호는 성폭력을 학교폭력의 유형에 포함하고 있기 때문에 피해자가 학생인 성폭력 사안의 경우 학교폭력에 속하지만, 성폭력은 그 자체로 「형법」 및 형사특별법상 범죄가 되기도 하므로 수사기관에 신고하여 엄정하게 대처하여야 한다.

학교폭력 전담기구

학교폭력 전담기구는 성폭력 사안이 일어났을 때 가장 먼저 대응하고 학교폭력 사안에 대해서 학교 구성원들이 서로 유기적으로 협력하여 효과적으로 처리하기 위해 설치된 것으로 상시 운영해야 하며 학교의 장은 학교폭력 사태를 인지한 경우 지체 없이 전담기구를 통해 가해 및 피해 사실 여부를 확인하도록 한다. 학교폭력 전담기구는 학교폭력에 대한 실태조사를 하고, 학기별로 1회 이상 학교폭력 예방 프로그램을 구성·실시하며, 성폭력 사안에 있어서 전문기관에 조사를 의뢰할 수 있다. 학교폭력 전담기구의 사안 처리 절차는 다음과 같다(〈표 9-1〉 참조).

〈표 9-1〉 학교폭력 전담기구의 사안 조사 진행 단계 및 처리 내용

단계	처리 내용
성폭력 사건 발생 인지	• 117 학교폭력 신고센터 혹은 교사, 학생, 보호자 등의 신고 접수를 통해서 사건 발생을 인지

⬇

단계	처리 내용
신고 접수 및 학교장 보고	• 학교폭력 전담기구는 신고된 사안을 반드시 신고 접수 대장에 기록하고 학교장과 담임교사, 가해·피해학생 보호자에게 고지 • 교육(지원)청으로 48시간 이내에 교육청 양식을 이용해 서면보고 • 수사기관에 신고

⬇

단계	처리 내용
초기 대응	• 가해학생과 피해학생을 즉시 분리 • 필요시 피해학생의 응급처치를 위해 병원으로 이송. 동일한 성을 가진 교직원과 동행할 수 있음 • 피해학생이 신체적·정신적 피해를 치유하도록 우선조치 실시 • 신고 학생 및 피해학생이 가해학생으로부터 보복행위를 당하지 않도록 보호조치 • 사건 현장이 교내일 경우 현장을 그대로 보존하여 수사기관에 의뢰 • 성폭력의 사안은 비밀 유지에 가장 중점을 둠

⬇

전담기구의 사안 조사	• 관련(가해, 피해) 학생 면담 • 주변 학생 조사 • 객관적인 입증자료 수집 • 조사한 결과를 바탕으로 육하원칙에 따라 사안 조사 보고서 작성 • 장애학생의 경우 특수교육 전문가를 참여시켜 조력 제공 • 조사결과 보고서를 작성 후 학교장 및 보호자에게 보고

학교장 자체 해결 여부 심의	• 법률 제13조의2 제1항 제1~4호에 모두 해당하는지 여부를 객관적 으로 판단

자체 해결 요건 충족	자체 해결 요건 미충족
피해학생 및 보호자의 서면 확인	학교폭력대책심의위원회 개최

출처: 교육부(2020).

- 전담기구의 구성권자: 학교장
- 전담기구의 구성원: 교감, 전문상담교사, 보건교사, 책임교사, 학부모
  - 학교의 장, 교감: 성폭력 사안 처리에 있어서 실질적인 총지휘자로서 구성원들에게 업무를 지시하고 결과를 보고받는다. 학교장은 교육감에게 성폭력 사건이 발생한 사실과 그 결과를 48시간 이내에 보고하여야 한다.
  - 전문상담교사: 피해·가해학생에 대한 심리검사 및 상담을 실시하여 심리적인 상황을 파악하고 이에 대한 소견을 제시한다. 이때 가해학생과 피해학생의 대면상담은 피한다.
  - 보건교사: 피해·가해학생의 신체적·정신적 피해 상황을 파악하고 피해학생에게 응급조치와 보호조치를 신속하게 하여 전문기관에 의뢰하여 의료 및 상담을 받을 수 있도록 한다.

- 책임교사: 학교폭력 문제를 담당하는 교사를 말하며, 사안 조사 방향을 정하며 전반적인 사안의 진상을 학교장 및 심의위원회에 보고한다.
- 담임교사: 학부모에게 연락을 취하고 조사에 적극적으로 지원한다.
- 학부모: 전담기구 인원의 1/3 이상 포함되어야 하고, 학교운영위원회에서 선출한다.

사안 조사 후 수집된 정보를 바탕으로 만약 학교장이 자체 해결할 수 있는 사안에 대해서는 전담기구를 통해 협의가 가능하지만, 자체 해결 요건이 충족이 안 되는 사안은 학교폭력대책심의위원회로 넘어가게 된다. 학교장의 자체 해결이 가능한 경우는 다음 요건에 해당되어야 한다.

- 첫째, 2주 이상의 신체적·정신적 치료를 요하는 진단서를 발급받지 않은 경우
- 둘째, 재산상 피해가 없거나 즉각 복구된 경우
- 셋째, 학교폭력이 지속적이지 않은 경우
- 넷째, 학교폭력에 대한 신고, 진술, 자료 제공 등에 대한 보복행위가 아닌 경우

자체 해결 요건을 충족한다면 피해학생과 보호자에게 심의위원회 개최 의사를 확인하여 미개최에 동의할 시 학교장 자체 해결로 처리할 수 있다. 만약 이러한 요건에 해당되지 않는다면 심의위원회 개최를 요청한다.

학교폭력 전담기구에서 성폭력 사안 조사 시 교사의 유의사항

인지 단계

성폭력 사안이 신고되는 경로는 다양하다. 피해자나 피해자의 보호자가 직접 학교에 신고하는 경우, 담임교사가 피해학생을 상담하는 과정에서 알게 되는 경우, 학교폭력 실태조사를 통해 알게 되는 경우, 주변인들이 목격하여 신고하는 경우, 수사기관이나 외부 상담기관을 통해 학교로 통보되는 경우, 피해자가 SNS에 남긴 글을 보고 친구들이 담임교사에게 알리는 경우 등이 있다. 학교에서 성폭력을 인지하게 된다면 다음의 행동 지침을 따라야 한다(교육부, 2020).

수사기관에 신고의무를 지킨다.

「아동·청소년의 성보호에 관한 법률」에 따라 「초·중등교육법」상의 학교에서 근무하는 단체장과 그 종사자는 성범죄를 인지하면 그 즉시 수사기관에 신고해야 한다. 성폭력 사안을 은폐하거나 학교 내부에서 임의로 해결하려고 하지 않아야 한다. 만약 성폭력 사실을 알고도 신고를 하지 않았거나 거짓 신고를 할 경우에는 과태료를 부과한다.

피해자가 신고를 원하지 않는 경우에도 교사는 신고의 의무를 지켜야 한다.

「아동·청소년의 성보호에 관한 법률」은 피해자가 신고를 원하지 않을 경우에 대한 별도의 예외 규정을 두지 않고 있다. 따라서 교사는 신고의무자이기 때문에 피해자의 의사와 무관하게 성범죄 발생 사실을 학부모에게 알리고 수사기관에 신고할 의무가 있다. 피해자와 보호자가 신고를 거부하기도 하는데, 대부분은 어떤 도움을 받고, 어떠한 조사 과정을 거치게 되는지에 대해서 잘 알지 못해 두려워하거나 소용이 없을 것이라 판단하기 때문이다. 이때 교사는 피해학생과 피해학생의 부모에게 신고의 의무와 수사 과정에 대해서 충분하게 설명해 주고 동의를 구한다.

「학교폭력예방 및 대책에 관한 법률」

제20조(학교폭력의 신고의무)

① 학교폭력 현장을 보거나 그 사실을 알게 된 자는 학교 등 관계 기관에 이를 즉시 신고하여야 한다.

② 제1항에 따라 신고를 받은 기관은 이를 가해학생 및 피해학생의 보호자와 소속 학교의 장에게 통보하여야 한다.

③ 제2항에 따라 통보받은 소속 학교의 장은 이를 자치위원회에 지체 없이 통보하여야 한다.

④ 누구라도 학교폭력의 예비·음모 등을 알게 된 자는 이를 학교의 장 또는 자치위원회에 고발할 수 있다. 다만, 교원이 이를 알게 되었을 경우에는 학교의 장에게 보고하고 해당 학부모에게 알려야 한다.

⑤ 누구든지 제1항부터 제4항까지에 따라 학교폭력을 신고한 사람에게 그 신고행위를 이유로 불이익을 주이서는 아니 된다.

「성폭력방지 및 피해자보호 등에 관한 법률」

제9조(신고의무)

19세 미만의 미성년자(19세에 도달하는 해의 1월 1일을 맞이한 미성년자는 제외한다)를 보호하거나 교육 또는 치료하는 시설의 장 및 관련 종사자는 자기의 보호·지원을 받는 자가 「성폭력범죄의 처벌 등에 관한 특례법」 제3조부터 제9조까지, 「형법」 제301조 및 제301조의 2의 피해자인 사실을 알게 된 때에는 즉시 수사기관에 신고하여야 한다.

「아동·청소년의 성보호에 관한 법률」

제34조(아동·청소년 대상 성범죄의 신고)

① 누구든지 아동·청소년 대상 성범죄의 발생 사실을 알게 된 때에는 수사기관에 신고할 수 있다.

② 다음 각 호의 어느 하나에 해당하는 기관, 시설 또는 단체의 장과 그 종사자는 직무상 아동·청소년 대상 성범죄의 발생 사실을 알게 된 때에는 즉시 수사기관에 선고하여야 한다.

2. 「초·중등교육법」 제2조의 학교[1] 및 「고등교육법」 제2조의 학교

---

1 「초·중등교육법」 제2조의 학교는 다음을 말한다. 1. 초등학교·공민학교, 2. 중학교·고등공민학교, 3. 고등학교·고등기술학교, 4. 특수학교, 5. 각종학교

제67조(과태료)

④ 제34조 제2항 각호의 어느 하나에 해당하는 기관·시설 또는 단체의 장과 그 종사자가 직무상 아동·청소년 대상 성범죄 사실을 알고 수사기관에 신고하지 아니하거나 거짓으로 신고한 경우 3백만 원 이하의 과태료를 부과한다.

성폭력 사안에 대해서 비밀이 누설되지 않도록 주의해야 한다.

피해학생을 가해학생으로부터 안전하게 분리시킨 후 피해 사실과 피해자의 정보가 학교의 구성원들에게 알려지지 않도록 해야 한다. 성폭력 사실을 다른 교직원이나 학생들에게 유포하는 경우 법적인 처벌을 받을 수 있다. 무엇보다 피해학생에게 2차 피해가 발생할 수 있으므로 비밀보장에 유의해야 한다. 또한 성폭력 사안을 목격하거나 그 사실을 알고 있는 주변 학생들에게는 이 사실을 확산할 경우에 피해자가 겪게 될 2차 피해에 대한 위험성을 알리고 동시에 법적인 처벌을 받을 수 있다는 것을 주지시킨다.

「학교폭력예방 및 대책에 관한 법률」

제21조(비밀누설금지 등)

① 이 법에 따라 학교폭력의 예방 및 대책과 관련된 업무를 수행하거나 수행하였던 자는 그 직무로 인하여 알게 된 비밀 또는 가해학생·피해학생 및 제20조에 따른 신고자·고발자와 관련된 자료를

누설하여서는 아니 된다.

제22조(벌칙)

① 제21조 제1항을 위반한 자는 1년 이하의 징역 또는 1천만 원 이하의 벌금에 처한다.

「성폭력방지 및 피해자보호에 관한 법률」

제30조(비밀 엄수의 의무)

상담소, 보호시설 또는 통합지원센터의 장이나 그 밖의 종사자 또는 그 직에 있었던 사람은 그 직무상 알게 된 비밀을 누설하여서는 아니 된다.

「아동·청소년의 성보호에 관한 법률」

제31조(비밀누설 금지)

① 아동·청소년 대상 성범죄의 수사 또는 재판을 담당하거나 이에 관여하는 공무원 또는 그 직에 있었던 사람은 피해아동·청소년 또는 대상아동·청소년의 주소·성명·연령·학교 또는 직업·용모 등 그 아동·청소년을 특정할 수 있는 인적사항이나 사진 등 또는 그 아동·청소년의 사생활에 관한 비밀을 공개하거나 타인에게 누설하여서는 아니 된다.

② 제45조 및 제46조의 기관·시설 또는 단체의 장이나 이를 보조하는 자 또는 그 직에 있었던 자는 직무상 알게 된 비밀을 타인에게 누설하여서는 아니 된다.

③ 누구든지 피해아동·청소년 및 대상아동·청소년의 주소·성명·연령·학교 또는 직업·용모 등 그 아동·청소년을 특정하여 파악할 수 있는 인적사항이나 사진 등을 신문 등 인쇄물에 싣거나 「방송법」 제2조 제1호에 따른 방송(이하 '방송'이라 한다) 또는 정보통신망을 통하여 공개하여서는 아니 된다.

④ 제1항부터 제3항까지를 위반한 자는 7년 이하의 징역 또는 5천만 원 이하의 벌금에 처한다. 이 경우 징역형과 벌금형은 병과할 수 있다.

성폭력 사실을 신고한 학생이 있는 경우 신고 학생을 보호해야 한다.

성폭력 사실을 신고한 학생이 있는 경우에는 신고한 학생의 정보가 사안을 조사하는 과정에서 누설되지 않도록 비밀보장에 각별히 유의하여야 한다. 이는 신고한 학생이 가해학생으로부터 보복을 당할 수 있는 가능성을 배제할 수 없기 때문이다. 따라서 사안 처리가 종료될 때까지 신변의 안전을 보호받을 수 있도록 학교는 조치를 취해야 하며, 가해학생이 이러한 정황을 파악할 수 없도록 해야 한다.

성폭력 피해 사실을 교사가 즉시 알았을 경우 응급 및 보호조치를 해야
한다.

성폭력 피해 사실을 즉시 알게 된 경우에는 피해학생을 의료기관으로
이송하여 최대한 빨리 응급처치를 받을 수 있도록 하고, 이때 증거가 소멸
되지 않도록 주의해야 한다. 대부분 성폭력 피해자들은 성폭력 발생 직후
수치심과 불쾌함 때문에 속옷을 세탁하거나 몸을 최대한 깨끗하게 씻는
경우가 많은데, 이러한 경우에는 조사에 필요한 증거물을 확보하기가 어
렵다. 특히 의학적 근거는 72시간 내에 진찰을 받아야 확보할 수 있기 때
문에 몸을 씻지 않은 상태에서 가능한 빨리 병원으로 간다. 또한 성폭력 전
문 상담기관과 연계하여 긴급 보호조치를 취하여 피해학생의 심리적인 안
정에 초점을 두어야 한다. 만약 친족성폭력에 의한 도움 요청을 받았다면
보호자로부터 긴급 격리가 필요한 사안이므로 아동보호전문기관이나 성
폭력 피해자 보호시설로 연계할 수 있다.

병원 진료 과정에서 피해학생은 공포와 불안감을 느낄 수 있으므로 동
행한 교사는 어떠한 검사와 진료를 위해 우리가 병원에 온 것인지, 진료 후
에는 어떤 것을 예방할 수 있는지(예: 임신, 성병, 기타 염증 등)를 설명해 줌으
로써 피해학생이 심리적으로 안정을 취할 수 있도록 한다.

학생들에게 증거를 보전하는 방법을 알려 주세요.

1. 입었던 옷과 소지품은 그대로 보관하도록 해 주세요. 단, 이
   때 겉옷, 속옷을 각각 따로따로 보관하도록 이야기해 주세요.

2. 옷을 종이봉투에 넣어서 따로 보관하도록 해 주세요. 플라스틱 백이나 비닐 봉투는 안 됩니다.

3. 피해학생의 몸에 남아 있는 모든 흔적이 증거가 될 수 있습니다. 샤워, 질 세척, 손 씻기, 현장청소 등을 하지 않도록 이야기해 주세요.

4. 만약 몸에 외상이 남아 있다면 반드시 사진 촬영을 하여(얼굴과 함께 나오도록) 저장해 둘 수 있도록 해 주세요.

5. 음식이나 음료수 섭취를 하지 않도록 해 주세요.

6. 성폭력 이후 가해자와 통화할 시 모든 내용을 녹음하고 핸드폰 메시지 또는 이메일은 저장하도록 해 주세요.

출처: 여성가족부.

조사 단계

피해학생의 심리적 안정이 제일 우선이다.

성폭력 사건을 신고할 때까지, 또는 이 사건이 누군가로부터 신고가 되어서 조사를 받으러 오기까지 피해학생이 갖는 심리적·신체적 고통은 매우 크다. 가장 먼저 가해학생과 분리조치를 시킴으로써 접촉할 수 없도록 만든다. 가해자가 학생인 경우에는 피해학생에게 접촉을 금지시키고 출석정지를 내리고, 가해자가 교사인 경우에는 성폭력 사건을 인지한 직후 모든 업무에서 배제, 성폭력 조사가 시작되면 직위를 해제함으로써 성폭력 사건 처리가 종료될 때까지 가해자와 피해자는 공간 분리가 되어야 한다.

상담이 시작되면 피해 상황과 피해학생의 상황에 대해서 위로하고 지지함으로써 심리적 안정을 도와 피해자가 자신에게 일어난 사건에 대해 감정을 추스를 수 있도록 충분한 시간을 제공한다. "용기 내 신고해 주어서 고마워." 또는 "나를 믿고 내게 와 주어서 고마워."라는 말을 해 주는 것이 좋다. 가해학생으로부터 보복을 당하지 않도록 조력해 줄 것과 모든 상담 내용은 비밀이 보장된다는 사실을 알려 줌으로써 피해학생을 안심시킨다.

피해학생의 조사 횟수를 최소화시킨다.

피해학생은 성폭력을 당하였다는 사실 자체에 대한 분노와 불안을 느끼는 동시에 조사에 응해야 하는 부담감을 가지고 있다. 피해학생은 자신의 사생활 보호를 위해 학교에서 행해지는 조사를 원하지 않는 경우 서면진술로 대체할 수 있다. 그러나 만약 조사에 응한다면 조사 시 피해학생의 신원과 사생활이 노출되지 않도록 해야 하며 조사 횟수는 최소화하되, 가급적이면 한 번에 끝낼 수 있도록 한다. 이때 질문은 개방형 질문으로 함으로써 피해자가 자신이 하고 싶은 말을 충분히 할 수 있도록 하고, 피해학생이 말을 잘 못하더라도 충분히 기다려 줌으로써 스스로 정리할 수 있게 도와준다.

상담을 진행할 시 사건을 정확하게 파악하기 위해서 녹음을 하는 것이 좋기 때문에 피해학생에게 녹음의 필요성을 고지하고 동의를 얻는다. 만약 피해학생이 녹음에 동의하지 않는다면 종이에 기록하며 상담을 진행하고, 이후에 피해학생에게 기록을 보여 줌으로써 진술 내용을 확인하고 수정할 수 있도록 한다.

피해학생이 진술을 거부하더라도 강요하지 말아야 한다.

사건 처리 과정에서 피해자는 극도의 불안 상태에 있기 마련이다. 상담 과정에서 피해학생에게 반복해서 성폭력 당시의 일을 말하도록 요구한다거나, 사건과 무관하게 불필요한 내용에 대한 질문은 금물이며, 가해자를 이해시키려고 하는 태도("○○이도 그럴 의도는 아니었을 거야." 등의 가해자 변호인이 되는 태도)를 보여 주어서는 절대 안 된다. 피해자는 어떠한 잘못이 없으므로 책임과 과실을 묻는 등 성적 굴욕감이나 죄책감을 느끼게 하는 질문을 하지 않는다.

만약 상담 과정에서 피해학생이 진술을 거부할 시 그 의사를 존중해 주어야 한다. 피해학생이 진술을 거부한다고 해서 강압적이고 강제적인 조사가 진행되면 오히려 피해자는 주변인들에게 불신과 실망의 감정을 느끼게 되고, 결국 피해학생이 사회로부터 2차 피해를 받게 된 셈이다.

피해학생에게 신뢰관계에 있는 사람과 동석할 권리가 있다.

피해학생과 신뢰관계가 있는 보호자 또는 법률조력인이 조사 과정에 동석할 수 있게 하여 조사 과정에서 심리적으로 최대한 안정을 취할 수 있는 환경에서 조사에 임할 수 있도록 해야 한다. 「아동·청소년의 성보호에 관한 법률」에 따르면 19세 미만의 아동과 청소년 및 장애인에 대해서는 법률조력인을 지정할 수 있다. 피해학생이 장애학생일 경우에는 교육지원청의 특수교육지원센터에 요청하여 특수교육 전문가를 조사 과정에 참석하도록 하는 것이 바람직하다.

가해학생 면담 시 다음을 유의한다.

가해학생 면담 시 첫 번째로 중요한 것은 가해 행위에 대해서는 어떠한 의도도 모두 잘못된 생각에서 나온 것이고 변명이라는 것을 알려 주면서 성폭력은 강력범죄라는 사실을 반드시 인지시켜야 한다는 것이다. 두 번째로, 진정한 잘못의 인정과 사과가 얼마만큼 중요한지에 대해서 인지시키고, 피해학생이 당한 충격과 상처에 대해서 말해 주며 피해자가 요청하는 사항이 있다면 할 수 있는 한 최대한의 책임을 실행하도록 조력한다. 세 번째로, 사건 조사 과정 중 또는 조사가 끝난 후에도 피해학생에게 어떠한 보복과 협박 행위를 행사하지 않도록 일러두며, 피해학생의 개인 신상정보가 노출되지 않도록 2차 가해에 대한 이야기를 나눈다.

교사는 궁극적으로 학교폭력에서 가해자에게 내려지는 조치는 벌을 주는 것이 목적이 아니라 선도에 목적이 있다는 점을 잊지 않는다. 따라서 가해학생이 성폭력을 하게 된 상황에 대해서 충분히 탐색한 후 어떠한 법적 절차를 거치게 되는지와 법적 조치의 종류와 내용에 대해서 알려 준다. 보통 징계만으로 가해학생의 책임을 묻는 경우에는 재범 위험성이 높기 때문에 가해자가 올바른 성 가치관을 가질 수 있도록 법적 조치와 더불어 교육적 개입의 조치가 필요하다.

가해학생이 피해학생과 합의하기를 원하기도 하는데, 합의란 용서를 비는 사과의 의미가 아니라 보상의 개념이라는 것을 교사는 기억해야 한다. 또한 성폭력 사안 처리는 피해자가 원하는 방식으로 해결해야 한다. 피해학생이 합의하기를 거부한다면 교사는 합의를 종용해서는 안 된다. 그리고 만약 가해학생이 교사에게 반성문을 써 온다면 반성은 피해자에게 하는 것이지 교사나 담당자에게 하는 것이 아님을 이야기해 준다.

피해학생 상담 시 교사로부터 2차 피해가 발생되지 않도록 주의를 해야 한다.

만약 교사가 직접 목격했거나, 발생 징후를 통해 감지를 한 경우, 또는 피해자가 직접 교사에게 성폭력 사실을 털어놓았을 때 교사는 피해학생을 상담하게 되는데, 이때 피해학생에게 2차적인 피해를 입히지 않도록 해야 한다. 예를 들어, "왜 저항하지 않았어?" "그러게 왜 밤늦게까지 돌아다녔어?" "왜 그 집에 네가 갔어?" "이거 소문나면 괜히 네 이미지만 나빠져." 등의 잘못된 통념에서 비롯된 말은 피해학생에게는 오히려 성폭력 사건보다 더 큰 상처로 남을 수 있다. 따라서 2차 피해가 발생되지 않도록 주의가 필요하다.

종결 단계

피해학생이 원하는 방향의 회복 방법을 최대한 수용하고, 가해학생에게 는 징계에서 끝나는 것이 아니라 재발방지를 위해서 선도 및 교육적 개입 이 필요함을 기억해야 한다. 또한 교내 성폭력 실태조사를 실시하여 또 다 른 피해자가 없는지 확인하고, 전수조사의 내용을 기반으로 하여 예방 교 육을 실시하면서 사후 관리에 힘써야 한다.

학교폭력대책심의위원회

학교폭력대책심의위원회(이하 심의위원회)는 피해학생을 보호하고 가해 학생의 징계 및 선도 등 학교폭력을 예방하고 이에 대한 대책을 심의하고 자 교육지원청에 설치된 기구이다. 기존에 각 학교에 설치되어 있던 학교 폭력대책자치위원회가 심의위원회로 그 기능이 이관되면서 학교장 자체 해결이 안 되는 사안은 심의위원회로 넘겨지게 된다. 심의위원회의 위원 은 10인 이상 50인 이하로 구성되며, 교육장이 임명하거나 위촉하고 위원 장은 교육장이 지명한다. 위원의 자격은 다음과 같다.

- 해당 시·군·구의 청소년보호 업무 담당 국장 또는 과장 및 교육지원 청의 학교폭력 업무 또는 생활지도 업무 담당 국장 또는 과장
- 교육전문직원 또는 교육전문직원으로 재직하였던 사람
- 학교폭력 업무 또는 학생생활지도 업무 담당 경력이 2년 이상인 교원

또는 교원으로 재직하였던 사람

- 판사·검사·변호사
- 해당 시·군·구를 관할하는 경찰서 소속 경찰공무원
- 의사 자격이 있는 사람
- 「고등교육법」 제2조에 따른 학교의 조교수 이상 또는 청소년 관련 연구기관에서 이에 상당하는 직위에 재직하고 있거나 재직하였던 사람으로서 학교폭력 문제에 대하여 전문 지식이 있는 사람
- 청소년 선도 및 보호 단체에서 청소년보호활동을 2년 이상 전문적으로 담당한 사람
- 해당 교육지원청 관할 구역 내 학교(고등학교 포함)에 소속된 학생의 학부모
- 그 밖에 학교폭력 예방 및 청소년 보호에 대한 지식과 경험이 풍부한 사람

심의위원회는 비밀누설 금지 의무를 가지고 있으므로 사건과 관련된 학생들을 'A' 'B'로 표기하여 익명 처리를 히는 것이 바람직하다. 심의위원회의 출석요구는 서면으로 전달되고 학교 측은 관련 학생이 참석 안내서를 통해 심의위원회에 참석할 수 있도록 안내해 주어야 한다. 심의위원회는 개최 요구 공문을 받은 날로부터 3주 이내(21일 내)에 개최되어야 하고 최대 7일까지 연기가 가능하다. 〈표 9-2〉는 학교폭력대책심의위원회의 진행 단계와 각 단계에서 처리하는 내용을 정리한 것이다.

단계	처리 내용
피해·가해학생 및 학부모 의견 진술	• 피해학생과 가해학생의 대면접촉은 피해학생에게 심리적 충격을 줄 수 있는 경우 개별적 출석이 가능 • 피해학생의 2차 피해를 방지하기 위해서 수사기관 사건담당경찰이나 상담기관의 상담원이 출석하여 대신 진술하는 것도 가능 • 피해학생 측의 입장과 요구사항은 필요시 서면 진술로 대체 가능 • 가해학생 측의 의견 진술 기회를 주고 자신의 입장을 말하도록 함

⬇

심의위원회 심의 및 분쟁 조정	• 지금까지의 조사결과를 토대로 피해 및 가해학생에 대한 조치를 심의, 의결하여 학교장이 이를 이행하도록 요청

⬇

피해·가해학생에 대한 보호 및 선도 조치 결정	• 피해학생의 보호와 가해학생의 선도를 위하여 필요하다고 인정하는 조치를 결정 • 조치 요청을 받은 날로부터 피해학생은 7일, 가해학생은 14일 이내에 조치 이행 • 조치를 거부하거나 회피 시 관련법에 따른 징계 또는 재조치

출처: 교육부(2020).

피해학생과 가해학생에 대한 심의위원회의 조치[2]

피해학생과 가해학생에 대한 조치별 적용기준은 다음과 같다. 첫째, 행위의 심각성, 지속성, 고의성, 둘째, 가해학생의 반성 정도, 셋째, 해당 조치로 인한 가해학생의 선도 가능성, 넷째, 가해학생 및 보호자와 피해학생과 보호자 간의 화해 정도, 다섯째, 피해학생이 장애학생인지의 여부 등에

2 교육부(2021). **학교폭력 사안처리 가이드북**. 세종: 교육부.

따라 피해자의 보호조치 및 가해학생의 선도와 교육 조치가 결정된다.

학교가 피해학생을 위해 할 수 있는 보호조치

가해자와의 분리
가장 우선적으로 가해자와의 분리가 되게 한다.

심리 상담 및 조언
성폭력으로 받은 정신적·심리적 충격으로부터 회복할 수 있도록 하기 위해서 학교 내의 교사 또는 학교 외의 전문상담기관의 전문가에게 심리 상담 및 조언을 받도록 하는 조치이다. 만약 학교 내 상담교사가 없는 경우 외부 상담기관과 연계한다. 이때 피해학생이 전문가로부터 받는 상담에 사용되는 비용은 가해학생의 보호자가 부담한다.

만약 피해학생의 신속한 치료가 필요하여 학교의 장 또는 피해학생의 보호자가 원하는 경우 학교안전공제회 또는 시·도 교육청이 부담하고 이에 대한 구상권을 행사할 수 있다.

일시보호
가해학생으로부터 지속적인 폭력이나 보복을 당할 우려가 있는 경우 일시적으로 보호시설이나 집, 학교상담실 등에서 보호를 받을 수 있도록 하는 조치이다.

치료 및 치료를 위한 요양

성폭력으로 인하여 생긴 신체적·정신적 상처의 치유를 위하여 일정기간 동안 출석을 하지 않고 의료기관 등에서 치료를 받도록 하는 조치이다. 이때 피해학생은 의료기관에서 발생되는 치료 비용을 지원받을 수 있다.

교사는 피해학생이 치료받는 기간 동안 치료기간이 명시된 진단서 또는 관련 증빙자료를 첨부하여 자치위원회에 제출하도록 학부모에게 안내한다.

학급교체

피해학생이 가해학생의 지속적인 성폭력 상황으로부터 벗어나는 것을 돕기 위해서 또는 성폭력으로 인해 생긴 정신적인 상처에서 벗어나는 데 도움을 주기 위해서 피해학생을 동일 학교 내의 다른 학급으로 소속을 이동할 수 있도록 하는 조치이다. 피해학생과 가해학생이 동일한 학급에 있는 경우 피해학생은 심리적인 불안감을 갖기 때문에 이 둘을 분리시키기 위함이다. 이때 피해학생의 입장에서는 새로운 학급에 적응해야 하는 부담이 있기 때문에 피해학생이 적극적으로 원하고 있거나 다른 조치로는 도움이 안 된다고 판단될 때 그러한 결정을 내리는 게 타당하며, 피해학생의 의견을 적극적으로 반영해야 한다.

그 밖에 피해학생의 보호를 위하여 필요한 조치

피해학생을 위해 필요하다고 판단되는 조치를 취할 수 있는데, 예를 들면 치료 등을 위한 의료기관으로 인도해 줄 수 있고, 법률구조기관 등의 필요한 협조와 신변보호지원 등을 해바라기센터나 성폭력상담소 등에 요청할 수 있다.

성폭력 피해학생은 다음의 경우에서 불이익이 금지되어야 한다.

• 출석 인정

피해학생이 성폭력으로 인해 장기간 학교에 출석하지 못했을 경우, 학교의 장이 인정하면 출석으로 인정될 수 있다. 피해학생이 학교폭력대책자치위원회 소집 전에 등교를 거부할 시 자치위원회는 피해학생의 보호조치로서 치료 및 요양을 할 수 있다. 이 기간 동안 치료받은 것이 담당의사의 진단서 등으로 증명된다면 출석일 수로 산입하는 것이 바람직한 처리라고 할 수 있다.

• 성적처리

피해학생은 보호조치로 인해 단·장기간 결석 또는 조퇴를 하게 되는 경우가 있는데, 이때 학교는 피해학생의 성적 평가에 있어서 불이익을 주지 않도록 해야 한다. 부득이하게 시험에 응하지 못했거나 결석이 길어질 경우에도 불이익이 없도록 하고 가정에서 학습이 이루어질 수 있도록 교육상 필요한 조치를 마련해 주는 것이 바람직한 처리라고 할 수 있다.

가해학생에 대한 학교의 선도 조치

서면사과

가해학생이 피해학생에게 서면으로 사과한다.

피해학생에 대한 접촉, 협박 및 보복행위의 금지

피해학생에 대한 가해학생의 접근을 차단하고 협박과 보복을 금지한다.

교내 봉사

학교 내에서 봉사를 통해 가해학생에게 반성의 기회를 주고, 자신의 행동에 대해 책임을 져야 한다는 사실을 스스로 깨닫게 하기 위한 조치이다. 교내 봉사 조치를 내릴 때에는 가해학생의 학습권이 침해되지 않는 범위에서 봉사가 이루어져야 하고, 모든 학생이 보는 앞에서 봉사를 할 때 낙인의 우려가 있다는 점을 주의한다.

사회봉사

가해학생이 사회 구성원으로서의 책임을 느끼고, 자신의 행동에 대해서 봉사를 통해 반성의 기회를 주기 위한 조치이다. 학교 밖의 복지시설이나 관공서에서 사회봉사를 할 수 있다.

학내외 전문가에 의한 특별교육 이수 및 심리치료

교육감이 정한 기관에서 전문가에게 특별교육을 이수하거나 심리치료를 받도록 하는 조치이며, 가해학생에게 공격성, 분노, 우울과 같은 부정적 정서 또는 심리적 문제가 있는지 확인하고 이를 치료할 수 있도록 한다. 자치위원회는 가해학생이 특별교육을 이수할 경우 가해학생의 보호자도 함께 교육을 받게 한다. 만약 보호자가 불응할 경우 보호자에게 법률에 의하여 3백만 원 이하의 과태료가 부과된다는 것을 안내하고 선도를 위해서 특별교육을 이수할 것을 재통보하여 반드시 이수할 수 있도록 한다.

출석정지

가해학생의 학교 출석을 중단하여 피해학생과 격리시키고, 가해학생에게 반성의 기회를 줌으로써 일시적으로나마 피해학생을 보호하기 위한 조치이다. 가해학생에 대한 출석정지 기간은 출석일수에 포함되지 않으며, 출석정지 기간 중 위(Wee) 클래스에서 상담을 받거나 자율학습을 시키는 등의 적절한 교육적 조치를 취한다.

단, 다음 사항의 경우에는 학교장이 즉시 출석정지를 조치할 수 있다.

① 2명 이상의 학생이 고의적이고 지속적으로 성폭력을 행사한 경우
② 성폭력을 행사하여 전치 2주 이상의 상해를 입힌 경우
③ 성폭력에 대한 신고, 진술, 자료 제공 등에 대한 보복을 목적으로 폭력을 행사한 경우
④ 학교의 장이 피해학생을 가해학생으로부터 긴급하게 보호할 필요가 있다고 판단하는 경우

학급교체

가해학생을 피해학생으로부터 분리시키기 위해서 같은 학교 내에 있는 다른 학급으로 가해학생을 교체시키는 조치이다.

전학

가해학생과 피해학생의 분리를 위해서 가해학생의 소속을 다른 학교로 옮기는 조치를 말한다. 자치위원회의 결과, 전학조치가 의결되면 가해학생은 14일 이내에 전학을 가야 하고 전학을 간 이후에는 피해학생의 소속

학교로 다시 돌아갈 수 없도록 하여야 한다. 가해학생과 피해학생이 상급
학교로 진학할 시에도 각기 다른 학교로 배정해야 하는데, 피해학생이 입
학할 학교를 우선적으로 배정한다.

퇴학

피해학생을 보호하고 가해학생을 선도, 교육할 수 없다고 판단되면 가
해학생에게 퇴학 처분을 내릴 수 있다. 단, 의무교육과정에 있는 초등학교
와 중학교에서는 퇴학 처분이 적용되지 않는다.

대학에서의 성폭력 사안 처리

대학은 공부하고자 하는 사람들이 모이는 곳으로 공동체 안에서 함께
배움을 통해 성장해 나가고자 하는 공동의 목표가 존재하는 공간이면서도
가지고 있는 배경들이 서로 다른 다양한 사람들이 모이는 공간이기 때문
에 자신의 기준을 앞세워 타인의 입장을 배척하고 인권을 침해하는 일이
자주 발생하는 장이기도 하다. 대학에서의 성범죄는 사제 간, 선후배 간,
동급생 간에 발생되고, 전공 내, 동아리 내 등 위계의 영향력이 존재하기도
하며, 친밀함이 동반되는 관계에서 발생되기 때문에 공론화하기가 매우
어렵다. 또한 디지털 성범죄가 증가되면서 대학 내 화장실, 도서관, 강의
실, 기숙사, 통학버스 등에서 불특정 다수에 의해서 일어나기도 하기 때문
에 사건이 복잡한 양상을 보인다.

대학 내에 발생하는 성희롱과 성폭력 사건은 대학이 가지고 있는 공동

체의 문화에서 기인한 문제이기 때문에 대학 문화를 공유하고 있는 대학의 구성원 개개인이 좀 더 깨어 있는 태도를 가질 필요가 있고, 스스로가 책임의식을 가져야만 한다. 똑같은 일이 반복되는 것을 방지하고 피해자가 이전과 같이 대학생활을 유지할 수 있도록 보호와 안전이 보장된 캠퍼스를 조성하도록 소통하며 해결책을 함께 찾도록 협력해야 한다. 따라서 공동체 회복과 문화를 개선하기 위한 교육이 필수적이며 가해자에 대한 합당한 조치가 뒤따라야 한다. 특히 가해자가 교수일 경우에는 교육자에 대한 윤리적 기준을 포함하여 더욱더 엄격하게 징계해야 한다.

10

'젠더 감수성'을 기르는 교육

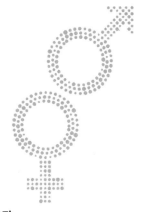

10장
'젠더 감수성'을 기르는 교육

앞서 많은 이야기를 다루었다. 지나온 성폭력 사건들을 보면서 과거에 비추어 본 현재 우리 사회의 모습을 다시 한번 들여다보았고, 성폭력이 발생하게 되는 원인들을 하나씩 짚어 나가면서 이 사회가 가지고 있는 왜곡된 문화와 인식, 고정관념과 편견의 위험성에 대해서 살펴보았다. 그리고 계속해서 진화되어 오고 있는 성폭력의 유형들을 보면서 앞으로 나타나게 될 새로운 유형의 범죄를 예방해야 할 필요성을 생각하게 되었고, 사건이 발생한 후 사안을 처리하는 과정에서 주의해야 할 점들을 통해서 우리에게 지금 필요한 교육은 젠더 감수성을 기르는 일이라는 것이 뚜렷해졌다. 젠더 감수성을 기르는 교육에서 다루어야 하는 핵심은 다양성에 대한 존중, 차별 없는 의식, 용기 있게 살아갈 수 있는 주체성이다. 이는 마치 어릴 때부터 받아 온 "어른을 만나면 먼저 인사하는 거야." "대중교통을 이용할 때에는 차례로 줄을 서서 타는 거야."의 예절교육처럼 우리의 생활교육 같은 것이다.

현 학교 성교육의 한계점

　지금 우리 사회를 보면 학교에서의 성교육은 아동·청소년들의 의식 변화와 문화에 충분히 대응하지 못하고 있음을 알 수 있다. 사회에 만연하고 있는 혐오문화는 더 이상 성인들만의 이슈가 아니다. 게임이나 유튜브와 같이 온라인상에서 벌어지고 있는 10대 청소년들의 여성혐오 발언들, 학생들의 단체 채팅방에 서슴없이 올라오는 또래와 교사의 외모 품평과 성희롱 발언들, N번방 가해자의 33%가 10대라는 점, 성소수자에 대한 보호막이 없는 사회에서 이들에 대한 혐오와 차별이 교실 내에서도 재생산되고 있다는 점 등은 어쩌면 이 나라에서 일어나고 있는 너무 뻔한 일일지도 모른다.

　여전히 우리나라의 성교육 콘텐츠는 남녀 성별의 신체적 차이의 각본을 써 내려가고, 남자들은 몽정, 발기, 자위, 음란물과 같이 직접적인 성행동을 전제하고 있는 성교육의 내용을, 여자들은 임신, 출산, 피임, 낙태, 성폭력의 대처와 같이 몸을 잘 지켜야 한다는 순결 이데올로기가 숨겨져 있는 내용을 주로 다루고 있다. 또한 남자들의 자위에 대해서는 이야기하면서도 여자들의 자위에 대해서는 언급하지 않는 것 자체가 어떤 성별의 섹슈얼리티를 사회에 더 드러낼 수 있는지 극명하게 보여 주고 있다. 그러나 동일한 점은 남녀 모두에게 성행동을 위험한 것으로 간주함으로써 성도덕의 전달에만 국한되어 있고 성지식의 전달을 불필요하게 생각함으로써 정작 성에 대한 호기심은 학교교육이 아닌 다른 경로를 통해 채워 나가게 만든다. 따라서 학교교육의 일환으로 진행되는 성교육을 받고서도 우리 자신이 성적 주체로서 건강하게 실천하는 방법을 알기가 매우 어렵다.

젠더 감수성 교육의 방향

이제 우리 사회는 젠더 감수성의 수준을 높이는 것에 주력을 기해야 한다. 젠더 감수성은 성차별적인 요소를 지각하는 것뿐만 아니라 남녀라는 이분화되어 있는 젠더 범주의 고정적 인식을 비판적으로 성찰하고 감지하는 능력을 포함한 개념이다(김경령, 서은희, 2020). 젠더에 대한 태도는 시대적인 규범과 문화에 따라 변할 수 있기 때문에 우리 사회의 문화를 반영하여 젠더 감수성을 기를 수 있는 교육이 필요하다. 교육에 앞서서 현재 자신의 젠더 감수성에 대한 자가 점검을 해 보는 것을 권장한다. 〈표 10-1〉의 검사지를 보고 그렇게 생각한다면 ○, 그렇게 생각하지 않는다면 ×를 표시해 보자.

〈표 10-1〉 젠더 감수성 측정

요인	문항 내용	○/×
여성혐오	1. 여자는 사회적으로 성공하는 것보다 좋은 남자를 만나 결혼하는 것이 더 중요하다.	
	2. 여자는 다이어트, 화장 등으로 자신을 아름답게 꾸며야 한다.	
	3. 부모가 맞벌이더라도 자녀가 아플 때에는 아빠보다 엄마에게 먼저 연락해야 한다.	
	4. 남자보다 여자가 담배 피는 것이 더 보기 싫다.	
	5. '된장녀' '진상녀' 등 ○○녀의 단어는 한국 여자들의 도덕성 수준이 낮기 때문에 등장하게 된 것이다.	
	6. 여자는 자신의 미모와 애교를 이용해서 남성으로부터 자신이 원하는 바를 얻는다.	
적대적 성차별	7. 경찰, 소방관, 군인 등을 선발할 때 여성 합격자의 수를 제한하는 것이 필요하다.	

적대적 성차별	8. 여자 장관이나 여성 CEO가 적은 것은 능력이 뛰어난 여성이 적기 때문이다.	
	9. 여성들은 별 뜻이 없이 한 말이나 행동도 성차별이라고 생각한다.	
	10. 여성을 위한 많은 정책과 제도가 있는데도 여자들은 끊임없이 더 많은 것을 요구한다.	
	11. 여자친구가 페미니스트라면 헤어지는 게 낫다는 남성들의 연애관이 이해된다.	
온정적 성차별	12. 여자가 추워하면 남자는 옷을 벗어 주는 것이 바람직하다.	
	13. 여성의 가벼운 짐이라도 남성이 들어 주어야 한다.	
	14. 신체적으로 위험부담이 큰 일은 남성이 감당해야 한다.	
	15. 여성의 타고난 부드러움은 남성이 따라갈 수가 없다.	
	16. 여성에게는 가정을 돌보는 섬세함이 있다.	
	17. 남자는 자기만을 사랑하고 믿어 주는 여자가 있을 때 비로소 행복해질 수 있다.	
성소수자 에 대한 차별	18. 동성애는 일종의 정신병이므로 치료를 통해 고쳐야 한다고 생각한다.	
	19. 나는 내 친구가 나에게 동성애자라는 사실을 말하면 꺼림칙할 것이다.	
	20. 나는 내 가족 중에 동성애자가 있다면 싫을 것 같다.	
	21. 나는 한국에서 동성혼이 법적으로 허용되는 것을 반대한다.	
	22. 나는 트랜스젠더인 사람과 거부감 없이 지낼 수 있다.	
성폭력 인식	23. 키스 등 스킨십을 하기 전에 상대방의 의사를 묻는 것은 분위기만 깰 뿐이다.	
	24. 연인이 키스나 애무를 허락하는 것은 성관계도 허락한다는 뜻이다.	
	25. 상대방에게 묻지 않고 어깨를 감싸거나 손을 잡았다면, 이는 성폭력이다.	
	26. "몸매 좋은데"의 발언 정도는 성희롱이 아니다.	
	27. 남자가 성관계를 요구할 때 여자가 가만히 있으면 이는 수락한 것이다.	
	28. 타인의 성적인 부분을 품평하는 것은 성폭력이다.	

출처: 김경령, 서은희(2020).

스스로 자신의 젠더 감수성을 확인하게 되면 자신의 상황과 경험을 직면할 수 있고, 나아가 현재에 매몰되지 않으면서 타인을 존중하고 이해할 수 있는 자기 변화를 이끌어 낼 수 있다. 젠더 감수성을 향상시키기 위해서 기존의 성교육의 한계를 보완하여 보다 실천적인 논의를 통해 성교육의 방향을 체계화할 필요가 있다. 내용을 크게 세 가지의 주제로 살펴보자면 다음과 같다.

성의 차이가 사회적 차별과 혐오로 어떻게 진화되는지에 대한 이해가 반드시 필요하다.

성교육은 성평등 관점을 기반으로 이루어져야 한다. 남녀의 차이는 성역할 고정관념을 통해서 사회적 성 차이가 되고, 이는 곧 사회적 차별이 된다. 최근 국가인권위원회(2020)에서 수행한 '성희롱에 대한 국민의식 조사'에 따르면 성평등 의식을 측정한 결과, 성별로는 여성보다 남성이 성역할 고정관념을 내면화하고 있는 정도가 큰 것으로 조사되었고, 연령대별로는 20대의 대학생에서 남녀 간 의식 차이가 가장 큰 것으로 밝혀졌다. 또한 '남자가 여자보다 일을 잘한다.'와 같은 성차별적인 의식도 남성이 여성보다 더 높았다. 성차별적인 사회의 문화와 제도를 구성하는 핵심 요인은 혐오이다. 지금의 비뚤어진 성평등 의식은 바로 혐오에 기인하고 있다는 점을 알려 줄 필요가 있다. 모든 인간은 동등한 권리를 갖고 있고 동등하게 존중받아야 한다. 누군가를 다름의 이유로 차별하고 혐오하는 행위는 인권침해라는 것을 기억해야 한다.

여성에 대한 비하와 성적 대상화

초·중·고등학교 현장에서는 '김치녀' '된장녀' 등 ○○녀라는 여성을 비하하는 단어들이 쏟아져 나오고 있고, 일본 포르노그라피에서 여성의 반응을 따온 '앙 기모띠'라는 말을 기분이 좋다는 표현으로 빗대서 쓰고 있다. 심지어 어머니와 관련된 패륜적 욕설도 있다. '니 애미' '느그 엄마'라는 단어를 아무 거리낌 없이 사용하면서 적대감을 부추긴다. 대학 현장에서도 다를 바가 없다. 동기, 선배, 신입생 할 것 없이 동료 학우들을 두고 단체 채팅방에서 외모와 몸매를 품평하며 온갖 음담패설을 일삼았던 일명 '○○대 단톡방 성희롱 사건'이라 불리는 여러 사건들이 있었다. 특정 대학에서만 일어난 사건이 아니다. 전국적으로 여러 대학에서 터져 나온 사건들이다. 이는 남성은 여성을 나의 동료, 나와 같은 인격체로 보는 것이 아니라 아주 쉽게 '성적인 대상'으로 타자화하여 자신들의 눈요깃거리처럼 소비하고 있었음을 확인할 수 있다. 이러한 행동은 여자 연예인에게도 해당된다. 여자 연예인들의 기사에 달린 성희롱적인 발언들만 봐도 알 수 있다. 연예인이기 때문에 더 쉽게 성적으로 소비하는데, 이를 대중의 권리라고 생각하면 안 된다. 대상이 누가 되었든 성희롱은 범죄이다.

능력에 대한 성차별적 인식

가부장제 사회에서는 남성은 사회생활, 여자는 집안일이라는 공식이 있었고, 결혼을 하게 되면 남성은 '가장'의 역할을 하며 한 가정의 생계를 책임지는 경제적인 역할을 담당했고 여성은 육아와 집안 살림을 담당했다. 그러다 보니 사회는 남성에게는 능동적이고 강한 특성을, 여성에게는 수동적이고 순종적인 특성을 학습시킨다. 우리가 각자 자신이 어릴 때를 생각해 보면 지금과는 다른 모습이었을지도 모른다. 어려서는 분명히 남녀 구분 없이 개인차가 존재했을 텐데 자라면서 어느새 사회가 주입하는 대로 자신도 모르는 사이에 성역할이 학습되어 자연스럽게 성별의 특성이 구분되는 것을 느낄 수 있을 것이다. 심지어 고등교육까지 동등하게 받아 온 두 남녀가 결혼을 하게 되면 남편은 문제없이 사회생활을 이어 갔고 아내는 사회적인 일의 경력이 단절되는 순간을 마주하게 된다. 이러한 전통적인 젠더 역할의 구분은 남녀 사이에 권력관계를 형성하게 만들었고, 사회에서도 또 가정에서도 남성이 여성을 지배하고 통제하는 역할을 할 수 있는 구조가 만들어졌다. 하지만 현대 사회에서는 여성들도 동등한 교육의 기회를 갖고 사회 진출이 훨씬 확대되면서 젠더 역할은 크게 변화되었다. 여성은 더 이상 남자에게 자신의 삶을 책임지게 하는 종속된 삶을 사는 것이 아닌 자신이 주체가 되어 사회적으로 자아실현을 해 나가고 있다. 그러나 여전히 남성들은 기존의 기울어진 젠더 역할을 버리지 못하여 남성이 더 우월하다고 믿고 있으며 여성은 남성의 보호를 받아야 하는 연약한 존재로, 또 여성은 능력이 아닌 외모나 애교로 높은 곳을 차지하려고 하는 존재로 착각하면서 끊임없이 여성을 억압하고 여성의 능력을 비하하고 멸시하는 방법으로 자신들의 영역을 지키려고 하고 있다.

약자(여성과 성소수자)에 대한 폭력

'묻지마 범죄'라고 불리는 것들 중 대부분은 여성혐오범죄이다. 여성혐오범죄는 성차별적인 인식과 사회 구조에 기반을 둔 폭력 행위이다. 가해자들의 이유를 보면 '나를 무시해서' '나를 보고 비웃고 간 것 같아서' 등 '감히 여자인 네가 어떻게 남자인 나에게 이럴 수 있어?'라는 생각이 기저에

깔려 있다. 여성혐오범죄가 아니라면 여성에게만 한정되어 발생하지 않는다. 이종격투기 선수 정도의 체급을 가진 남성에게도 똑같이 '감히 네가 날 무시해?' 하면서 덤벼야 하는데, 그런 경우는 거의 못 본 듯하다.

우리가 또 기억해야 할 점은 성은 성별뿐만 아니라 성 정체성과 성적 지향 등의 차이에 기반을 둔 권력관계와 관련이 깊기 때문에 젠더에 대한 이해가 필수적이라는 점이다. 모든 인간은 어떠한 이유로도 차별받을 수 없고 동등한 권리를 부여받고 있다. 하지만 성소수자는 혐오와 편견, 폭력, 사회적인 차별을 노골적으로 받고 있다. 일부 사회 구성원은 성소수자를 차별하지 말라고 하면서도 "나는 동성애자를 싫어하지 않아. 그렇지만 동성애를 찬성하진 않아." 또는 "나는 성소수자를 반대하지는 않지만 성소수자에 대한 내용을 다루는 교육적 매체나 미디어는 나쁜 영향을 미치는 것 같아서 반대야."라고 말하기도 한다. 이렇게 개인의 호오와 더불어 성소수자 존재의 인정 유무에 대해서 자신의 생각을 드러낼 수 있다는 건 결국 성소수자보다 사회적으로 우위에 있음을 전제하고 있다. 누구라도 타인의 존재 유무를 인정하고 평가할 자격은 없다. 그 자체가 혐오이다.

모든 사람은 폭력을 당한 피해자를 보호할 책임을 갖는다는 것을 기억한다.

유네스코(UNESCO, 2009)에서 발간한 『성교육에 대한 국제기술지침(International Technical Guidance on Sexuality Education)』에 따르면 성교육에는 책임감을 포함하도록 권고하고 있다. 모든 사람은 편견에 맞서 발언할 수 있어야 하고 폭력과 괴롭힘을 당하고 있는 피해자들을 방어하고 도와줄 책임감을 가진다. 성폭력이 발생했을 때 그 현장에 있었던 모든 사람들과 나중에라도 성폭력 사건을 알게 된 모든 사람들은 다 목격자가 된다. 목격자는 가해자를 부추기거나 옆에서 망을 봐 주거나 웃는 등의 조력자 역할을 하기도 하고, 가해자의 행동을 저지하면서 피해자를 방어하는 행동을 할 수도 있다. 다수의 목격자는 단순히 그 현장에서 폭력을 지켜보고 있는 행동을 취하는데, 이렇게 아무것도 하지 않고 자리를 지키고 있는 것도 폭력이 하나의 관심거리가 될 수 있다는 메시지를 전달하고 있기 때문에 가해자에게는 강화가 된다. 목격자가 어떻게 행동하느냐에 따라서 폭력이 유지될 수 있고 또는 예방되거나 중단될 수도 있기 때문에 목격자의 개입은 매우 중요하다.

집단적 침묵

집단에서 이루어지는 문제들을 개선시킬 수 있는 의견을 의도적으로 발언하지 않는 것을 집단적 침묵이라고 한다(Morrison & Milliken, 2000). 폭력 상황을 알고 있음에도 불구하고 침묵을 지키는 것도 방관이다.

사람들은 자신이 속해 있는 집단 혹은 자신이 맺고 있는 관계 안에서 권력의 차이를 경험하게 되는데, 이때 상대적으로 권력이 없는 쪽은 사회적 압력을 피할 수 없으므로 스스로 불이익을 피하기 위해 침묵을 선택한다. 지금의 상황이 잘못된 것을 알고 있어도 권력자에게 침묵이라는 선택을 통해 비자발적 동조를 표출함으로써 집단의 일원이 되고자 하는 경향이 강하다. 특히 한국과 같이 집단 내 폐쇄적이고 권력을 갖고 있는 사람에 대해서 과잉 충성하는 풍

토를 가진 집단주의 문화에서는 구성원들이 침묵할 확률이 크다. 반면, 사회적 압력으로부터 자유롭고 사회 구성원들이 다름으로 인한 차별이 적어 심리적 안정감을 느끼게 되면 침묵하게 될 가능성은 낮아진다(Detert & Edmondson, 2011).

침묵이 주는 대가는 때로 누군가의 생명을 잃게 할 수 있을 만큼 끔찍한 결과로 나타나기도 한다. 하지만 방관자가 피해자 편에 서게 되었을 때는 폭력이 중단될 정도로 강력한 힘으로 작용하기도 한다. 우리가 젠더 감수성을 길러야 하는 이유는 침묵하는 행동의 가능성을 낮추고 폭력 행동에 적극적으로 개입할 수 있는 동기가 젠더 감수성에서 나오기 때문이다. 그 힘을 키울 수 있는 교육적 개입이 매우 필요하다.

성적 주체가 된다는 것이 무엇인지 알아야 한다.

많은 성교육 현장 또는 성을 주제로 다루는 미디어에서 빈번하게 등장하는 사회자의 질문은 "아들이 엄마 몰래 '야동'을 보면 엄마는 어떻게 대처해야 하나요?"이다. 이때 여러 대답들이 나오는데, "모른 척 해야죠." 또는 "아들~ 이런 건 부끄러운 거 아니야~ 잘 봐~" 또는 "아이고 우리 아들이 언제 이렇게 컸어~"라는 패널들 혹은 방청객의 대답들이 나온다. 야동은 야한 동영상의 줄임말로 남성들의 성적 판타지를 채우기 위해 여성의 몸을 극단적으로 성적 대상화를 시켜 놓고 오직 성적 자극에만 집중하여 만든 음란물이다. 예전에는 포르노그래피와 같이 배우들이 짜인 각본대로 촬영한 영상이 많았다면 최근에는 절대로 소비해서는 안 되는 불법 촬영물, 비동의 유포물, 성 착취 동영상이 주를 이룬다고 해도 과언이 아니다. 시나리오가 있는 배우들의 포르노그래피든 불법 촬영물이든지 이러한 영상을 그저 남자들이 자랄 때 당연히 한 번쯤 볼 수 있는 야동 정도라고 쉽게 넘겨 버리면 절대 안 된다. 이 안에서 주체적으로 성행동을 하는 쪽은 남성이다. 반면, 남성의 가학적인 행동을 수동적으로 받아내고 행위에 대한 반응을 기계적으로 하거나 성 착취를 당하고 있는 쪽은 주로 여성이다. 여성을 사람이 아닌 성적 도구로 다루는 것들을 보면서 성행동을 배운다면 범죄에 대한 인식조차 없는 상태에서 범죄를 저지를 가능성이 매우 크다. 여기에서 왜 '딸이 야동을 보면?'이라는 질문은 거의 나오지 않는 것일까? 예전부터 성욕은 남성의 것이라는 인식이 있었고, 여성들에게 성욕과 성행동은 암묵적으로 금기시되어 왔다. 우리 사회는 남성과 여성에게 성행동과 성도덕에 대한 이중 잣대가 적용되고 있다. 이러한 문화에서 남성들은 성욕을 본능이라 믿으면서 상대방을 존중하지 않는 성행동을 죄의식 없이 하게 되고, 오히려 여성들은 조심하고 몸을 지켜야만 하는 존재로서 성에 대한 엄격한 기준을 강요받았기 때문에 성폭력에 노출된 상황에서조차도 죄책감과 자책을 느끼게 된다.

성교육은 순결교육이 아니다. 또한 성폭력 예방은 피해자가 조심하고 대처를 잘 해야 이루어지는 것이 아니다. 지금까지 우리 사회에서 성폭력이 일어났을 때 피해자 탓이 아닌 가해자에게 "넌 어떤 벌도 받을 준비가 되어 있나 봐?" "너는 이제 범죄자가 되었구나." 식의 비난이 더 컸다면 어떤 모습의 사회가 되었을까? 성교육의 핵심은 내가 성적 주체로서 성적 행동에 대한 결정을 스스로 하고, 그에 대한 책임을 지는 것, 동시에 나뿐만 아니라 모든 사람들에게도 똑같이 성적 자기결정권이 있기 때문에 함부로 그 권리를 침해해서는 절대 안 되고 타인의 의견을 존중하는 태도를 배우는 것이다. 친밀한 관계에서도 반드시 상대방의 동의를 구한 후 스킨십이 이루어져야 한다. 동의를 구한다는 것은 번거롭거나 불필요한 일이 아니다. 상대방의 생각을 존중하는 태도이며 반드시 선행되어야 할 일이다. 성교육은 '성'에 대한 것을 다루는 교육에서 나아가 젠더 감수성을 높이는 인권을 존중하는 교육으로 인식되었으면 좋겠다.

젠더 감수성 향상을 위한 교육 프로그램

다음의 프로그램은 김경령과 서은희(2021)가 개발한 젠더 감수성 향상 교육 프로그램으로 변화하는 성 인식과 사회적 담론을 반영하여, 사회 내 뿌리박혀 있는 왜곡된 통념과 기존 세대가 만들어 놓은 젠더 구분을 변화시키고 스스로가 책임의식을 가지고 사회 변화를 이끌 수 있는 태도를 기르기 위한 목적으로 내용을 구성하였다.

영역	학습주제	학습목표	학습내용
1	젠더에 대한 이해	서로의 차이를 인식하고 존중받아야 할 존재임을 이해할 수 있다.	• 젠더의 개념 알기 • 성 정체성과 성적 지향의 개념 알기 • 차이를 다름으로 인식하기

2	성차별에 대한 이해	사회적 차이와 차별에 대해 이해할 수 있다.	• 성역할 고정관념 알기 • 성역할 고정관념이 성차별로 이어지는 과정 알기
3	성폭력의 이해	성적 자기결정권과 동의에 대해서 알 수 있고, 성폭력에 대한 올바른 관점을 가질 수 있다.	• 성적 자기결정권의 개념 알기 • 다양한 성폭력의 유형(예: 데이트 성폭력, 디지털 성폭력) 알기
4	사회 변화와 자기 성찰	차별과 폭력 없는 환경을 만들기 위해서 어떤 노력을 할 수 있는지 말할 수 있다.	• 학생들의 경험과 의견을 나누면서 개인적 경험에서 도출되는 사회적 노력의 방법 공유하기

출처: 김경령, 서은희(2021).

참고문헌

경찰청(2020). 성폭력 피해자 권리 및 지원제도 안내. 서울: 경찰청.

경향신문(2011. 9. 30.). "성추행 고려대학교 의대생 3명 전원 실형" https://m.khan. co.kr/national/incident/article/201109301100171#c2b

교육부(2020). 학교 내 성희롱·성폭력 사안처리 대응 매뉴얼. 세종: 교육부.

교육부(2021). 학교폭력 사안처리 가이드북. 세종: 교육부.

국가인권위원회(2020). 성희롱에 대한 국민의식 조사 연구보고서. 서울: 국가인권위원회.

국민일보(2016. 4. 8.). "'고려대학교 의대 집단 성추행' 가해자 2명의 기막힌 근황" http://news.kmib.co.kr/article/view.asp?arcid=0010516215

김경령, 서은희(2020). 젠더 감수성 측정을 위한 구인 탐색 및 척도 개발. 교육연구논총, 41(4), 63-90.

김경령, 서은희(2021). 대학생을 위한 젠더 감수성 교육 프로그램 효과 연구: 성차를 중심으로. 학습자중심교과교육연구, 21(8), 427-441.

대검찰청(2020). 2020 범죄분석. 서울: 대검찰청.

대검찰청(2021). 2021 범죄분석. 서울: 대검찰청.

대한민국 정책브리핑(2020. 4. 23.). "디지털 성범죄, '처벌은 무섭게, 보호는 철저하게'"

디지털성범죄피해자지원센터. https://d4u.stop.or.kr/

매일경제(2022. 2. 19.). "지인 얼굴을 음란물에 합성…… 범인 잡고 보니 70%가 10대라니" https://www.mk.co.kr/news/society/view/2022/02/159364/

문화일보(2020. 1. 16.). "여성을 맛에 비유…… '性상품화' 中게임광고 버젓이" http://www.munhwa.com/news/view.html?no=2020011601032112069001

서울신문(2016. 5. 25.). "'경계선 지능장애' 아동 80% 성폭력에도 침묵" https://www.seoul.co.kr/news/newsView.php?id=20160525500135

서울신문(2019. 12. 27.). "청주교육대학교 단톡방 성희롱 남학생 5명 모두 중징계" https://www.seoul.co.kr/news/newsView.php?id=20191227500234

서울해바라기센터. http://help0365.or.kr/

성윤숙, 손병석(2014). 스마트시대 대중매체를 통한 청소년의 성 상품화 대응방안 연구. 세종: 한국청소년정책연구원.

스포츠경향(2021. 1. 20.). "캐나다 태권도 대표팀 한국인 코치, 10대 선수 성폭행 유죄" https://sports.khan.co.kr/sports/sk_index.html?art_id=202101201719003&sec_id=530101&pt=nv

아시아경제(2020. 9. 25.). "'만지며 면접 보자'…… '단톡방 성희롱 논란' 진주 1943. 결국 문 닫는다" https://view.asiae.co.kr/article/2020092517414696592

여성가족부. http://www.mogef.go.kr/

연합뉴스(2020. 2. 26.). "지난해 '스토킹 범죄' 583건…… 통계 작성 이래 최대" https://www.yonhapnewstv.co.kr/news/MYH20200126002000038?did=1825m

유네스코한국위원회(2013). 모두에게 안전한 학교를 위한 유네스코 가이드북: 동성애 혐오성 괴롭힘 없는 학교. 서울: 유네스코한국위원회.

윤덕경, 김정혜, 천재영, 김영미(2019). 여성폭력 검찰통계 분석(II): 디지털 성폭력범죄, 성폭력무고죄를 중심으로. 서울: 한국여성정책연구원.

이석재(1999). 강간통념척도의 개발과 타당도 검증. 한국심리학회, 13(2), 131-148.

이수연, 윤지소, 장혜경, 김수아(2018). 여성혐오표현에 대한 제도적 대응방안 연구. 서울: 한국여성정책연구원.

장자혜, 이경환(2018). 형법상 성폭력범죄의 판단기준 및 개선방안. 비동의간음죄의 도입가능성을 중심으로. 서울: 한국형사정책연구원.

중앙일보(2021. 7. 29.). "왕기춘 징역 6년 확정…… '햄버거 사줄게' '집안 일 좀' 제자 2명 성폭행" https://www.joongang.co.kr/article/24116830

투데이신문(2016. 8. 25.). "넥슨, 또 여성캐릭터 선정성 논란…… '전혀 그런 의도 아냐'" https://www.ntoday.co.kr/news/articleView.html?idxno=46950

프레시안(2016. 7. 20.). "왜 넥슨 게임 속 여성들은 이 모양인가?" https://www.pressian.com/pages/articles/139215?no=139215&ref=nav_search#0DKU

한겨레(2020. 10. 7.). "새벽에 드론 날려 아파트 입주민 성관계 영상 찍었다가 발각" https://www.hani.co.kr/arti/area/yeongnam/964847.html

한겨레(2021. 10. 28.). "'제3의 성' '성별X'…… 남녀이분법 벗어난 성별 표기는 '뉴노멀'" https://www.hani.co.kr/arti/society/society_general/1017044.html

한겨레21(2021. 9. 18.). "남성인 내가 디지털 성폭력 피해자가 될 줄은" https://h21.hani.co.kr/arti/society/society_general/50933.html

한겨레21(2021. 10. 24.). "'성폭행 피해' 호소하니 '치매'라고 했다" https://h21.hani.co.kr/arti/society/society_general/51093.html

한국사이버성폭력대응센터(2020). **2020 한국사이버성폭력대응센터 피해상담 통계.** 서울: 한국사이버성폭력대응센터.

한국성적소수자문화인권센터. 성적소수자 사전. http://kscrc.org/xe/board_yXmx36

한국성폭력상담소(2020). **2019년 한국성폭력상담소 상담통계 분석.** 서울: 한국성폭력상담소.

한국일보(2019. 5. 14.). "'남자여 밤을 견뎌……' 낯 뜨거운 모바일 게임 광고" https://www.hankookilbo.com/News/Read/201905131732726552

한국일보(2022. 2. 6.). "청소년들 성 범죄 위험 노출된 '메타버스'…… 가상세계라 보호 더 어렵다" https://www.hankookilbo.com/News/Read/A2022020416560004267?did=NA

한국콘텐츠진흥원(2021). **2021년 게임 이용자 실태조사.** 서울: 한국콘텐츠진흥원.

헤럴드경제(2017. 10. 30.). "'단톡방 성희롱' 대학·직장 넘어 초등생까지…… '조기 성교육 시급'" http://news.heraldcorp.com/view.php?ud=20171030000315

KBS NEWS(2017. 8. 7.). "이번엔 직장에서…… '단톡방 성희롱' 논란" http://news. kbs. co. kr/news/view. do?ncd=3528782&ref=A

KBS NEWS(2018. 7. 2.). "스웨덴 '명백한 동의 없는 성행위는 강간' 법 발효" https:// news. kbs. co. kr/news/view. do?ncd=4002947

KBS NEWS(2021. 1. 6.). "'여성폭력 재판' 참관해 보니…… '성인지 감수성 부족'" https://news. kbs. co. kr/news/view. do?ncd=5088390

SBS NEWS(2021. 1. 11.). "'성소수자·장애인 혐오 발언' AI 챗봇 이루다, 서비스 중 단" https://news. sbs. co. kr/news/endPage. do?news_id=N1006167028&plink=O RI&cooper=NAVER

American Psychological Association (2009). Report of the American Psychological Association Task Force on Appropriate Therapeutic Responses to Sexual Orientation. Available at: https://www. apa. org/pi/lgbt/resources/therapeutic-response. pdf

Beirchman, J. H., Zuker, K. J., Hood, J. E., DaCosta, G. A., & Akman, D. (1992). A review of the long-term effects of child sexual abuse. *Child Abuse and Neglect, 16*, 101-118.

Bettencourt, B. A., & Sheldon, K. (2001). Social roles as mechanism for psychological need satisfaction within social groups. *Journal of Personality and Social Psychology, 81*(6), 1131-1143.

Burt, M. R. (1980). Cultural myths and supports for rape. *Journal of Personality and Social Psychology, 38*(2), 217-230.

Christopherson, K. M. (2007). The positive and negative implications in anonymity in internet social interactions: "On the Internet, nobody knows you're a dog." *Computers in Human Behavior, 23*, 3038-3056.

Davis, T. L., & Liddell, D. L. (2002). Getting inside the house: The effectiveness of a rape prevention program for college fraternity men. *Journal of College Student Development, 43*, 35-50.

Detert, J. R., & Edmondson, A. C. (2011). Implicit voice theories: Taken-for-granted rules of self-censorship at work. *Academy of Management Journal, 54*(3), 461-488.

Drescher, J. (2010). Transsexualism, gender identity disorder and the DSM. *Journal of Gay & Lesbian Mental Health, 14*(2), 109-122.

Dutton, D. G., & Painter, S. (1993). Emotional attachments in abusive relationships a test of traumatic bonding theory. *Violence and Victims, 8*(2), 105-120.

Elkind, D. (1967). Egocentrism in adolescence. *Child Development, 38,* 1025-1034.

Ellemers, N., & Haslam, S. A. (2015). Social identity theory. In P. A. M. Van Lange, A. W. Kruglanski, & E. T. Higgins (Eds.), *Handbook of Theories of Social Psychology* (Vol 2, pp. 379-398). London: Sage.

Lambert, A. J., & Raichle, K. (2000). The role of political ideology in mediating judgments of blame in rape victims and their assailants: A test of the just world, personal responsibility and legitimization hypothesis. *Personality and Social Psychology Bulletin, 26*(7), 853-863.

Lowry, P. B., Zang, J., Wang, C., & Siponen, M. (2016). Why do adults engage in cyberbullying on social media? An integration of online disinhibition and deindividuation effects with the social structure and social learning model. *Information Systems Research, 27*(4), 962-986.

MacDonald, K., Lambie, I., & Simmons, L. (1995). *Counseling for Sexual Abuse.* New York: Oxford University Press.

Morrison, E. W., & Milliken, F. J. (2000). Organizational silence: A barrier to change and development in a pluralistic qorld. *Academy of Management Review, 25*(4), 706-725.

Mosher, D., & Sirkin, M. (1984). Measuring a macho personality constellation. *Journal of Research in Personality, 18,* 150-163.

Mumen, S. K., & Byme, D. (1991). Hyperfemininity: Measurement and initial

참고문헌

validation of the construct. *The Journal of Sex Research, 28,* 479-489.

O'Connell, R. (2003), *A Typology of Child Cyber Sexploitation and Online Grooming Practices.* Cyberspace Research Unit University of Central Lancashire.

O'Keefe, M. (1997). Predictors of dating violence among high school students. *Journal of Interpersonal Violence. 12,* 546-568.

Spencer, S. J., Steele, C. M., & Quinn, D. M. (1999). Stereotype threat and women's math performance. *Journal of Experimental Social Psychology, 35*(1), 4-28.

Spitzer, M. (1986). Writing style in computer conferences. *IEEE Transactions on Professional Communications PC, 29*(10), 19-22.

Steele, C. M., & Aronson, J. (1995). Stereotype threat and the intellectual test performance of African Americans. *Journal of Personality and Social Psychology, 69,* 797-811

Suh, A., & Wagner, C. (2013). Factors affecting individual flaming in virtual communities. *System Sciences(HCISS),* 3282-3291.

Tajfel, H. (1978). *Differentiation Between Social Groups.* London: Academic Press.

UNESCO(2009). *International Technical Guidance on Sexuality Education: An Evidence-informed Approach for Schools, Teachers and Health Educators.* Paris: UNESCO.

Van Bruggen, L. K., Runtz, M. G., & Kadlec, H. (2006). Sexual revictimization: The role of sexual self-esteem and dysfunctional sexual behaviors. *Child Maltreatment, 11,* 131-145.

Zimbardo, P. G. (1969). The human choice: Individuation, reason, and order vs. deindividuation, impulse, and chaos. In W. J. Arnold & D. Levine (Eds.), *Nebraska Symposium on Motivation* (Vol. 17, pp. 237-307). Lincoln, NE: University of Nebraska Press.

Zwieg, J. M., Crockett, L. J., & Sayer, A. (1999). A longitudinal examination of the consequences of sexual victimization for rural young adult women. *Journal of Sex Research, 36*(4), 369-409.

찾아보기

저자 소개

김경령(Kim Kyeong Ryeong)

연세대학교 교육심리 박사
전 서울여자대학교 교양대학 교직과 초빙강의교수
현 한국교육과정평가원 교수학습본부 부연구위원

〈주요 논문〉
젠더 감수성 측정을 위한 구인 탐색 및 척도 개발(2020)
대학생을 위한 젠더감수성 교육 프로그램 효과 연구: 성차를 중심으로(2021)

예비교사와 현직교사를 위한
젠더 감수성 교육
- 우리는 모두 가해자였을지 모른다 -

Gender Sensitivity Programs for Pre-service and In-service Teachers
- We may have all been Sexual Violence Offender -

2022년 6월 20일 1판 1쇄 인쇄
2022년 6월 30일 1판 1쇄 발행

지은이 • 김경령
펴낸이 • 김진환
펴낸곳 • (주)학지사
　　　　04031 서울특별시 마포구 양화로 15길 20 마인드월드빌딩
대표전화 • 02)330-5114　　　팩스 • 02)324-2345
등록번호 • 제313-2006-000265호

홈페이지 • http://www.hakjisa.co.kr
페이스북 • https://www.facebook.com/hakjisa

ISBN 978-89-997-2701-6 03180

정가 15,000원

출판미디어기업 학지사

간호보건의학출판 학지사메디컬 www.hakjisamd.co.kr
심리검사연구소 인싸이트 www.inpsyt.co.kr
학술논문서비스 뉴논문 www.newnonmun.com
교육연수원 카운피아 www.counpia.com